企業の悩みから理解する

弁護士として知っておきたい中小企業法務の現在

［編著］

山下眞弘

［著］

半田望　堀田善之　中野知美
石田優一　山下宜子

第一法規

は　し　が　き

本書の特色

　本書は、弁護士、司法書士、税理士、社会保険労務士及び企業法務部等で活躍中の方々、これから活動を始める方々、さらには実務家を目指す方々を主な読者として、中小企業の法務をめぐる法的諸問題及び税務の実務解説を行うコンパクトな実務書である。

　本書の特色は、中小企業が直面する多様な法的問題について、「企業の悩み」を切り口として具体的に解説することにより、弁護士等が実務相談に応じる際に必要な重要事項（例えば、法改正、判例、技術進展に伴って企業に必要とされる対応等）について、税務も含めこれ1冊で押さえられる点にある。現実に生じた事案の解決には多方面の最新情報が必要となり、関係する多種多様な実務書・理論書や判例資料等を調査することが求められる。そのような要請にワンストップで応える書物として、単なる実務解説Q＆Aにとどまらず、一歩踏み込んだ理論上の議論も展開している本書は、執筆者が常々「こんな本があったらいいな」と求めていた理想形の1つでもある。

本書の内容

　主たる内容は、①企業法務と資金調達—ベンチャー経営、②中小企業の会社法—重要事例、③企業不祥事の防止—役員の民事・刑事責任、④企業法務と労働問題—法改正の影響、⑤企業法務と相続・事業承継、⑥企業法務と民事信託・信託税制、そして、⑦企業法務とAI—知財・ビッグデータ等であり、いずれも企業法務に必須のテーマである。本書は、編者を含め5名の弁護士及び税理士との分担執筆によっており、各人が得意とする分野につき実務経験を生かして執筆したものを、40年を超える企業法の研究蓄積と実務経験も有する編者が共同作業の成果として1冊に編集したものである。

企業法務の現在

　企業法務は「企業の事業活動に関わる法律上の業務」の総称で、企業の設立、運営、取引、人事・労務、そして解散に至るまで、すべての活動に密接に関わる。企業法務の内容は、第1に「法的トラブルの防止」である。例え

ば、契約締結前に契約書をチェックし、紛争の発生を予防するために条項の追加・修正を行い、従業員に対するコンプライアンス教育等で不祥事を防ぐといった紛争防止が最も重要であり、本書の基本的スタンスもそこにある。第2に「法的トラブルへの対応」である。例えば、取引先の倒産や取引上のクレーム発生等の問題が生じた場合に、裁判を含めた法的対応によって問題の解決が求められる。そして、第3に企業経営上の意思決定に関わる法律事務を行うほか、企業買収や合併（M&A）あるいは新製品の開発などに当たり、法的リスクの分析や知的財産権の活用を提案するなど、弁護士は企業価値を高める意思決定のサポートに関わることもある。

近年、世界を巻き込んだ新型コロナウイルス感染症（COVID-19）への対応等、今後も想定される多種多様な緊急事態についても、企業に対する的確なアドバイスが求められる。例えば、現在普及しつつあるテレワーク中の労務管理と就業規則改正、個人データの扱い、そのほか新たな法的問題が生じてきた。本書は、企業法務の現在に対応できるよう工夫している。

本書の構成

各章の冒頭に「本章の概要」を設け、現在の中小企業が抱える具体的な問題である「企業の悩み」を 設例 形式で示し、その ポイント として企業の悩みを解決する際、「法的問題の現在」を踏まえ、弁護士として検討・留意すべき核心となる視点を簡潔に示している。さらに、本論の中でも事例を設け、 ケース として具体例を挙げて解説し、留意すべき箇所をゴシックで強調している。なお、随所に コラム 欄を設け、本文に関わる最新情報や判例学説の踏み込んだ議論等を紹介し、新型コロナウイルスの流行に伴って、新たに生じた法律・税務等の諸問題についても解説している。なお、各章末には入手が容易な最新の＜参考文献＞を掲げている。

本書の編集に当たっては、第一法規編集部の皆さんに大変お世話になった。企画段階から具体化に至るまで、特に三ツ矢沙織氏には、細部にわたり斬新なアイデアを提供していただいた。ここに記して謝意を表したい。

2021年1月

編者　山下眞弘

執筆者一覧

編著者：山下眞弘

弁護士／大阪大学名誉教授・関西大学博士（法学）

主要な著書

『中小企業の法務と理論―労働法と会社法の連携』（共編著、中央経済社、2018 年）

『会社事業承継の実務と理論―会社法・相続法・租税法・労働法・信託法の交錯』（法律文化社、2017 年）

『会社法の道案内―ゼロから迷わず実務まで』（編著、法律文化社、2015 年）

『税法と会社法の連携〈増補改訂版〉』（共編著、税務経理協会、2004 年）

『会社訴訟をめぐる理論と実務』（共編著、中央経済社、2002 年）

『営業譲渡・譲受の理論と実際―営業譲渡と会社分割〈新版〉』（信山社出版、2001 年）

『会社営業譲渡の法理』（信山社出版、1997 年）

『国際手形条約の法理論』（信山社出版、1997 年）ほか

分担執筆者

半田　望 弁護士（61 期、佐賀県弁護士会）

堀田善之 弁護士（63 期、大阪弁護士会）

中野知美 弁護士（66 期、大阪弁護士会）

石田優一 弁護士（68 期、兵庫県弁護士会）

山下宜子 税理士（近畿税理士会）

凡　例

1．内容現在について

特段の注記のない限り、2020 年 11 月現在のものである。

2．法令名略語

会更法	会社更生法
会社則	会社法施行規則
金商法	金融商品取引法
経営承継円滑化法	中小企業における経営の承継の円滑化に関する法律
高年法	高年齢者等の雇用の安定等に関する法律
個人情報保護法	個人情報の保護に関する法律
出資法	出資の受入れ、預り金及び金利等の取締りに関する法律
下請法	下請代金支払遅延等防止法
男女雇用機会均等法	雇用の分野における男女の均等な機会及び待遇の確保等に関する法律
独禁法	私的独占の禁止及び公正取引の確保に関する法律
パート有期法	短時間労働者及び有期雇用労働者の雇用管理の改善等に関する法律
不競法	不正競争防止法
民再法	民事再生法
労基法	労働基準法
労契法	労働契約法
労災保険法	労働者災害補償保険法
労働契約承継法	会社分割に伴う労働契約の承継等に関する法律
労働施策総合推進法	労働施策の総合的な推進並びに労働者の雇用の安定及び職業生活の充実等に関する法律

3．判例出典略語

民録	大審院民事判決録
民集	大審院民事判例集、最高裁判所民事判例集
刑集	大審院刑事判例集、最高裁判所刑事判例集
裁判集民	最高裁判所裁判集民事
下級民集	下級裁判所民事裁判例集
労裁民集	労働関係民事裁判例集
判タ	判例タイムズ
判時	判例時報
金法	旬刊金融法務事情
金判	金融・商事判例
労判	労働判例
労経速	労働経済判例速報
裁判所HP	裁判所ウェブサイト

4．判例の書誌事項の表示について

　判例には、原則として判例情報データベース「D1-Law.com 判例体系」（https://dtp-cm.d1-law.com）の検索項目となる判例IDを〔　〕で記載した。

例：最判平成 20 年 1 月 28 日民集 62 巻 1 号 128 頁〔28140401〕

第1章 企業法務と資金調達 ——ベンチャー経営

第**2**章 中小企業の会社法

第**3**章 企業不祥事の防止

第4章 企業法務と労働問題 ——法改正の影響

第5章 企業法務と相続・事業承継

1 本章の概要

2 株式の相続と事業承継

第6章 企業法務と民事信託・信託税制

第7章 企業法務とＡＩ ——知財とプライバシー

第 1 章

企業法務と資金調達
—ベンチャー経営

1　本章の概要

　企業が事業を継続するために、資金調達手段の確保は欠くことができない。特に、ベンチャー企業の場合、事業目的の達成のために創業者の自己資金ではおよそ賄えないような多額の資金を必要とする場合が多く、どのような資金調達手段を選択することができるかが、企業の明暗を分けることも珍しくはない。このような観点から、本章では、ベンチャー企業の資金調達を主に取り上げる。具体的には、投資家から円滑に投資を受け、かつ、創業者の意向に沿った経営を守るために必要な株式設計のあり方や、将来のM＆AやIPOに備えて創業当初から取り組むべき課題、多様な資金調達手段の選択可能性といった、ベンチャー企業の創業者が必ず知っておくべき法的留意点を中心に解説する。

2　資金調達方法の選択

設例　相談者は、日本国内で就労する外国人を支援するために、外国人の日常生活をサポートするアプリを開発、提供することを目的とした企業を設立しようとしている。アプリは、外国人を雇用する企業から月額料金の支払を受け、その企業に雇用される外国人が自由に利用することができるものにする予定である。相談者は、経営のことには一定の知識があるが、アプリ開発や外国人の文化についての知識がないため、アプリ開発経験のあるAや、外国人の文化に精通しているBと共同で設立することを予定している。相談者から、元手となる資金のみでは不十分なため、どのように資金を調達すればよいのか、相談を受けた。

ポイント

　ベンチャー企業の資金調達方法には、新株の発行、融資制度の利用等、様々なものがある。それぞれの制度の利点と欠点を整理したうえで、適切な資金調達方法を選択することが求められる。

（1）一般的な資金調達方法
ア　資金調達方法の分類
　一般的な企業の資金調達方法は、大きく、**「負債の形での調達」**と**「資本の形での調達」**に分類される。第1に、「負債の形での調達」とは、借入れや社債の発行等の手段によって、資金調達を行うことである。第2に、「資本の形での調達」とは、新株の発行等の手段によって、資金調達を行うことである。

イ　「負債の形での調達」の特徴
　「負債の形での調達」において、企業は、法律上の返還義務を負う。「資本の形での調達」とは異なり、**調達した資金を投じた事業の帰すうにかかわらず**、一定の期間を期限として、調達した資金を返還しなければならない。
　借入れによる資金調達の場合は、代表者に対して保証が求められることもあり、事業の失敗によって、**代表者が企業とともに破産せざるを得ない事態**に至る可能性がある。また、物的担保がなければ高額の借入れを受けることは難しいこともあり、物的担保の対象となる資産が企業にない場合には、必要な資金の調達が難しい場合がある。
　さらに、「負債の形での調達」においては、**収益のいかんによらず**、定期的に一定の利息を債権者に支払わなければならないため、これが、事業の継続にとって大きな支障につながるおそれがある。
　一方、債権者の側からみれば、「資本の形での調達」と比べて投じた資金を回収することができないリスクは低い一方、たとえ事業が成功しても、一定の利息を超えた収益を得ることができないといった欠点がある。

ウ　「資本の形での調達」の特徴
　「資本の形での調達」において、企業は、法律上の返還義務を負わない。事業の失敗に対するリスクは、投資家側が負わなければならない。その代わりに、投資家は、事業の成功によって、**投資した額よりも高額なリターン（キャピタルゲイン）を得ることができる可能性**がある。一定の利息を超えた収益を得ることができない「負債の形での調達」とは異なり、高額なリターン（キャピタルゲイン）を得られる可能性があることは、投資家が企業に対して高額な資金を投じる動機につながる。

また、「負債の形での調達」とは異なり、資金を返還する期限をあらかじめ設定する必要がないため、事業の短期的な成長が難しい一方、長期的には大きな成長を遂げる可能性がある場合は、「負債の形での調達」よりも「資本の形での調達」の方が適している。

（2）新株の発行による資金調達

　ベンチャー企業の場合、設立当初においては短期的に安定した収益を確保することが難しく、かつ、担保となり得る資産が乏しい一方、長期的な事業の成長によって、投資家に高額なリターン（キャピタルゲイン）をもたらす可能性を有することから、一般に「負債の形での調達」よりも新株の発行による資金調達の方が適している。

　ただし、「資本の形での調達」は、投資家に事業の失敗に対するリスクを負わせるものであるため、投資家から高い信頼を得られる事業計画を示さなければ、十分な資金を調達することが難しい。また、「資本の形での調達」の場合、創業者の株式の持分比率や株式設計に配慮しなければ、創業者が意図しない形で企業に対する支配権を失うおそれもある。

　また、ベンチャー企業の場合、投資家が将来のIPOやM&Aを期待して高額な投資を行うことが多いため、**IPOやM&Aを見据えた株式設計や株主間契約等の締結**が必要である。

（3）借入れによる資金調達

　「負債の形での調達」の一般的な欠点は前述したとおりであるが、政府系の金融機関や各地方公共団体の創業融資制度を活用することで、設立当初のベンチャー企業でも、借入れによる資金調達が適した選択となり得る。

　例えば、日本政策金融公庫の新創業融資制度を利用すれば、原則として無担保かつ無保証にて資金の借入れをすることができる。また、地域によって無担保かつ無保証にて資金の借入れをすることができる様々な制度がある。

コラム　新型コロナウイルスとベンチャー企業

　新型コロナウイルスの感染拡大による社会的危機を乗り越えるために、ベンチャー企業の活躍が期待されている。

　一般社団法人日本ベンチャーキャピタル協会は、「コロナと戦う」「ポ

ストコロナ社会を構築する」ベンチャーの育成の必要性を掲げ、これら
の取組みを行っているベンチャー企業のリストを公表している。具体的
には、新型コロナウイルスに対するワクチンや検査方法を研究する企
業、三密を防ぐためのオンライン化やリモートワークに関する技術を開
発する企業等が、リストに挙げられている。このような流れもあり、ベ
ンチャーキャピタルの業界には、これらの取組みに対する投資に積極的
な動きがみられる。

　また、経済産業省は、新型コロナウイルスの影響でキャッシュフロー
が不足しているベンチャー企業に対し、長期間元本返済がなく、民間金
融機関が自己資本とみなすことができる新型コロナ対策資本性劣後ロー
ンの活用を呼びかけている。

　ベンチャー企業の支援に携わる専門家には、新型コロナウイルスに関
連した様々な支援制度に対する理解を深め、最新情報の提供を積極的に
行うことが求められる。

コラム　**SDGs・ESG投資**

　近年、ベンチャー投資家の間で、ＳＤＧｓ（持続可能な開発目標、
Sustainable Development Goals）やＥＳＧ（環境・社会・企業統治、
Environment・Social・Governance）の取組みに投資する考え方（ＳＤＧｓ
投資・ＥＳＧ投資）が広がっている。

　ＳＤＧｓ投資とは、持続可能で多様性と包摂性のある社会の実現に資
する取組みを、投資先企業の評価において考慮する考え方である。ま
た、ＥＳＧ投資とは、環境問題や社会問題への取組みや、それを支える
企業統治の状況について、投資先企業の評価において考慮する考え方で
ある。

3　ベンチャー企業の株式設計

設例　前掲２の設例において、相談者は、Ａ、Ｂとともにそれぞれ100
万円ずつを出資し、さらに、創業融資として300万円の融資を受けて、総

額600万円の資金を確保した。これにより、基本的な機能を備えたアプリの開発に必要な資金は確保することができたものの、今後、機能を拡充していくためには、さらに500万円程度の資金を短期で確保する必要があるため、ベンチャーキャピタルからの投資を受けることを検討している。また、アプリの開発促進のために、システムエンジニア数人を雇用したいが、高額な賃金を支払うだけの余力がないため、ストック・オプションを付与することも検討している。相談者から、現在検討していることを進めるうえでどのようなことに留意すべきかについて、相談を受けた。

ポイント

　将来のM＆AやIPO、創業者の支配権維持の必要性等に留意したうえで、適切な種類株式制度や株主間契約を活用することが求められる。また、新株予約権制度を活用してストック・オプションを付与する際には、税制も踏まえて適切な行使条件を定めておくことが必要である。

（1）ベンチャー企業における主な株式設計上の留意点

ア　創業者の持分の希釈化防止

　ベンチャー企業においては、創業者の出資と比較して、**投資家による出資の額がはるかに高額になる**ため、普通株式のみで資金調達を行うと、創業者の持分が希釈化し、支配権の維持が困難になる。このような事態を防ぐために、種類株式の活用が有効である。

イ　みなし清算制度の導入

　ベンチャー企業においては、**株主がM＆Aによって高額なリターンを得ることを期待している**ことから、M＆Aが生じた場合において、清算時における残余財産の分配と同様に優先的分配が実現されるような制度設計（みなし清算）が必要である。

ウ　清算時又はみなし清算時における投資家の損失リスクの軽減

　清算時又はみなし清算時において、**投資家が出資した際における株式の発行価額等に応じて残余財産の優先的分配を受けられる株式設計**にしなければ、株価の高い段階で出資をした投資家が損失を負うリスクが生じる。ベン

チャー企業においては、段階が進むにつれて株価が上昇することが一般的であるから、このようなリスクを回避する株式設計をしなければ、投資家の出資に対するモチベーションを低下させてしまう。

エ　株式上場前における種類株式の普通株式への転換

　実務においては、株式上場前において種類株式をすべて普通株式に転換するように求められることが一般的であり、このような仕組みを取り入れておかなければ、**将来のIPOにおいて支障となる。**

（2）種類株式の活用方法
ア　投資家に対して残余財産の優先的分配を受けられる優先株式を発行する方法
（ア）概要

　例えば、設例において普通株式のみを発行した場合、A、B、相談者がそれぞれ 100 万円、ベンチャーキャピタルから 500 万円を出資することから、ベンチャーキャピタルが株式の持分全体の過半数の株式を保有する状況になり、このままでは創業者が支配権を失ってしまう。**ベンチャーキャピタルは、将来的な企業のIPOやM＆Aによって高額なリターン（キャピタルゲイン）を得ることを意図しているのであって、企業の支配権を得ることを意図してはいない（むしろ創業者が主体となって事業を成長させていくことを期待している）**から、支配権を得ることよりも、損失を負うリスクを避けることを優先したいことが一般的である。

　そこで、投資家に対しては清算時又はみなし清算時において残余財産の優先的分配を受けられる優先株式を発行し、創業者が保有する株式よりも 1 株当たりの価値が高い株式（優先株式）を投資家に保有させることが適切な手段として考えられる。投資家に対してこのような優先株式を発行することにより、創業者の持分の希釈化を防止するとともに、投資家に対するみなし清算制度を導入し、かつ、清算時又はみなし清算時における投資家の損失リスクを軽減する仕組みも実現される。

（イ）優先的分配の方法について定款にはどのように規定するか

　残余財産が分配される場合には、普通株主よりも先に優先株主に対して一定の財産を分配し、その後に残余財産があるときには、普通株主と優先株主

の双方に対して持分比率に応じて分配することを規定するか、あるいは、普通株主のみに分配することを規定することが考えられる。これにより、優先株主は普通株主よりも1株当たり多くの残余財産を受けることができるようになり、普通株式よりも優先株式の方が1株当たりの価値が高くなる。ベンチャーキャピタルの損失リスクを避ける観点からは、優先株主に対して優先的に分配する残余財産は、「投資株価の1倍の価額」又はそれを超える価額とすることが望ましい。

　優先株主に対して優先的に分配する残余財産が大きくなれば、清算時又はみなし清算時において創業者が得られる分配額が少額になる。特に、優先株式の発行による資金調達を何度も繰り返した場合、このような問題は顕著に現れる。創業者は、ベンチャーキャピタルからの提案を鵜呑みにするのではなく、**将来的な資金調達の目途も見据えたうえで**、適切な制度設計を目指すことが望ましい。

コラム　「参加型」と「非参加型」

　優先株主に一定の財産を分配した後に、その残余財産を普通株主と優先株主の双方に対して持分比率等に応じて分配する方法を「参加型」、当該残余財産を普通株主のみに対して分配する方法を「非参加型」という。

　一般に、参加型は、非参加型と比較して、優先株主が保有する優先株式を普通株式に転換しない方が有利な状況になりやすいことから、M&Aへのインセンティブが働きやすい。一方、非参加型は、企業価値の評価額が大きくなった場合、優先株主も優先株式を普通株式に転換した方がより大きなリターンを得られることから、IPOへのインセンティブが働きやすい。

　参加型と非参加型のいずれを採用するかについては、M&AとIPOのいずれを積極的な目標とするかも踏まえた検討が必要である。M&AとIPOについては、後述する。

　なお、「我が国における健全なベンチャー投資に係る契約の主たる留意事項」（参考文献参照）の別紙2には、参加型と非参加型の相違が具体的なシミュレーションで示される。

（ウ）みなし清算条項

　M＆Aが生じた場合において清算時と同様に残余財産を分配するために、みなし清算の制度について定めておく必要がある。

　ここで、**会社法108条1項に、種類株式の内容として定められる事項が限定列挙されているため、みなし清算条項について定款で規定することができるか**という問題がある。

　M＆Aのうち、合併、株式交換及び株式移転（会社法749条2項、753条3項、768条2項、773条3項）については、株式の種類ごとに異なる対価の割当てをすることができる旨が明文で定められていることを根拠に、定款にみなし清算条項を設ける例がある。

　一方、**M＆Aのうち、会社分割や事業譲渡、株式譲渡による場合には、このような会社法の根拠規定がないこと等から、定款でみなし清算条項を定められるとする説明が難しい。**

　みなし清算条項については、定款で規定する以外に、株主間契約の中で規定する方法がある。株主間契約については、後ほど詳述する。

　みなし清算条項においては、M＆Aの対価の合計額（対価が現金以外のものであれば、合理的な方法によってその評価額を算定する）を残余財産の額とみなしたうえで、残余財産の分配と同様の方法によって当該対価を各株主の間で分配する旨を規定する。

イ　優先株式を取得条項付株式又は取得請求権付株式として発行する方法

（ア）概要

　残余財産の優先的分配を受けられる優先株式は、将来のIPOに備えて、必要な際に普通株式に転換することができるようにしておく必要がある。具体的には、優先株式を取得条項付株式又は取得請求権付株式として発行する方法がある。

（イ）取得条項付株式として発行する方法

　優先株式を取得条項付株式として発行する場合には、取締役会等の決議によって優先株式を取得し、それと引換えに、優先株式1株につき一定数の普通株式を交付する旨を定款に定めることが一般的である。

　取得条項付株式は、取得請求権付株式とは異なり、優先株主が拒否しても強制的に株式を転換することができるといった利点がある。ただ、取得条項

付株式の場合は、交付すべき株式に1株未満の端数が生じたときに、当該端数の合計額を競売するか、裁判所の許可を得て競売以外の方法によって売却しなければならない（会社法234条1項1号、2項）ため、手続が煩雑になってしまうといった欠点がある。

　（ウ）取得請求権付株式として発行する方法

　優先株式を取得請求権付株式として発行する場合には、優先株主からの請求により優先株式を取得し、それと引換えに、優先株式1株につき一定数の普通株式を交付する旨を定款に定めることが一般的である。

　取得請求権付株式は、取得条項付株式とは異なり、会社法234条の規定が適用されないことから、交付すべき株式に1株未満の端数が生じたときに、これを切り捨てたうえ、金銭で調整する処理を定款で定めることができる。

　取得請求権付株式の制度では、優先株主から強制的に優先株式を取得することはできないが、後述する株主間契約において、上場申請を取締役会で定めた場合等に優先株主が優先株式の取得を請求しなければならない旨を規定することで、これに代えることができる。

（3）株主間契約の活用方法

ア　株主間契約の概要

　株主間契約は、**ベンチャー投資が実行された後における企業、経営株主及び投資家の間の権利義務関係を定める契約**である。新たな投資家が新株を取得する際には、改めて株主間契約を当事者間で締結し直すか、あらかじめ株主間契約に投資家の追加に関する条項を設けて当事者全員による再締結を省略する方法が一般的である。

　株主間契約の条項としては、①会社のガバナンスに関するもの、②投資家の持分比率維持に関するもの、③投資家の投資回収に関するもの等がある。

　①の会社のガバナンスに関する条項としては、投資家に対して取締役会のオブザーバーや取締役を指名する権利を与える旨や、会社や経営株主が投資家に対して重要事項を報告すべき旨、経営株主の競業や再任拒否を禁止する旨を定めること等が考えられる。

　②の投資家の持分比率維持に関する条項としては、発行会社が発行することのできるストック・オプションの枠を制限する旨（ストック・オプション

が多数発行されることによって投資家の保有する株式の価値が希釈化することを防ぐ目的の規定であり、一般に「オプションプール」という）、会社が追加で株式や新株予約権等を発行する場合に投資家にその株式等を優先的に引き受ける権利（優先引受権）を与える旨（投資家の持分比率が低下することを防ぐ目的の規定である）や、株主に先買権を与える旨を定めること等が考えられる。

　③の投資家の投資回収に関する条項としては、共同売却権、強制売却権、みなし清算について定めること等が考えられる。

　先買権、共同売却権、強制売却権、みなし清算条項については、以下に詳述する。

###　イ　先買権

　先買権とは、ある株主が第三者に保有している株式等を譲渡しようとする場合に、他の株主が、当該株式等の全部又は一部を買い取ることができる権利のことである。

　先買権の行使によって、**他の株主に持株比率を増加させる機会を与えるとともに、好ましくない者が株式を譲り受けて会社に関与することを防止する**ことができる。

　株主に対して先買権を認める場合には、第三者に保有している株式等を譲渡しようとする場合に、他の株主に対してその譲渡条件の予定を通知しなければならない旨を定めることが一般的である。

###　ウ ．共同売却権

　共同売却権とは、ある株主（譲渡希望株主）が第三者に保有している株式等を譲渡しようとする場合に、他の株主が、当該第三者に対して譲渡希望株主と共同で保有する株式等を譲渡する権利のことである。

　一般には、譲渡希望株主は、共同売却権を行使した他の株主が売却を希望する一定数の株式等を、自らの保有株式等よりも優先して当該第三者に売却しなければならない旨が定められることが一般的である。

　先買権と共同売却権は、いずれもある株主が第三者に保有している株式等を譲渡しようとする場合に行使される権利であることから、株主間契約の中でいずれの権利も認めるのであれば、その両方が行使された場合の処理に関しても明確に定めておくべきである。

エ　強制売却権

　強制売却権とは、M&Aが実現した後に少数株主が残存することを防ぐために、会社から株主全員に対して株式の売却を強制することができる権利のことである。強制売却権について定めていない場合、M&Aが実現した際に少数株主が残存して機動的な意思決定を阻害するおそれがあり、M&Aを円滑に進められないばかりか、M&Aの機会自体を失ってしまうおそれもある。

　強制売却権の行使条件については、①一定割合の株式を有する株主の賛成がなければならない旨や、②目標時期までのIPOが行われなかった場合やファンドの満期を踏まえた期限の経過後に限定する旨、③会社の時価総額が一定以上の場合に限定する旨、④売却先の選択について一定の制限を設ける旨を定めること等が一般的であるが、その定め方については、会社の目標や、経営株主、ベンチャーキャピタルの意向等により、様々なバリエーションが考えられる。

オ　みなし清算条項

　前述したように、M&Aのうち、少なくとも、会社分割や事業譲渡、株式譲渡による場合には、みなし清算条項を認める根拠となり得るような会社法の規定がないことから、定款ではなく、株主間契約の中で、みなし清算条項を定めることが一般的である。

　みなし清算条項の定め方については、前述したとおりである。なお、会社分割や事業譲渡については、対価を株主ではなく会社が取得することから、取得した対価に相当する額について①剰余金配当によって分配するか、②全部取得条項付種類株式としたうえでその取得の対価として分配するか、いずれかの方法によって、みなし清算を実現することになる。

コラム　財産分配契約

　本項では、すべての投資家が株主間契約を締結する形態を前提としている。もっとも、実際には、エンジェル投資家や創業株主以外の役職員等の個人株主が株主間契約に参加しない例が多くみられる。

　このような実情に鑑みて、最近では、強制売却権やみなし清算条項のようなM&Aに関わる事項を全株主に適用することができるように、こ

れらの条項を定めた財産分配契約を、株主間契約とは別に締結すること
がある。

　エンジェル投資家等の個人株主が株主間契約に参加することに消極的
で、全株主を対象として株主間契約を締結することが難しい場合には、
このような財産分配契約の形態を利用することが望ましい。

（4）ストック・オプション制度の活用方法
ア　ストック・オプションの概要
　ストック・オプションとは、会社が取締役や従業員等に対して、インセン
ティブ報酬を付与する趣旨で、新株予約権を付与することをいう。

　新株予約権は、その行使価格よりも会社の株式の価値が上回った時点で権
利を行使したうえで、取得した株式を売却することにより、キャピタルゲイ
ンを得ることができる。ストック・オプションは、企業価値を大きく向上さ
せることで自らのキャピタルゲインにつながるものであるため、インセン
ティブ報酬の役割を果たす。

　株式の価値は、ＩＰＯによって大きく向上することが一般的である。その
ため、ストック・オプションは、**付与された者がＩＰＯに対して積極的に協
力しようとするインセンティブ**にもつながる効果がある。

イ　ストック・オプションの行使条件
　ストック・オプションとして新株予約権を発行する場合には、権利行使に
ついて一定の条件を定めることが多い。具体的には、例えば、次のような条
件が定められる。
① 　会社に在籍していることを行使の条件とする旨
　少なくとも行使時までは会社に在籍することのインセンティブを与える
とともに、退職後の他者への貢献によって利益を得ることを防ぐ効果があ
る。
② 　ＩＰＯを実現することを行使の条件とする旨
　ＩＰＯを実現する前に会社を離れないことのインセンティブを与える効
果がある。
③ 　行使することができる新株予約権の数をＩＰＯ実現後から段階的に上

げる旨

　ＩＰＯ実現後も長期間にわたって会社に在籍し続けて、企業価値の向上に寄与し続けることのインセンティブを与える効果がある。

④　年間の権利行使価額を制限する旨や譲渡による新株予約権の取得を制限する旨

　後述する税制適格ストック・オプションの要件を満たすために、このような行使条件が定められる。

ウ　税制適格ストック・オプション

　ストック・オプションとして無償で新株予約権を付与された場合、権利を行使して株式を取得する時点において、権利行使日の株価とストック・オプションの行使価額との差額が給与所得として扱われ、課税の対象になるのが原則である（所得税法36条2項、所得税法施行令84条2項2号）。この原則によれば、ストック・オプションを行使する際には、たとえ取得した株式を売却して現金を得ていなくても、納税の負担を余儀なくされるため、権利行使の支障になり得る。

　そこで、特例として、**一定の要件を満たすストック・オプションについては、権利行使時における課税を先延ばしにしたうえで、取得した株式を売却した際に、売却時の株価と権利行使価額の差額に対して課税することが認められている**（租税特別措置法29条の2）。これを、税制適格ストック・オプションという。

　税制適格ストック・オプションとするためには、①年間の権利行使価額の限度額が年間 1,200 万円であること、②譲渡制限が付されていること、③権利行使期間を付与決議日から2年経過した日から10年経過した日までの間にしなければならないこと、④権利行使価額がストック・オプション付与時点における株価相当額以上であること等の要件を満たさなければならない。

　また、発行済株式数の3分の1を超える（上場会社であればその10%を超える）株式を有する大口株主に対して、税制適格ストック・オプションを付与することはできない。

コラム　税制非適格ストック・オプション契約の税制適格への変更

　年間の権利行使価額の上限がない契約（税制非適格ストック・オプショ

ン）契約を締結していた取締役が、権利行使前にその契約内容を、税制
適格要件を満たすように変更する契約を締結し、その変更後の契約に
従った権利行使により株式を取得した。この場合、租税特別措置法 29
条の 2 の規定は適用されるかとの照会に対し、国税庁において同法規定
の「特定新株予約権等」とは付与決議に基づき会社と取締役等との間に
締結された契約により与えられた新株予約権等で、その新株予約権等を
与えられた当初の付与契約において、一定の要件を定められていなけれ
ばならないと解されるとして、当初の付与契約が税制適格の要件を満た
さないものについては、権利行使前に契約を変更して税制適格要件を満
たすものにしたとしても、租税特別措置法 29 条の 2 の規定を適用して
株式の取得による経済的利益を非課税とすることはできないとの見解が
示されている（国税庁ＨＰ質疑応答事例／所得税）。　　（山下宜子税理士）

（5）ベンチャー企業への支援に関わる専門家の役割

　ベンチャー企業の創業者は、必ずしもベンチャー法務について知識を有し
ておらず、将来のＩＰＯやＭ＆Ａに備えて創業当初から株式設計に留意しな
ければならないことを認識していない場合も多い。また、株主間契約につい
ても、ベンチャーキャピタルの主導的な提案に従うばかりで、それぞれの条
項の意味について十分な理解のないままに契約締結を進めてしまうこともあ
る。ベンチャー企業の支援に関わる専門家には、**創業者に対して、株式設計
や株主間契約に関する基本的な知識と留意事項について伝えるとともに、創
業者の将来的な目標や計画に沿った適切な制度設計がなされるように、積極
的な支援をすること**が求められる。

4　ベンチャー投資における法律問題

　設例　前掲 2 の設例において、ベンチャー企業は、ベンチャーキャピタル
Ｃから 500 万円の投資を受ける方向で調整を進めることになった。相談者
は、ベンチャーキャピタルＣとできる限り対等に交渉していきたいと考えて
おり、そのために、ベンチャー投資に関する基本的な流れを理解したうえ
で、法的留意点をあらかじめ検討しておきたいと考えている。

　ベンチャー企業がベンチャーキャピタル等の投資家から投資を受けるまでには、秘密保持契約の締結やデューデリジェンス、投資契約及び株主間契約の締結に向けた交渉といったステップがある。特に、各契約の締結に向けた交渉に当たっては、一方的に不利な条項を安易に受け入れてしまうことのないように留意が必要である。

（1）ベンチャー企業が投資を受ける流れ

　ベンチャー企業が投資家から投資を受けるまでの大きな流れは、①秘密保持契約の締結、②デューデリジェンスの実施、③タームシートの作成、④投資契約及び株主間契約の締結（株主間契約については前述のとおり）、⑤新株の発行である。

（2）秘密保持契約締結における留意点

　ベンチャー企業は、投資家のデューデリジェンスに先立って、秘密保持契約を締結することが一般的である。

　デューデリジェンスを実施するために開示を必要とする資料は、多岐にわたることが一般的であるから、**秘密保持契約において秘密情報として取り扱う範囲について、慎重な検討が必要である。**

　また、秘密保持契約の一般的な留意点であるが、秘密保持契約の終了時に秘密情報を破棄することを義務付ける条項や、秘密保持契約に違反した場合における違約金条項等の検討も必要である。

（3）デューデリジェンスの進め方

　デューデリジェンスとは、投資家が、ベンチャー企業に対して、資料の開示を求め、その資料を精査したうえで、経営陣に対するインタビューを行うことで、法令違反や経理会計の不備、ベンチャー企業が提示する事業計画や企業価値と実際の経営・財務状況との乖離等の有無について確認することである。デューデリジェンスの結果は、投資家がベンチャー企業に対して投資を実行するか否かを判断するうえでの重要な資料となる。

　デューデリジェンスの種類には、ビジネスデューデリジェンス、財務デューデリジェンス、法務デューデリジェンス等があるが、特に、弁護士と

して関わりやすいのが、法務デューデリジェンスの分野である。

　法務デューデリジェンスは、例えば、労働法令違反の有無、知的財産関係の侵害の有無、業法規制違反（必要な許認可がない場合等）の有無、法的紛争の有無等が対象にされる。

コラム　ベンチャー企業の労務管理

　ベンチャー企業の創業段階においては、入社する労働者の多くが経営者に対する忠誠心を持ち、労務管理面に対して経営者に対するクレームを述べることが少ない傾向にある。ただ、そのような風潮は、ベンチャー企業が成長する段階まで労務管理をおろそかにすることにつながり得る。

　特に、重大な労働法令違反を放置すれば、デューデリジェンスの段階でその問題が発覚し、新たな投資を受けるうえでの支障につながるおそれもある。

　また、労務環境に問題があれば、新たな人材を必要とする段階で人材の確保に難航したり、優良な人材の退職を招いたりして、事業の成長に支障が生じるおそれもある。

　ベンチャー企業の支援に関わる弁護士や社会保険労務士等の専門家には、経営者が創業段階から適切な労務管理の重要性を意識することができるように、必要な助言等を積極的に行うことが求められる。

（4）タームシートの作成と交渉における留意点

　株主間契約や投資契約を締結する前に、これらの契約の概要や発行する種類株式の内容についてベンチャー企業と投資家との間ですり合わせを行うために、それぞれの概要をまとめたタームシートを作成することが一般的である。

　タームシートは、契約締結のための書面そのものではないが、**タームシートの作成、交渉、修正を通してまとまった結果について、後になって変更を求めようとしても、投資家から難色を示されるおそれ**がある。

　そのため、タームシートが作成された時点で、記載されている条件について十分に検討し、その内容に問題点があれば、その後の交渉において確実に指摘すべきである。

なお、タームシートの書式については、「我が国における健全なベンチャー投資に係る契約の主たる留意事項」（参考文献参照）の別紙1が参考になる。

（5）投資契約の締結上の留意点
ア　投資契約の概要
　投資契約は、投資家がベンチャー企業に対して投資を行うたびに、ベンチャー企業と経営株主と当該投資家との間で締結することが一般的である。また、投資契約は、すべての株主を当事者とすることが一般的な株主間契約とは異なり、投資家ごとに個別に締結することが多い。

　投資契約では、投資家による新株の引受けに関する事項のほか、①ベンチャー企業や経営株主の表明保証に関する事項や、②ベンチャー企業や経営株主が投資家に対して負う義務（経営に専念すべき義務や競業避止義務、投資家が必要とする情報を開示すべき義務等）、③ベンチャー企業や経営株主が速やかにIPOを実現することができるように努力すべき義務等を規定することが一般的である。

　ベンチャー企業や経営株主の表明保証に関する事項については、投資家との法的紛争に特につながりやすい条項であることから、以下に詳述する。

イ　表明保証に関する条項
（ア）表明保証の意義
　表明保証とは、契約の一方当事者が、相手方当事者に対して、ある時点において一定の事項が真実かつ正確であることを表明して保証することをいう。

　表明保証は、表明して保証した事実が真実と異なっていたことによって発生した損害を担保することを目的とした特別な合意であって、民法上の債務不履行責任とは異なり、過失や帰責性の有無にかかわらず、発生した損害を担保すべき責任を負わせるものであると解されている。

　なお、表明保証違反が問題になる場合には、併せて表示された動機についての錯誤を理由とする取消し（民法95条1項2号、2項）が問題になり得るが、法的紛争を複雑化しないためには、錯誤取消しの主張をすることはできない旨を契約で定めておくことが望ましい。

（イ）ベンチャー投資における表明保証の機能

前述したとおり、ベンチャー投資に当たって、投資家は、デューデリジェンスを実施することが一般的である。

もっとも、デューデリジェンスは、ベンチャー企業から任意に開示された資料等を基に実施するため、必ずしも正確かつ網羅的に進められるものではない。

また、たとえベンチャー企業が十分に資料等を開示していたとしても、デューデリジェンスのために確保することのできる期間や費用の限界から、必ずしも完全なデューデリジェンスを実施することができるものではない。

そこで、投資家は、ベンチャー企業や経営株主に対し、一定の事項について表明保証をさせて、表明保証違反があった場合には、投資前であればベンチャー企業に対する投資を中止し、投資後であればベンチャー企業や経営株主の責任を追及することができるようにすることを求めることが一般的である。

（ウ）表明保証条項の定め方

表明保証条項には、表明保証の対象となる事項を別紙等で一覧化したうえで、ベンチャー企業及び経営株主の双方が、当該事項について真実かつ正確であることを保証する旨を定めることが一般的である。具体的な対象事項としては、例えば、法令違反や法的紛争の有無に関する事項や適正な会計に関する事項等が考えられる。

また、表明保証条項に違反した場合には、投資家が投資契約を解除することができる旨や、ベンチャー企業や経営株主に対して損害の賠償ないしは補償を求めることができる旨を規定することが一般的である（株式の買取りをベンチャー企業や経営株主に対して請求することができる旨を定める例もある）。

（エ）表明保証条項についての留意点

表明保証条項に違反した場合の効果は無過失責任であり、損害の賠償額ないしは補償額も多額に及ぶおそれがある。そのため、ベンチャー企業や経営株主は、表明保証の対象事項について吟味しておかなければならない。

特に、**専門の法務担当者が所属していないことも多いベンチャー企業においては、一切の法令違反がない状態を確保することは容易ではないから、法令違反についての表明保証の範囲を限定するか、「重要な点について」「経営株主の知る限り」といった一定の限定を付すことを求めておくことが望ま**

しい。

ウ　ベンチャー企業への支援に関わる専門家の役割

　ベンチャー企業や経営株主は、必ずしもベンチャー法務に対する十分な知識がないため、投資家（特にベンチャーキャピタル）からの提案をそのまま受け入れて投資契約を締結してしまうことも珍しくない。しかし、表明保証条項に代表されるように、投資契約について投資家側の提案どおりに締結を進めれば、ベンチャー企業や経営株主が事後に重大な法的責任を問われてしまうおそれもある。

　ベンチャー企業への支援に関わる専門家としては、**当事者間で締結を進めようとする投資契約の内容について専門的な立場から助言し、特に、ベンチャー企業や経営株主にとって大きく不利になる条項が含まれる場合には、そのことを入念に説明して、理解を求める必要がある。**

5　ＩＰＯとＭ＆Ａ

　設例　前掲2の設例において、相談者は、今後、ＩＰＯを目指すことを主軸に考えているが、一方で、アプリ開発に注力している大手企業と提携関係を結び、将来的にＭ＆Ａを実現することも1つの選択肢であると考えている。そこで、相談者は、ＩＰＯとＭ＆Ａの利点や欠点をきちんと理解したうえで、目指すべき方向性を改めて検討したいと思っている。

ポイント

　ＩＰＯには、商材の販売促進や優良な人材確保、資金調達力の増大、キャピタルゲインといった利点がある。また、Ｍ＆Ａにおいても、同様の効果を期待することができるほか、複数の企業が協働することによって、それぞれの強みを生かした新たな事業を展開することができるシナジー効果が生まれるといった利点がある。ＩＰＯには、準備に多大な経済的負担や期間を要するといった欠点があり、一方で、Ｍ＆Ａには、経営株主が経営の主導権を握ることができなくなり得たり、経営権の移転によって取引先の方針が変化し得たりするといった欠点があることを踏まえ、ＩＰＯとＭ＆Ａのいずれを主な目標にするかを模索する必要がある。また、Ｍ＆Ａについては、どの形態

によって実現するかによって必要な手続が異なるため、その点についての理解も必要である。

（1） IPO（新規株式上場）

ア　IPOの利点

　IPO（Initial Public Offering、新規株式公開）とは、金融商品取引所への上場によって一般投資家が自由に自社の株式を売買することができる状況にすることである。

　IPOは、ベンチャー企業にとって次のような利点がある。

① 　商材の販売促進や優良な人材確保

　　IPOの実現により、企業内容の開示等がメディア等で取り上げられる機会が増える。また、上場審査をクリアして、金商法に基づく内部統制やコーポレート・ガバナンスを充足した企業として扱われるようになる。これらの結果、社会的信用や知名度の向上を実現することができ、商材の販売促進や優良な人材確保につなげられる。

② 　資金調達力の増大

　　IPOの実現により、株式の市場流通が確保されてより多くの投資家から投資を得られるとともに、社会的信用の向上によって融資も受けやすくなることで、資金調達力が増大し、事業拡大のために必要な資金を確保しやすくなる。

③ 　創業者やベンチャーキャピタル等のキャピタルゲイン

　　IPOによって企業価値が向上することで、創業者やベンチャーキャピタルの保有する株式の時価が上がり、その売出しによってキャピタルゲインを得ることができる。

イ　IPOによって新たに生じる負担

　IPOは、ベンチャー企業にとって様々な利点がある一方で、新たな負担も求められ、それが欠点となる可能性がある。**将来のIPOの可能性を見据えて活動する多くのベンチャー企業は、このような負担が自社に及ぼす影響について理解しておく必要がある。**

　IPOによって生じる負担には、例えば、次のようなものがある。

① 　IPOや上場維持のための経済的負担

ＩＰＯの準備のためには、様々な社外の上場準備関係者を選定するとともに、内部の人員も確保する必要があり、多額の経済的負担が発生する。また、上場後には、金商法で定められる開示制度への対応や、多数の株主に対する対応、ＩＲ活動等の経済的負担が発生する。

　ただし、ＩＰＯによって企業価値の増大と経営の安定性を実現することができれば、必ずしも、このような経済的負担は、ＩＰＯの欠点とはいえない。

② 　社会的責任の増大

　ＩＰＯによって株主が増加することで、社会的責任が増大する。また、コーポレート・ガバナンスやコンプライアンスを重視することが、一層求められるようになる。さらに、企業不祥事を発生させた場合に、社会的非難を受ける可能性が大きくなる。

　ただし、社会的責任が増加することは、企業の社会的信用を高めることでもあるから、必ずしも、ＩＰＯの欠点とはいえない。

ウ　ＩＰＯとコーポレート・ガバナンス

コーポレート・ガバナンスとは、企業における意思決定の仕組みのことである。上場審査においては、機関設計や役員構成を中心として、適切なコーポレート・ガバナンスの体制が構築されているか否かが確認される。具体的には、①株主の権利・平等性の確保、②株主以外のステークホルダー（従業員、顧客、取引先、債権者、地域社会等）との適切な協働、③適切な情報開示（財務情報や、経営戦略・経営課題・リスク・ガバメントに係る情報等の非財務情報の開示）と透明性の確保、④取締役会の株主に対する受託者責任・説明責任を踏まえた責務、⑤株主総会内外における株主からの意見の傾聴と説明（対話）といった事項の実施（実施しないのであればその理由の説明）が求められる。

　将来的なＩＰＯを目指すベンチャー企業の支援に関わる専門家には、**段階的に適切なコーポレート・ガバナンスの体制を構築していくことの必要性について、経営者に説明しておくことが求められる。**

エ　ＩＰＯとコンプライアンス

上場審査においては、コンプライアンス（法令遵守）の体制が整備されて

いることが確認される。最近では、労務コンプライアンスの観点が上場審査において重視されている。

　コンプライアンスについては、弁護士が特にアドバイスをしやすい分野である。ＩＰＯを目指すベンチャー企業への支援に関わる弁護士には、**コンプライアンスの体制が整備されていないことで将来のＩＰＯの支障になり得ることを経営者に説明し、その改善を積極的に促すこと**が求められる。

コラム　ＩＰＯまでの準備の流れについて

　ベンチャー企業のＩＰＯが実現するまでの流れを概観すると、次のとおりである。

1　上場申請の直前事業年度よりも前の段階

　上場の候補となる株式市場の上場審査基準を充足するための準備が必要である。具体的には、①主幹事証券会社、監査法人等、株主名簿管理人等の社外の上場準備関係者の選定・調整や社内組織体制の整備、②上場審査上の課題事項の抽出及び対応方針の決定、③上場時の公募・売出しに至る資本政策の策定、④上場スケジュールの策定とそのスケジュールに沿った体制整備・資本政策の実施といった事項が挙げられる。

2　申請直前の事業年度

　申請直前の事業年度におけるコーポレート・ガバナンスの状況、経営・予算統制、組織運営、監査実績等が上場審査基準に適合するように、合理的な運用を行うことが必要である。また、当該事業年度については、売上げ・利益の計画を達成するとともに、各月の月次決算及び四半期決算において予実対比（予算と実績との対比）に重大な乖離がみられないこと等も必要であるため、安定的な経営を行うことが求められる。

3　申請事業年度に行うべき準備

　上場申請前には、申請直前期以前から積み上げられた内部管理体制の運用実績を継続しながら、主幹事証券会社による審査への対応（審査資料の提出、ヒアリング対応、各拠点の実査への対応等）、取引所の申請書類の作成やコーポレート・ガバナンスに関する報告書の作成等を行う。上場申請後には、取引所のヒアリング（正確で矛盾のない回答を行うことが求められる）や実地調査（各種書類や内部管理体制等の確認が行われる）、

役員への面談（コーポレート・ガバナンスに関する質問等がされる）等の審査への対応が必要である。

　また、これらの準備・対応と並行して、新株や売出株式の募集・売出しのために、主幹事証券会社との間での検討、財務局への相談、引受証券会社への引受審査資料の送付、有価証券届出書の提出、主幹事証券会社による機関投資家への需要調査（公募・売出株価を算定するうえで参考にされる）の前における個別面談の実施・合同説明会の開催等の対応が必要である。

（2）M＆A
ア　M＆Aの利点及び欠点

　M＆Aとは、株式譲渡、事業譲渡、合併、会社分割、株式交換又は株式移転等の方法によって、複数の会社が1つの目標を実現するために協力することをいう。M＆Aをいずれの形態によって実現するかについては、後述するそれぞれの特徴を踏まえて、**ベンチャー企業やM＆Aの相手方の意向、それぞれの形態における利点・欠点等を考慮しながら**、個別に判断する必要がある。

　M＆Aは、IPOと比較して、短期の準備期間で実施することができる。また、前述したみなし清算条項を定めておくことで、株主が多額のキャピタルゲインを得ることができる。

　事業面でも、複数の企業が協働することによって、**それぞれの強みを生かした新たな事業を展開することができるシナジー効果**が期待される。例えば、YouTube社は、Google社に買収されたことで、インターネット上でそれぞれのサービスの連携を実現している。

　一方、IPOとは異なり、M＆Aの場合は、**経営株主が経営の主導権を握ることができなくなる可能性**や、**経営権の移転によって取引先の方針が変化したりする可能性**がある。また、株主がM＆Aが実現した後のベンチャー企業の成長によるキャピタルゲインを得ることが難しい。

　IPOとM＆Aのいずれを主な目標とするかを検討するうえでは、以上のようなM＆Aの利点と欠点を踏まえておく必要がある。

イ　M＆Aの形態別の特徴

（ア）株式譲渡

対象会社の株主が売主となり、買主との間の合意に基づいて、買主に対して対象会社の株式を譲渡することで、対象会社の株主から買主に対して対象会社の支配権を移転する方法である。

債権者保護手続、反対株主の株式買取請求への対応等が必要でないことから手続が比較的簡易である（ただし、譲渡制限株式について譲渡承認の手続は必要である）ことや、対象会社の株主が現金を取得することができることが利点である。

ただし、M＆Aに反対する株主がいる場合には、当該株主の株式を買主に譲渡することができないため、当該株主の保有株式数が多い場合にはM＆Aに支障が生じるおそれがある。

（イ）事業譲渡

対象会社が、買主との間の合意に基づいて、買主に対して事業の全部又は一部を譲渡する方法である。

事業の全部又は重要な一部の譲渡を行うためには、原則として株主総会特別決議（会社法 467 条 1 項 1 号、2 号）が要件となり、反対株主の買取請求の対応（同法 469 条 1 項）も必要である。

また、事業譲渡の場合は、後述する会社分割とは異なり、個別に権利義務の承継（労働者の承継を含む）について相手方の同意を得なければならない点で、手続上の負担が大きい。

（ウ）合併

対象会社と相手方となる他の会社とが 1 つの会社となり、一切の権利義務を承継する方法であり、新設合併（会社法 2 条 28 号）と吸収合併（同条 27号）の 2 種類がある。

当事者間で個々の権利義務の移転について合意しなくても、権利義務を包括的に承継することができるといった利点がある。また、たとえM＆Aに反対する株主がいたとしても、株主総会特別決議（会社法 783 条 1 項、804 条 1項、309 条 2 項 12 号）により手続を進めることができるといった利点がある（ただし、種類株主総会の決議も必要になることが多い（同法 322 条 1 項 7 号））。

ただし、債権者保護手続（会社法 789、810 条）や反対株主の株式買取請求（同法 785 条 1 項、806 条 1 項）を余儀なくされる点で、手続上の負担を伴う

問題がある。また、新設合併の場合は必ず新会社の株式等が交付され（同法753条1項）、吸収合併の場合でも現金ではなく相手方の株式等が交付される場合もある（同法749条1項2号）ことから、株主にとっては、必ずしも現金を取得することができないといった欠点がある。

　（エ）会社分割

　対象会社がその事業に関して有する権利義務の全部又は一部を分割して、相手方となる他の会社に承継させる方法であり、新設分割（会社法2条30号）と吸収分割（同条29号）の2種類がある。

　当事者間で個々の権利義務の移転について合意しなくても、権利義務を包括的に承継することができるといった利点がある。また、たとえM＆Aに反対する株主がいたとしても、株主総会特別決議（会社法783条1項、804条1項、309条2項12号）により手続を進めることができるといった利点がある（ただし、種類株主総会の決議も必要になることが多い（同法322条1項8号））。

　ただし、債権者保護手続（会社法789、810条）や反対株主の株式買取請求（同法785条1項、806条1項）、労働者保護手続（労働契約承継法）を余儀なくされる点で、手続上の負担を伴う問題がある。

　労働者保護手続により、承継する事業に主として従事する労働者は、相手方との間で締結する分割契約や分割計画に承継する旨が記載されていなくても、当該労働者が異議を述べることによって自動的に相手方に承継されることになる。このような状況を避ける必要があるのであれば、事業譲渡等の別の形態を選択せざるを得ない。

　（オ）株式交換

　既存の対象会社が、相手方となる他の会社との合意に基づき、対象会社の発行済株式のすべてを相手方に対して取得させる方法である（会社法2条31号）。これにより、相手方は、対象会社を完全子会社化することができる。

　たとえM＆Aに反対する株主がいたとしても、株主総会特別決議（会社法783条1項、309条2項12号）により、すべての株式を相手方に取得させることができるといった利点がある（ただし、種類株主総会の決議も必要になることが多い（同法322条1項11号））。

　ただし、債権者保護手続（会社法789条）や反対株主の株式買取請求（同法785条1項）を余儀なくされる点で、手続上の負担を伴う問題がある。

　株式交換の場合は、相手方の株式等が交付される場合もあることから、株

主にとっては、必ずしも現金を取得することができないといった欠点がある。

　（カ）株式移転

　既存の対象会社が、発行済株式の全部を、新たに設立する会社に取得させる方法である。複数の対象会社の株主が、新たに設立された会社の株主となることで、持株会社を創設することができる。

　たとえM＆Aに反対する株主がいたとしても、株主総会特別決議（会社法804条1項、309条2項12号）により手続を進めることができるといった利点がある（ただし、種類株主総会の決議も必要になることが多い（同法322条1項13号））。

　ただし、債権者保護手続（会社法810条）や反対株主の株式買取請求（同法806条1項）を余儀なくされる点で、手続上の負担を伴う問題がある。また、株式移転の場合は必ず新会社の株式等が交付される（同法773条1項）ことから、株主にとっては、現金を取得することができないといった欠点がある。

　ウ　M＆A契約

　M＆Aは、相手方が、ベンチャー企業との間で秘密保持契約を締結したうえで、デューデリジェンスを行い、ベンチャー企業やその事業の状況を精査したうえで、M＆A契約の締結に進むことが一般的な流れである。

　投資契約の場合と同様に、M＆A契約においても、表明保証条項が定められることが一般的である。表明保証条項に違反した場合には、重大な賠償・保証責任を負う可能性があること等から、表明保証の範囲については吟味が必要であることは、投資契約において説明したことと同様である。

　また、M＆A契約においては、経営株主等に対して一定の競業避止条項が設定されることがあるが、このような条項の存在が、経営株主等がM＆Aの実現後に目指す新たな事業展開の妨げになるおそれがある場合には、契約内容について相手方との交渉が必要である。

6　資金調達に関するその他の法律問題

設例　Aは、2020年2月頃、飲食店を経営していたノウハウを生かして、美味しい食事を提供することを目玉としたグランピング施設を運営することとし、そのために株式会社Xを設立した。Xは、Aのほか2名が出資して設立したが、不動産の購入、その他備品の整備のために、資金調達をする必要があった。どのような資金調達の方法があるかについて、Xから相談を受けた。

ポイント

　ベンチャー企業においては、株式等の発行や金融機関からの融資以外による資金調達の方法として、多数の出資者から少額ずつの出資を受ける方法が活用される。しかしながら、資金調達の方法によっては、貸金業法や出資法等に抵触することもあるので、資金調達をする場合には、各法律との関係を吟味したうえで、資金調達のスケジュールを立てる必要がある。

（1）資金調達の方法の選択

　資金調達の方法には、既に論じられたとおり、大きくは①負債の形での調達と②資本の形での調達が考えられる。例えば、①においては、各取締役が会社に対して金銭を貸し付けたり、金融機関から融資を受ける場合であれば問題はないし、②においても、特定の数名に対して新株を発行し、出資をしてもらうことで足りれば問題はない。

　しかしながら、**ベンチャー企業においては、会社は設立をしたばかりで必ずしも融資を受けられるとは限らず、さらに役員についても必ずしも、多額の金銭を貸し付けたり、出資をする資金力があるわけではない。**

　そのような場合に考え得る方法として、金銭の貸付け又は出資の金額をある程度少額とし、ある程度多数の相手から融資又は出資を受けるという方法がある。

　この点について、どのような問題があるか。

（2）貸金業法との関係

通常、金銭を出捐する者の一番の関心事は、「出捐した金銭が返ってくるか否か」である。そう考えた場合、出捐者にとっては、実際に配当が受けられるかどうか不明である中では、貸付けによる資金提供が最も返済を受けやすいことになる。

例えば、Aが、不特定多数の人物に対して、X会社の設立趣旨や事業内容を説明し、賛同を得たうえで、少額の融資を複数受けるとなったとき、どのような問題があるか。

この点について、貸金業法は、2条で「貸金業」の定義を、「金銭の貸付け又は金銭の貸借の媒介（手形の割引、売渡担保その他これらに類する方法によつてする金銭の交付又は当該方法によつてする金銭の授受の媒介を含む。以下これらを総称して単に「貸付け」という。）で業として行うもの」とし、貸金業を営むためには登録が必要である旨規定している（同法3条1項）。

そのため、**例えばAや他の取締役が、不特定多数の支援者を募るなどして、X会社への貸付けをさせた場合、Aや他の取締役の行為が、貸金業法2条の「金銭の貸借の媒介」行為とされる可能性がありこれが反復継続して行われているとなると、「業」として行われているとの認定がされる可能性はある。**

そうなれば、Aや他の取締役が、貸金業法上の登録を受けずに貸金業を行っていることとなり、罰則が科せられる可能性もある（同法11条1項、47条2号）。

（3）出資法との関係

次に、出資の場合であっても、出資者の一番の関心事は、やはり出資した金銭がどの程度返ってくるかである。そして、出資をすることによって得られるのは配当であるが、当然配当は、会社の業績がよくなければ出すことはできない。それでは、例えば会社が、株主に対して、数年後に何％の配当金を支払うことを約束して、出資者を募ることにどのような問題があるか。

この点について、出資法は、1条で「何人も、不特定且つ多数の者に対し、後日出資の払いもどしとして出資金の全額若しくはこれをこえる金額に相当する金銭を支払うべき旨を明示し、又は暗黙のうちに示して、出資金の受入をしてはならない。」と規定している。

すなわち、出資の場合には、いわゆる元本保証をしてはいけないことから、少なくとも配当金の支払により、元本及び元本を超える金銭を支払う旨を約することはできない。

また、出資法2条1項は「業として預り金をするにつき他の法律に特別の規定のある者を除く外、何人も業として預り金をしてはならない。」とし、2項において、前項の「預り金」とは、不特定かつ多数の者からの金銭の受入れであって、預金、貯金又は定期積金の受入れ、社債、借入金その他いかなる名義をもってするかを問わず、同様の経済的性質を有するもの（同法2条）と規定する。

ここで問題となるのが「不特定かつ多数」の概念である。

例えば、出資を募るに当たって、Aを含む各取締役が、それぞれの知人等に出資を頼み、その人数が多数となる場合、この「不特定多数」のうち多数の部分はともかく、不特定ではないものと思われる。

したがって、**出資を募るに当たっては、例えばホームページ等で広く出資を募るなどの方法ではなく、各取締役の縁故者から出資を募ることが安全である**と思われる。

コラム　新型コロナウイルス流行下でのクラウドファンディング

2020年1月に発生した新型コロナウイルスとその流行、緊急事態宣言の発令により、中小企業の中には、事業の廃止等を余儀なくされた会社も少なくない。例えば、2020年12月29日現在、新型コロナウイルス関連による倒産件数は、全国で851件判明しており、その中で破産申立てが715件、民事再生法適用が32件、特別清算4件、事業停止が100件である。業種別上位は「飲食店」が133件、「ホテル・旅館」が72件、「建設・工事業」が68件、「アパレル・雑貨小売店」が52件、「食品卸」が43件、「アパレル卸」が29件である（帝国データバンク調べ（https://www.tdb.co.jp/tosan/covid19/index.html））。

その中で注目されているのが、クラウドファンディングを利用した事業の継続や資金調達である。クラウドファンディングは、寄付型、株式型、ファンド型、融資型、購入型などの種類があり、いまや企業によるビジネスや商品開発への出資にとどまらず、アーティスト個人への支援やフリーソフトの開発、映画製作、社会・政治運動など幅広い分野にお

ける資金調達に利用されている。その中で、新型コロナウイルスの感染拡大防止、研究・開発、中止になったイベントや自粛による事業影響を支援するプロジェクトなど、必要な場所にいち早く資金を届けるプロジェクトが次々と立ち上がり、これにより事業廃止を免れたベンチャー企業も少なくない。

　なお、株式型クラウドファンディングについては、金商法上の「第一種少額電子募集取扱業者」の登録、ファンド型クラウドファンディングについては「第二種金融商品取引業者」、「投資運用業、投資助言・代理業者」の登録、融資型クラウドファンディングについては、貸金業法上の「貸金業者」の登録、金商法上の「第二種金融商品取引業者」の登録が必要となる。

＜執筆＞
石田優一（1～5）、中野知美（6）

＜参考文献＞
・角元洋利ほか編著『ベンチャー企業による資金調達の法務』商事法務（2019年）
・ＴＭＩ総合法律事務所編『起業の法務－新規ビジネス設計のケースメソッド』商事法務（2019年）
・日本経営調査士協会編『これですべてがわかるＩＰＯの実務〈第4版〉』中央経済社（2019年）
・経済産業省「我が国における健全なベンチャー投資に係る契約の主たる留意事項」（2018年3月）
・戸嶋浩二ほか編著『Ｍ＆Ａ契約－モデル条項と解説』商事法務（2018年）
・後藤勝也ほか編著『ベンチャー企業の法務A to Z』中央経済社（2016年）
・齋藤正和編著『新出資法　条文解釈と判例解説』青林書院（2012年）

第 2 章

中小企業の会社法

1　本章の概要

　中小企業においては、取締役や株主の関係が密であることから、取締役同士や株主と会社との関係が良好である場合には、円滑かつ柔軟な運営が期待できる。しかしながら、裏を返せば、このような会社でそれぞれの関係性や会社経営に対する方針に齟齬が生まれた場合、それまでは「柔軟」であった手続に瑕疵が発見され、指摘される場合も往々にして存在する。そこで、本章では、中小企業で問題となる様々な場面のうち、その基本となる部分について、具体的なケースを用いて概観しながら、問題となるケースについては判例を引用しつつ解説することとする。

2　株主総会に関する諸問題

　設例　Aは、兄B及び妻Cと出資金を出し合って、珈琲豆の製造、販売を行うX株式会社（以下、「X」という）を設立し、A、B及びCが取締役となり、Aが代表取締役となった。監査役には、Aの知人であるDが就任している。Xの資本金の額は300万円、発行可能株式数は1,000株であり、発行済株式数は300株で、Aが200株、Bが50株、Cが50株をそれぞれ保有している。また、Xは、取締役会設置会社であり、株式の譲渡をするに当たり取締役会決議が必要な会社である。

　Bは、Xにおいて珈琲豆の仕入れを担当しており、海外で珈琲豆を買い付けるため、住居も海外へ移していた。Xでは、2020年3月31日の決算に係る定時株主総会を同年6月30日に実施することになったが、Aとしては、Bへの招集通知の発送が迂遠だと考えている。そこで、Aから、Bに対する招集通知の方法について相談を受けた。

　ポイント
　非公開会社では、株主の数が少なく、関係がもともと密であることもあり、株主総会の手続が正確に履践されていないケースがある。しかしながら、株主総会は、会社のあり方を決めるための重要な手続であり、また、正確に手続が履践されていないことで、後に株主間での紛争が発生したような

場合に、その取消しや無効等により、会社経営の円滑な遂行を妨げられることになる。そこで、確実に会社法上の手続を履践することが重要である。もっとも、非公開会社の場合は、公開会社と異なり、手続が簡易化されていることも多く、例えば、取締役会設置会社ではない場合や、書面投票を実施しない場合には、定時株主総会の招集通知についても、書面である必要はなく、電子メール等による招集も可能である。

　そのため、弁護士としては、当該会社の機関設計等を正確に押さえたうえで、株主総会運用のアドバイスを行う必要があり、X については、取締役会設置会社であるため、書面での招集通知が必要となる旨をアドバイスすることとなる。

（1）株主の権利

　株主の有する権利は、株式の内容としての権利と、これを基礎としてそこから流出した債権者的権利が区別される。その分類の方法としては、自益権（株主が会社から直接経済的利益を得ることを目的とする権利）と共益権（会社の管理運営に参加することを目的とする権利）、単独株主権（1 株の株主でも行使できる権利）と少数株主権（一定の株式数を有する株主にのみ行使が認められる権利）、絶対的権利（権利行使の結果が持株数に関係しない権利）と相対的権利（権利行使の結果が持株数に関係する権利）などがある。

（2）株主総会の招集手続

ア　招集手続の概要

　株主総会には、定時株主総会と臨時株主総会があり（会社法 296 条）、どちらの場合でも、取締役は、株主総会の日の 1 週間前（公開会社の場合は 2 週間前）までに、株主に対してその通知を発しなければならない（同法 299 条1 項）。また、この通知は、株主総会に出席しない株主が書面又は電磁的方法によって投票が可能であると定めた場合及び株式会社が取締役会設置会社である場合には、書面で行う必要がある（同条 2 項）。**したがって、それ以外の場合は、招集通知の方法は法定されていないことから、口頭、電話、電子メールなどで通知をすることも可能である。**

　招集通知が発せられずに行われた株主総会決議は不存在となり、一部の株主に対する通知のみが欠けている場合は決議取消事由になるが、株主の全員

の同意があるときは、招集手続を経ることなく株主総会を開催することができる（会社法300条）。

　また、会社法が、株主総会を招集するためには招集権者による招集の手続を経ることが必要であるとしている趣旨は、**全株主に対し、会議体としての機関である株主総会の開催と会議の目的たる事項を知らせることによって、これに対する出席の機会を与えるとともにその議事及び議決に参加するための準備の機会を与えることを目的とする**ことから、招集権者による株主総会の招集の手続を欠く場合であっても、株主全員がその開催に同意して出席したいわゆる全員出席総会において、株主総会の権限に属する事項につき決議をしたときには、決議は有効に成立する（最判昭和46年6月24日民集25巻4号596頁〔27000628〕）。これは、株主の代理人が出席した全員出席総会における決議でも同様であり、具体的には、最高裁は、代理人が出席した当該株主が会議の目的たる事項を了知したうえで委任をし、かつ、決議の内容が当該事項の範囲内のものである場合には、総会の決議として有効に成立すると判示している（最判昭和60年12月20日民集39巻8号1869頁〔27100026〕）。

　取締役会設置会社においては、株主総会の招集権者は取締役会である（会社法298条4項）。

　コラム　**株主総会の成立に関する裁判例**

　いわゆる一人会社の場合は、その一人の株主が出席すれば株主総会は成立し、招集の手続を要しないとされている（前掲昭和46年最判〔27000628〕）。

　また、取締役会設置会社においては、取締役会決議によらない株主総会の招集について、判例は、代表取締役以外の取締役が招集した株主総会は、招集権限のない者により招集されたものであって、法律上の意義における株主総会ということはできず、そこで決議がなされたとしても、株主総会の決議があったものと解することはできないとして決議は不存在であると判示している（最判昭和45年8月20日裁判集民100号373頁〔27411329〕）。

　一方、代表取締役が取締役会によらずに招集した株主総会については、決議取消事由があるものの、これを以て善意の第三者に対抗することができず、決議取消しの訴えをまってはじめてその効力が決せられる

> ものとされている（東京高判昭和 30 年 7 月 19 日下級民集 6 巻 7 号 1488 頁
> 〔27410267〕）。

（3）株主総会の運営

ケース　株主総会の際に、Ｂの代理人と名乗るＪが、Ｂの委任状を持っ
て、Ｂの代わりに総会に参加したいと申し出た。

ア　議決権の行使

株主総会は、原則として会社法の規定する事項及び会社の組織、運営、管理その他会社に関する一切の事項について決議をすることができる（会社法 295 条 1 項）。具体的には、株主総会は、招集権者又は株主が提案した議題について決議をすることとなる。

しかしながら、取締役会設置会社においては、会社の経営の機動性・迅速性を確保するため、業務執行の決定を原則として取締役会に委ねる趣旨から、株主総会の権限が限定されており、株主総会は、会社法に規定する事項及び定款で定めた事項に限り決議することができる（会社法 295 条 2 項）。そのため、**取締役会設置会社においては、株主総会は、原則として、招集者が決定した会議の目的である事項以外の事項について決議することができない**（同法 309 条 5 項、298 条 1 項 2 号）。

また、議決権は、会社の所有者である株主が会社の活動に参加し得る権利であるから、議決権を行使することができる事項を制限する種類株式を発行している場合（会社法 108 条 1 項 3 号）や、特別利害関係人に当たり議決権を行使できない場合等を除き、定款や総会決議事項をもってしても奪うことのできない株主の「固有権」である。

そして、固有権たる実を挙げるためには、議決権を実際に行使し得ることが保障されなければならないが、特に全部又は一部の株式を自由に譲渡し得る公開会社においては、株主が国内外に広く散在することがあり、また、株主総会の日は取締役会が一方的に決定することから（会社法 298 条 1 項 1 号）、出席する意欲があっても必ずしも株主本人が出席できるとは限らない。さらに、株式が没個性的な財産的権利であることに鑑みれば、議決権の行使は元来代理に親しむ行為である。

そのため、会社法 310 条 1 項前段は「株主は、代理人によってその議決権を行使することができる。」と定め、議決権行使が代理に親しむことを確認するとともに、**株主が代理人の選任によって、総会決議に間接的に参加することを強行法的に保障している。**

　しかしながら、非公開会社の場合や、公開会社の場合でも、株主総会において株主ではない第三者が出席をすることで、議会が撹乱されることが懸念される場合には、会社としては代理人の選任を制限したいと考えるのが自然であり、実際に定款において「株主は、代理人をもって議決権行使することができる。ただし、代理人は、当会社の株主に限るものとする」との規定が有効とされた判例もある（最判昭和 43 年 11 月 1 日民集 22 巻 12 号 2402 頁〔27000901〕参照）。

　本件のケースでは、X の定款に、代理人を制限する規定があるかどうか、当該規定が有効かどうか、さらに J が当該条件を充足するか、という観点から、検討する必要がある。

イ　議決権の行使に関する特別の制度

　株主は、株主総会の会場に出席して議決権を行使するのが原則であるが、遠方に居住していたり、仕事の都合等でそれができない場合も多い。そこで、会社法は、招集権者がその旨を定めれば、株主総会に出席しない株主が書面によって議決権を行使できる旨規定している（会社法 298 条 1 項 3 号）。この書面投票については、議決権を行使できる株主が 1,000 人以上の会社は、原則として株主に認めなければならないこととされている（同条 2 項）。

　株主に書面投票を認める場合は、招集通知の際、株主に対して、①議決権の行使について参考となるべき事項を記載した書類（株主総会参考書類）、及び、②株主が議決権を行使するための書面（議決権行使書面）を交付しなければならない（会社法 301 条 1 項、会社則 65、66 条）。

　また、招集権者は、株主総会の会場に出席しない株主が、電磁的方法によって議決権を行使する旨を定めることができる（電子投票。会社法 298 条 1 項 4 号）。

ウ　株主総会の議事

　株主総会の会場では、議長の運営に従って、株主総会の目的である事項

（議題）につき、議案の提案者による趣旨説明の後、質疑応答、意見交換、場合によっては株主による議案の提出（動議）といった審議（議事）を経たうえで、議題が決議事項である場合には、決議が行われることになる。なお、議題が報告事項（事業報告等、会社法 438 条 3 項、439 条、444 条 7 項等）である場合には、決議は行われない。

　具体的な議事及び決議に関しては、会社法は具体的なルールを定めておらず、会議体の一般原則に基づいて行われることとなる。

　まず、株主総会の議長については、会社法には特に定めがなく、多くの場合は「社長が議長になる」といった定款規定を設けていることが多い。もっとも、本来議長の選任も、会議体により決定されるものであるところを、議長選任の手間を省く趣旨で定款の規定を設けていることから、仮に総会議場で株主から動議が出され、株主総会の決議がされれば、定款で定めた議長を別の者に交代させることは可能である。これは、会場出席株主の多数派によって信任されていない議長には、円滑な議事運営は期待できないことから、会議体の一般原則として許されるものである。なお、動議については、株主総会の目的事項（議題）についてのみしか行うことができないが（実質的動議。会社法 304 条）、株主総会の議事進行に関する動議（手続的動議。調査者の選任（同法 316 条）のほか、延会・続行（同法 317 条）、休憩、質疑の打切り、採決の方法、議長の不信任・交代の提案等）については、**明文の規定のある手続的動議を除き、議長の裁量により、総会に諮るか否かを検討する**（議事整理権。同法 315 条）。

　議長の職務は、株主総会の秩序を維持し、議事を整理（会社法 315 条 1 項）のうえ、その命令に従わない者その他総会の秩序を乱す者がいる場合は、退場させることもできる（同条 2 項）。

エ　取締役等の説明義務

　株主総会会場に出席した株主は、その場で議題について質問し、当然に必要な説明を受ける権利を有しており、会社法は、取締役・会計参与・監査役・執行役（以下、「取締役等」という）が株主総会において株主から特定の事項について説明を求められた場合は、当該事項について必要な説明をしなければならない旨定めている（説明義務。会社法 314 条 1 項本文）。

　また、①当該事項が議題に関しないものである場合、②説明が株主共同の

利益を著しく害する場合（営業秘密の漏えいとなる場合など）、③説明のための調査をする場合、④説明が会社その他の者の権利を侵害する場合（個人情報の漏えいとなる場合など）、⑤株主が同一事項について繰り返し質問を求める場合、⑥その他正当な理由がある場合には、説明を要しない（会社法314条1項ただし書、会社則71条）。

コラム　感染症流行下での株主総会

　2020年1月16日に、日本でも感染が確認された新型コロナウイルスの影響で、同じ場所に複数の人物が集まって行うことが予定されている株主総会については、その運営方法が問題となっている。

　いわゆる"三密"を避けて、株主総会を行う方法の1つとしては、書面決議の方法（会社法298条1項3号）をとることが考えられるが、もう1つの方法が「バーチャル株主総会」と呼ばれるWeb会議システムを利用した株主総会である。経済産業省が2020年2月26日に公表した「ハイブリッド型バーチャル株主総会の実施ガイド」では、現行の会社法の解釈において、「開催場所と株主との間で情報伝達の双方向性と即時性が確保されている」ことを前提に、出席型による開催が許容されるとしており、今後の株主総会の運営に関して参考になるものと思われる。

　（経済産業省「ハイブリッド型バーチャル株主総会の実施ガイド」2020年2月26日策定（https://www.meti.go.jp/press/2019/02/20200226001/20200226001-2.pdf））

（4）株主総会決議事項

ア　株主総会決議の種類と要件

　決議には、①議決権を行使できる株主の議決権の過半数を有する株主が出席し（定足数要件）、出席した株主の議決権の過半数が賛成することで成立する普通決議（会社法309条1項）、②議決権を行使できる株主の議決権の過半数を有する株主が出席し、出席した株主の議決権数の3分の2以上が賛成することで成立する特別決議（同条2項）、③特別決議よりも厳格な決議要件を課している特殊決議がある。

　なお、取締役又は株主が、株主総会の目的事項について提案をした場合において、当該提案につき議決権を行使できる株主の全員が書面又は電磁的記録により同意したものとみなされるときは、当該提案を可決する旨の総会決議があったものとみなされる（会社法 319 条 1 項）。

	①普通決議 （会社法 309 条1項）	②特別決議 （会社法 309 条2項）	③特殊決議
決議要件	議決権を行使できる株主の議決権の過半数を有する株主が出席し（定足数要件）、出席した株主の議決権の過半数が賛成することで成立	議決権を行使できる株主の議決権の過半数を有する株主が出席し、出席した株主の議決権数の 3 分の 2 以上が賛成することで成立	会社法 309 条 3 項各号の場合：議決権を行使できる株主の半数以上であって、かつ、当該株主（議決権を行使できる株主）の議決権の 3 分の 2 以上の賛成 会社法 309 条 4 項の場合：総株主の半数以上であって、かつ総株主の議決権の 4 分の 3 以上に当たる多数の賛成
定款による修正	加重及び軽減が可能。ただし、役員の選任・解任決議については、定足数要件は 3 分の 1 までしか引き下げることができない（会社法 341 条）	頭数要件を設けるなどの加重は可能	それぞれ定款で加重が可能
決議事項	②③以外のすべての決議	会社法 309 条 2 項各号	会社法 309 条 3 項各号及び 4 項

イ　議事録の作成

　株主総会の議事については、省令に従って議事録を作成しなければならない（会社法 318 条 1 項、会社則 72 条）。議事録は、本店に 10 年間、写しは支

店に5年間備え置かれ、株主・債権者の閲覧・謄写請求の対象となる（同法318条2項、3項）。親会社社員についても、裁判所の許可を得て閲覧・謄写ができる（同条4、5項）。

（5）株主総会の瑕疵を争う訴え

ア　総論

　株主総会の決議の手続や内容に法令・定款違反などの瑕疵がある場合、本来、当該決議は無効となってしかるべきである。しかしながら、**瑕疵ある決議であってもいったん成立すれば、それを前提に様々な法律関係が積み重なることから、無制限に無効の主張を認めれば、法的安定を害することになる**。そこで、会社法は、株主総会決議の瑕疵の類型に応じ、①決議不存在の確認の訴え、②決議取消しの訴え、③決議無効の確認の訴えという3つの訴訟類型を定め、これらの訴訟の認容判決に対世効及び遡及効を認めることで、法律関係の画一的確定を図っている。

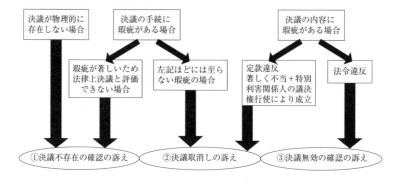

イ　決議不存在の確認の訴え（会社法830条1項）

　株主総会の決議が存在しないような場合には、そもそもそこから何らの法的効力も発生しないが、決議の存在を主張する者がいる場合には、裁判によって決議の不存在を確定する必要がある。決議が不存在とされるのは以下のような場合である。

　　①　議事録は作成されていたが、決議が物理的に存在していなかった場合
　　　（最判昭和45年7月9日民集24巻7号755頁〔27000712〕）
　　②　物理的には決議は存在するが、その手続の瑕疵が著しいため、法律上

決議は存在したと評価できない場合。具体的には、代表権のない取締役が取締役会決議なく株主総会を招集した場合（前掲昭和 45 年最判〔27411329〕）や、招集通知漏れが著しい場合には、決議は不存在となる（最判昭和 33 年 10 月 3 日民集 12 巻 14 号 3053 頁〔27002622〕）。

決議不存在の確認の訴えの原告適格には制限はないが、訴えの利益がない者、訴権を濫用する者（最判昭和 53 年 7 月 10 日民集 32 巻 5 号 888 頁〔27000235〕）については訴えの利益が否定される。

ウ　決議取消しの訴え（会社法 831 条 1 項各号）

会社法 831 条 1 項各号の決議取消事由があるときは、同項所定の者が、決議後 3 か月以内に訴えをもってのみ、当該決議の取消しを請求することができる。具体的な決議取消事由は以下の 3 つである。

① 　招集手続又は決議の方法が法令若しくは定款に違反し、又は著しく不公正な場合（会社法 831 条 1 項 1 号）
② 　決議の内容が定款に違反する場合（会社法 831 条 1 項 2 号）
③ 　決議の結果について特別の利害関係を有する者（特別利害関係人）の議決権行使により、著しく不当な決議がされた場合（会社法 831 条 1 項 3 号）

①については、具体的には以下のような場合である。

| 招集手続に法令違反がある場合 | ・一部の株主に対して招集通知を発しなかった場合
・招集通知の発送が法定の期限に遅れた場合（最判昭和 46 年 3 月 18 日民集 25 巻 2 号 183 頁〔27000647〕）
・有効な取締役会決議を経ずに代表取締役が株主総会を招集した場合（前掲昭和 46 年最判〔27000647〕）
・取締役会設置会社において招集通知に記載のない議題について決議した場合（最判昭和 31 年 11 月 15 日民集 10 巻 11 号 1423 頁〔27002868〕）
・招集通知又はその添付書類に記載すべき事項の不記載又は不実記載がある場合（東京地判平成 26 年 4 月 17 日金法 2017 号 72 頁〔28222360〕） |

決議の方法に法令違反がある場合	・取締役等が説明義務に違反して株主の質問に答えなかった場合（東京地判昭和63年1月28日判タ658号52頁〔27800826〕） ・出席株主の一部を会場に入れず、かつ株主による議案提案（動議）を無視した場合（最判昭和58年6月7日民集37巻5号517頁〔27000045〕） ・議案に反対した株主を欠席として処理した場合（東京地判平成19年12月6日判タ1258号69頁〔28132419〕） ・議決権の基準日の設定公告（会社法124条3項）を欠く場合（前掲平成26年東京地判〔28222360〕）
決議の方法に定款違反がある場合	・議決権行使の代理人資格を制限している場合に、株主以外の者を代理人とする議決権行使を認めた場合（前掲昭和43年最判〔27000901〕）
決議の方法が著しく不公正な場合	・株主が出席困難な時刻、場所にあえて株主総会を開催した場合（大阪高判昭和30年2月24日下級民集6巻2号333頁〔27410228〕）

　③にいう特別利害関係人とは、決議の結果について、**他の株主とは共通しない利害を有する者**を指す。例えば、取締役で多数派株主である者の死亡後、その相続人が議決権を行使し（特別利害関係人）、会社財産のほとんどを退職慰労金、弔慰金として当該相続人に支払う旨の株主総会決議を成立させた場合（著しく不当な決議）などが、これに当たる（浦和地判平成12年8月18日判時1735号133頁〔28060565〕）。

　もっとも、決議取消事由があっても、裁判所は、その違反が重大でなく、かつ決議に影響を及ぼさないものであると認めるときは、決議取消しの請求を棄却することができる（裁量棄却制度、会社法831条2項）。

　取消事由のある決議も、取り消されない限りは有効であり、決議後3か月以内に訴えを提起しなければならない（会社法831条1項）。例えば、一部の株主（発行済株式1万株中、2,700株保有）に対する招集通知の発送が法定期限より6日遅れた事案について、裁判所は、その株主は株主総会の開催を熟知しながらわざと出席しなかったものであり、かつ決議は他の株主全員の一致で成立したという事情を考慮し、裁量棄却を認めている（最判昭和55年6月16日裁判集民130号15頁〔27411949〕）。もっとも、取締役会決議に基づか

ずに株主総会が招集され、招集通知の発送も法定期限より 2 日遅れた事案については、違反が重大であるとして裁量棄却は否定されている（最判昭和 46 年 3 月 18 日民集 25 巻 2 号 183 頁〔27000647〕）。

エ　決議無効の確認の訴え（会社法 830 条 2 項）

株主総会決議の内容に法令違反がある場合、**その決議は当然に無効であるため、株主は、決議が無効であることを前提として、役員等の責任追及をすることも可能**である。もっとも、株主総会の決議は多数の者の利害にかかわるから、決議の効力を画一的に定めることが望ましいとして、会社法上株主総会無効の確認の訴え（会社法 830 条 2 項）を規定している。

株主総会無効の確認の訴えは、株主総会不存在の確認の訴えと同様、確認訴訟であるため、確認の利益が必要である。例えば、無効な株主総会決議に基づいて新株発行がされた場合、**新株発行無効の訴えによらなければ新株発行を無効にすることはできないため（会社法 828 条 1 項 2 号）、決議無効の確認の訴えを提起しても、確認の利益が否定される**ことになる（最判昭和 40 年 6 月 29 日民集 19 巻 4 号 1045 頁〔27001292〕）。

3　募集株式の発行に関する問題（発行手続の瑕疵、支配権維持目的）

設例　Aは、Xの経営についてBと衝突することが増えたことから、Aの影響力を高めるために、Aの思うとおりに議決権を行使する人物を株主に加え、支配権を強化したいと考えた。そこで、Aは自分の子であるEに、新たに新株を発行することを考えているとして、新株発行において留意すべき点について相談を受けた。

ポイント

株式の発行は資金調達の手段として重要であるだけでなく、中小企業の多くがそうである非公開会社においては、支配権に大きな影響を及ぼすものである。特に、株主以外の者に新株を発行すれば、その分既存の株主の支配権が薄まるので、公開会社と違って、新株の発行が無効とされる例もみられ

る。そうなれば、会社として受ける法的な影響は甚大なものになる。弁護士としては、この点をよく理解し、依頼者を説得のうえ、新株発行手続を確実に履践するよう指導をする必要がある。

（1）新株発行の手続

　新株の発行等（募集株式の発行等）は、株式会社の資金調達の手段であり、新たな株主をつくり出すという意味で会社の組織に関する行為である。このような新株の発行等は、**非公開会社のように、株主に特に会社経営に対する関心が高く、経営支配権に関わる持株比率の維持に強い関心を有している場合には特に重要な行為である。**そこで、本書においては、原則として非公開会社を前提として説明し、必要に応じて公開会社における制度について付言することとする。

　まず、募集株式の発行等が既存株主に与える影響としては、①持株比率の低下及び②希釈化による経済的損失の可能性が考えられる。発行済み株式の総数がそもそも少なく、株式の経済的価値が判断しづらい非公開会社において、より重視されるのは①である。

　そのため、非公開会社が募集株式の発行等をする場合には、原則として、株主総会の特別決議による決定を要する（会社法199条2項、309条2項5号）。

　ただし、非公開会社が株主割当てによって募集株式の発行等をする場合には、既存株主は、割り当てられた株式について出資の履行ができれば議決権比率を維持することができる（①についてクリアできる）ことから、定款で定めることにより、取締役の決定（取締役会設置会社では取締役会決議）によって募集株式の発行等をすることができるものとされている（会社法202条3項1、2号）。

（2）新株発行に関する問題

　募集株式の発行等の無効は、当該新株発行の効力が生じた日（会社法209条1項参照）から、非公開会社においては1年以内に、訴えをもってのみ主張することができる（同法828条1項2号）。新株発行の無効原因については明文の規定はないが、新株発行が事後的に無効とされると、会社は払込金額を返還しなければならないほか、発行された株式も無効になるなど法律関係

の安定や取引の安全を害するおそれがあるため、新株発行に特に重大な瑕疵
がある場合に限って、無効原因になるとされている。

　もっとも、**非公開会社においては、株式取引の安全に対する配慮の必要性
が公開会社ほど強くなく、さらに既存の株主において持株比率が低下するこ
とは死活問題である。**

　そのため、公開会社においては、必要な機関の決議を欠くことは新株発行
の無効原因にはならないと解されている（最判昭和 46 年 7 月 16 日裁判集民
103 号 407 頁〔27411397〕等）のに対し、非公開会社では、株主総会の特別決
議（会社法 199 条 2 項、202 条 3 項 4 号、309 条 2 項 5 号）を経ずに新株発行を
行った場合には、新株発行の無効原因になると判断されている（最判平成 24
年 4 月 24 日民集 66 巻 6 号 2908 頁〔28180885〕）。

4　取締役会の運営に関する諸問題

　設例　Xは、もともとはＡ、Ｂ及びＣの関係性が良好であったことから、
取締役会決議を実際には行っておらず、Ａが決めたことをＢ及びＣに事後報
告するような運用をしていた。しかしながら、次第にＡとＢとの間で経営方
針に関して対立することが多くなり、ＢはＡの取締役会の運営に対して疑問
を呈するようになった。このような場合に、ＡがＢやその他の債権者等から
受ける可能性のある法的な請求にはどのようものがあるか、今後どのように
取締役会を運営すべきかについて相談を受けた。

　ポイント

　中小企業の多くである非公開会社では、取締役同士の関係性から、実際に
は履践すべき手続を履践せず、取締役同士の関係性が悪化した後になって、
先に行われた手続の瑕疵が争われることが多々ある。具体的には、取締役会
決議なく行われた業務執行や株主総会の有効性のほか、仮にこれにより会社
に損害が発生した場合には、取締役自身が責任追及を受ける可能性もある。
したがって、弁護士としては、このような法的リスクを説明したうえ、取締
役会の基本的なルールを確実に履践するようにアドバイスをする必要があ
る。

（1）取締役会の概要

ケース　Xでは、実質的に取締役会を行わず、体裁を整えるために議事録を各取締役に回覧して署名させるような方法をとっていた。このような取締役会の開催方法に問題があるか、もし問題がある場合には、どのような開催方法であれば適法かについて相談を受けた。

　取締役会は、全取締役で組織される合議体であり（会社法 362 条 1 項）、公開会社、監査役会設置会社及び委員会型の会社は、取締役会を置かなければならない（同法 327 条 1 項）が、それ以外の株式会社は、その選択により取締役会を置くことができる。

　取締役会の主な職務は、業務遂行の決定（会社法 362 条 2 項 1 号）、取締役の職務遂行の監督（同項 2 号）、代表取締役の選定・解職（同項 3 号）である。

　取締役が自ら決定しなければならない法定決議事項は、会社法 362 条 4 項各号に定められているが、ある事項が、法定決議事項に当たるかどうかは一義的に明らかでない場合もあることから、実務上は、取締役会規則により、取締役会決議の要否を決める具体的な基準を設けていることが多い。

　取締役会は、原則として各取締役が招集の権限を有するが（会社法 366 条 1 項）、定款又は取締役会で、特定の取締役を招集権者と定めることもできる（同項ただし書）。もっとも、その場合にも、招集権者以外の取締役は、議題を示して招集権者に招集を請求することができ、そのうえで、一定期間内に招集がされないときは、自ら取締役会を招集できる（同法 366 条 2、3 項）。招集通知は、原則として、会日の 1 週間前に各取締役に発する必要がある（同法 368 条 1 項）が、株主総会の招集通知と異なり、招集通知に議題の記載は不要であり、仮に議題を記載したとしても、記載した議題以外の議題について決議することは妨げられない（招集通知に記載のない代表取締役の解職決議を有効とした事案として、名古屋高判平成 12 年 1 月 19 日金判 1087 号 18 頁〔28050659〕）。

　なお、取締役会は、取締役全員の同意があれば、招集手続を経ることなく開催できる（会社法 368 条 2 項）。

　議事については、原則として、取締役が相互に協議・意見交換できる形が確保されている必要があり、**議事録を各取締役に回覧して署名させるいわゆ**

る「持ち回り決議」については、有効な取締役会決議とは認められない（最判昭和 44 年 11 月 27 日民集 23 巻 11 号 2301 頁〔27000761〕）。なお、例外的に、取締役全員が書面又は電磁的記録により当該提案に同意の意思表示をしたときは、決議を省略することができ（会社法 370 条）、報告事項に代えることもできる（同法 372 条 1 項）。

　決議については、議決に加わることができる取締役の過半数が出席し、出席した取締役の過半数をもって行う（会社法 369 条 1 項、定款により加重可能）。

（2）取締役会決議の瑕疵

　ケース　Xの取締役であるBが、本件とは異なり全く業務に関与していないいわゆる「名目的取締役」であった場合、Bに招集通知を送らずに取締役会決議を有効に行うことができるか。

　取締役会決議の手続や内容に瑕疵がある場合には、明文の規定はないことから、原則として決議は無効となる。しかしながら、取締役会決議に基づいて、様々な法律関係が積み重なっていくことから、決議を全て無効にしてしまうと、法的安定性を害することになる。

　そこで、最高裁は、取締役が利益相反取引を行うに当たって（会社法 356 条 1 項 2 号、365 条 1 項）、一部の取締役（いわゆる名目的取締役）に招集通知を発せないまま開催した取締役会決議に基づいて取引を行った事案について、「その取締役が出席してもなお決議の結果に影響がないと認めるべき特段の事情があるときは、右の瑕疵は決議の効力に影響がないものとして、決議は有効になると解するのが相当である」と判示した（最判昭和 44 年 12 月 2 日民集 23 巻 12 号 2396 頁〔27000758〕）。

　また、同様に、特別利害関係人である取締役を議決に参加させて成立した決議について（会社法 360 条 2 項違反）、当該取締役を除外してもなお決議の成立に必要な多数の賛成が得られている場合は、決議は有効であるとしている（最判平成 28 年 1 月 22 日民集 70 巻 1 号 84 頁〔28240322〕）。

（3）取締役の違法行為の差止請求

　ケース　株主であるDは、Aが、取締役会の承認を得ずにXに備え付けら

れた珈琲豆の焙煎機を市場価格の半額である 1,000 万円で売却しようとしていることを偶然知ったので、売却をやめさせたい。Aに対して、焙煎機の売却をやめさせるためには、どのようにすればよいか。

ア　違法行為の差止請求

　取締役が、任務を怠り、会社に損害が生じた場合には、株主は事後的に株主代表訴訟によって、取締役の責任を追及することができる。しかしながら、**このような事後的な救済ではなく、当該行為を事前に差し止めることができた方が、会社にとっては有益である。**

　そこで、会社法は、取締役が**株式会社の目的の範囲外の行為その他法令若しくは定款に違反する行為をし、又はこれらの行為をするおそれがある場合**において、当該行為によって当該株式会社に**著しい損害が生ずるおそれがあるとき**は、**6か月前（これを下回る期間を定款で定めた場合は、その期間）**から引き続き株式を保有する**株主**は、当該取締役に対し、当該行為をやめることを請求することを認めている（会社法 360 条 1 項、単独株主権である）。なお、**非公開会社においては、株式の保有期間は要件ではない**（同条 2 項）。

　また、監査役設置会社、監査等委員会設置会社及び指名委員会等設置会社については、「著しい損害」は**「回復することができない損害」**が生じるおそれがある場合に限定される（会社法 360 条 3 項）。これは、「著しい損害」が生じる場合は、監査役、監査等委員、監査委員が差止請求をする権限を有するからである（同法 385 条 1 項、399 条の 6 第 1 項、407 条 1 項）。

　差止請求の相手方は取締役であって、会社ではない。

イ　「会社の目的の範囲外の行為」について

　会社における目的の範囲内の行為とは、定款に明示された目的自体に限定されるものではなく、その目的を遂行するうえに直接又は間接に必要な行為であればすべてこれに包含されると解されている（最大判昭和 45 年 6 月 24 日民集 24 巻 6 号 625 頁〔27000715〕）。

　なお、株式会社による政治献金が目的の範囲内であるとした裁判例として名古屋高金沢支判平成 18 年 1 月 11 日判時 1937 号 143 頁〔28110282〕がある。

ウ 「法令若しくは定款に違反する行為」について

「法令若しくは定款に違反する行為」とは、個別の法令又は定款に違反する行為のほか、取締役・執行役の注意義務違反に当たる行為も含まれる。

エ 請求手続

差止請求は、裁判外で行うこともできるが、株主は、取締役を被告として差止めの訴えを提起することができる（株主代表訴訟と異なり、事前に会社に対して提訴請求する必要はない）。

オ 差止めの仮処分

差止請求訴訟の判決確定までに取締役が係争行為をなすおそれがある場合には、同人に対しその行為の**不作為を命ずる仮の地位を定める仮処分**（民事保全法 23 条 2 項）が認められる。この仮処分は、被保全権利（差止請求権）そのものを実現する満足的仮処分である。

カ 差止請求権行使の効果

差止請求権は、通常、仮処分により行使され、その仮処分が認められるか否かという形で差止めの可否が争われることが多い。そして、差止請求を認める決定に違反して取締役が行為を行った場合、会社に対する不作為義務違反となり任務懈怠責任が問題となるが、当該決定は、あくまで取締役に会社に対する不作為義務を課すにとどまるから、当該行為の対外的効力には影響がないと解されている（東京高判昭和 62 年 12 月 23 日判タ 685 号 253 頁〔27803097〕。なお、浦和地判平成 11 年 8 月 6 日判タ 1032 号 238 頁〔28051810〕参照）。

コラム **非常事態における賃料支払義務**

新型コロナウイルスの影響で売上げが減少し、現在借りているテナントのテナント料（賃料）が支払えなくなった場合、賃借人はすぐに退去しなければいけないのだろうか。

この点については、**テナント料（賃料）の未払が発生したとしても、建物の賃貸借契約においては、当該賃貸借契約の当事者間の信頼関係が破壊されていないと認められる事情がある場合には、賃貸人は賃貸借契**

約を解除することはできないとされている（**信頼関係破壊の法理**）。そして、信頼関係が破壊されているかどうかは、賃料の滞納の期間や金額、滞納に至った経緯、滞納後の交渉状況など個別具体的な事情を総合的に考慮して判断されるが、新型コロナウイルスの影響という特殊な要因で売上げが減少したために賃料が払えなくなったという事情は、信頼関係が破壊されていないという方向に作用すると考えられる。

　ただし、契約解除が認められない場合であっても、不払となっている賃料の支払義務が消滅するわけではない。また、滞納を放置しておいてよいというものではなく、オーナーとの誠実な協議が重要である。

（法務省「賃貸借契約に関する民事上のルール」（http://www.moj.go.jp/MINJI/minji07_00050.html）2020 年 8 月 3 日参照）

コラム 　新型コロナウイルスへの対応と税務上の取扱い

　寄附金や交際費については法人税法上別段の定めがあり、**損金不算入制度**が設けられている（法人税法 22 条 3 項）。寄附金とは、事業に直接関係のない者に対して、任意にかつ対価の授受なく無償で行われる財産的給付をいい（同法 37 条）、交際費等とは、事業に関係のある者に対する接待、贈答などの行為のために支出する費用をいう。

　〔例 1〕企業が、**新型コロナウイルス感染症等に関連して緊急支援の取組みとして、フードバンクや生活困窮者支援団体等に対し、自社製品等を提供した場合**、一般的にはその寄附は事業に直接関係のない者に対する贈与であり、一定の限度額までしか損金算入することができない（法人税法 22 条 3 項、37 条）。しかし、自社製品等の提供が、新型コロナウイルス感染症に関する対応として、不特定又は多数の生活困窮者等を救援するために緊急、かつ、今般の感染症の流行が終息するまでの間に限って行われるものであれば、その提供に要する費用（配送に係る費用を含む）の額は、提供時の損金の額に算入して差し支えない（法人税法 22 条 3、4 項、法人税基本通達 9-4-6 の 4）。

　〔例 2〕企業が、**関連する子会社や下請業者などの取引先に対して、マスク等を無償で提供した場合**、その無償提供が、新型コロナウイルス感染症に関する対応として、緊急、かつ、感染症の流行が終息するまでの

間に限って行われるものであり、マスク等の不足により、業務に直接又は間接的な影響が生ずる場合は、事業遂行上必要な経費として、その提供に要する費用（マスク等の購入費用、送料等）の額は、寄附金以外の費用に該当するものとされる（法人税法 22 条 3、4 項、37 条）。ただし、当該マスク等の転売の事実が確認された場合は、その提供に要する費用は、税務上寄附金に該当する（同法 22 条 3、4 項、37 条）。

〔例 3〕**不動産賃貸業を営む企業が、賃貸借契約を締結している取引先等に対して賃料の減額を行った場合、**減額に合理的な理由がなければ減額前の賃料の額と減額後の賃料の額との差額については、原則として、税務上、相手方に対して寄附金を支出したものと取り扱われる（法人税法 22 条 3、4 項、37 条）。しかしその賃料の減額が、①取引先等において、新型コロナウイルス感染症に関連して収入が減少し、事業継続が困難となったこと、又は困難となるおそれが明らかであること、②取引先等の復旧支援（営業継続や雇用確保など）を目的としたものであり、そのことが書面などにより確認できること、③取引先等において被害が生じた後、相当の期間（通常の営業活動を再開するための復旧過程にある期間をいう）内に行われたものであることなどの**条件を満たすものであれば、実質的には取引先等との取引条件の変更と考えられるため、その減額した分の差額については、寄附金として取り扱われることはない。**この取扱いは、既に生じた賃料の減免（債権の免除等）を行う場合や、テナント以外の居住用物件や駐車場などの賃貸借契約においても同様である（国税庁ＨＰ「国税における新型コロナウイルス感染症拡大防止への対応と申告や納税などの当面の税務上の取扱いに関するＦＡＱ」参照）。

（山下宜子税理士）

（4）取締役に対する損害賠償請求（対会社責任）

ケース ① Ｂは、Ｘで培ったノウハウを基に個人で珈琲豆の製造、販売業を始め、Ｘの顧客に対して営業のダイレクトメールを送付した。そして、Ｂは、Ｘよりも安い価格で珈琲豆を販売したため、Ｘの顧客のうち数社が、Ｘとの取引を解消し、Ｂから珈琲豆を仕入れるようになった。Ｘは、Ｂに対して、Ｂの上記営業によって生じた損害の賠償を請求したい。

② Aは、Fから個人的に金銭の借入れを行うに際し、Xの取締役会の承認を得ることなく同社を保証人にしていた。その後、Aは、Fに対する借入金の返済を怠ったため、Fは保証人であるXに対して保証債務の履行を求めた。Xは、保証債務の履行を拒むことができるか。

ア 任務懈怠に関する責任（会社法 423 条 1 項）

（ア）任務懈怠責任

取締役、会計参与、監査役、執行役、会計監査人（**役員等**、会社法 423 条 1 項かっこ書）は、**その任務を怠ったとき**は、株式会社に対し、これによって生じた損害を賠償する責任を負う（同条 1 項）。

役員及び会計監査人は、会社との委任契約又は準委任契約に基づく善管注意義務を負っており（会社法 330 条、民法 644 条）、また、取締役は、法令及び定款並びに株主総会の決議を遵守し、株式会社のため忠実にその職務を行わなければならない（忠実義務、会社法 355 条）。したがって、取締役が、具体的な法律又は定款の規定に違反した場合はもちろん、一般的な善管注意義務又は忠実義務に違反して会社に対して損害を与えたときは、民法上の債務不履行の一般原則（民法 415 条）によって会社に対して損害賠償責任を負うことになる。しかしながら、債務不履行の一般原則では、損害を被ったその救済が不十分であると考えられたため、会社法 423 条 1 項が設けられている。

（イ）過失

a 過失責任

役員等は、任務懈怠につき自己に過失がないことを証明すれば、責任を免れることができる（会社法 428 条 1 項が「任務を怠ったこと」と「責めに帰することができない事由」を区別していることから明らかである）。

b 任務懈怠の推定

利益相反取引の場合（会社法 356 条 1 項 2、3 号）は、一定の範囲の取締役について任務懈怠が推定される（会社法 423 条 3 項。なお、同法 369 条 5 項参照）。

c 無過失責任

自己のために利益相反取引の直接取引（会社法 356 条 1 項 1 号）をした取締役の責任は無過失責任である（同法 428 条 1 項）。この場合、責任の一部免

除（同法 425～427 条）の規定も適用がない（同法 428 条 2 項）。

　　d　過失の内容

　取締役に求められる善管注意義務とは、行為者の有している個別的・具体的な能力・注意力とは関係なく、行為者が従事する職業や地位に対して通常期待される一般的・抽象的な注意義務をいう。したがって、取締役の負う注意義務の程度は、一般の通常人や企業経営者一般として期待されるものではなく、通常のあるべき取締役、「当該企業及び取締役の属する業界における通常の企業人」として期待される注意の程度を基準に判断すべきものである。

　また、取締役は、法令及び定款並びに株主総会の決議を遵守し、株式会社のため忠実にその職務を行わなければならない（忠実義務。会社法 355 条）。ここで、取締役が遵守すべき法律には、会社法その他の法令中の、会社を名宛人とし、会社がその業務を行うに際して遵守すべきすべての規定が含まれる。会社が法令を遵守すべきことは当然であるところ、取締役が、会社の業務執行を決定し、その執行の任に当たる立場にあることからすれば、会社をして法令に違反させることのないようにすべく、その職務執行に際して会社を名宛人とする規定を遵守することも、取締役の会社に対する職務上の義務に属するといえるからである。なお、この忠実義務については、善管注意義務を敷衍し、かつ一層明確化したにとどまるものであって、通常の委任関係に伴う善管注意義務とは別個の高度な義務を規定したものではないと解するのが判例である（最大判昭和 45 年 6 月 24 日民集 24 巻 6 号 625 頁〔27000715〕）。

　（ウ）責任追及の方法

　取締役の会社に対する責任の追及方法として、会社が訴えを提起する（監査役等会社の機関が会社を代表する。会社法 353 条、364 条、386 条 1 項）以外に、株主の監督是正権の一環の形で**代表訴訟の提起権**が認められている（同法 847 条）。

イ　競業避止義務

　（ア）競業取引の規制

　取締役が**自己又は第三者のために株式会社の事業の部類に属する取引**（以下、「競業取引」という）をしようとするときは、当該取締役は、当該取引につき**重要な事実を開示**し、取締役会設置会社以外の会社においては**株主総会**

の承認（普通決議、会社法 309 条 1 項）、取締役会設置会社においては**取締役会の承認**（同法 365 条 1 項）を受けなければならない（同法 356 条 1 項 1 号）。これは、**取締役の競業は、会社のノウハウ、顧客情報等を奪う形で会社の利益を害する危険が高いことから規制を加えたもの**である。

　（イ）競業取引の範囲

　競業取引として規制の対象となる「会社の事業の部類に属する取引」（会社法 356 条 1 項 1 号）とは、会社が実際にその事業において行っている取引と目的物（商品・役務の種類）及び市場（地域・流通段階等）が競合する取引である。

　（ウ）「自己又は第三者のために」の意義

　「自己又は第三者のために」（会社法 356 条 1 項 1 号）とは、取引の実質的な利益が誰のものになるかを意味すると解するのが通説である。取締役又は第三者の計算で行われた競業取引について同法 423 条 2 項を適用すべきことや、会社の知名度を利用して取締役又は第三者の費用負担で行う行為を規制すべきことを理由とする。

　（エ）承認の手続

　取締役は、競業取引をしようとする場合には、当該取引につき重要な事実を開示したうえで、株主総会又は取締役会の承認を受けなければならない（会社法 356 条 1 項、365 条 1 項）。なお、当該承認決議の際、競業取引をしようとする取締役は特別利害関係人となるため、決議に加わることができない（同法 369 条 2 項、831 条 1 項 3 号）。

　また、取締役会設置会社においては、競業取引をした取締役は、当該取引後、遅滞なく、当該取引についての重要な事実を取締役会に報告しなければならない（会社法 365 条 2 項）。ここでいう「重要な事実」とは、株主総会又は取締役会において当該取引を承認するか否かを判断するための資料として十分なものである必要があり、具体的には、取引の相手方、対象物、数量、価格、取引の期間、取引により得られる利益等に係る事実等がこれに当たると考えられる。なお、株主総会又は取締役会の承認を受けた場合であっても、このような重要な事実の開示がなかった場合には、当該承認は有効な承認とはいえず、当該取引を行った取締役は、同法 356 条 1 項に違反したものとして任務懈怠責任を負うと考えられる。

　なお、取締役による競業取引の承認は、個々の取引につきなされるのが原

則であるが、関連会社間の取引のように同種の取引が反復継続するような場合には、取引の種類・数量・金額・期間等を特定して包括的に承認を与えることも可能であると解される。

（オ）承認の効果

　取締役が株主総会又は取締役会の承認を受けて競業取引を行った場合には、法令違反（会社法356条1項）に該当しないことは当然である。しかし、当該承認が、取締役の善管注意義務・忠実義務を免除する効果を有するものではないため、有効な承認を受けて行われた競業取引であっても、それによって会社に損害が発生した場合には、競業取引を行った取締役等に任務懈怠が認められるときは、会社に対して損害賠償責任を負うことがあり得る（ただし、同法423条2項による損害額の推定規定は適用がない）。

　また、自己契約又は双方代理になる場合でも、民法108条の適用はない（会社法356条2項）。

（カ）承認を得ない競業取引の効力

　利益相反取引（会社法356条1項2、3号）と異なり、競業取引自体は、あくまで当該取引を行った取締役と第三者間の取引であるから、**同法356条1項の承認がない場合であっても、当該取引自体の効力は有効である。**

　そして、取締役が、株主総会又は取締役会の承認を得ずに行った競業取引によって会社に損害が生じた場合は、会社法423条1項に基づく任務懈怠責任を負う。この場合、当該取引によって当該取締役又は第三者が得た利益の額は、同項の損害の額と推定される（同条2項）。

　ウ　利益相反取引

（ア）利益相反取引の規制

　取締役が**自己又は第三者のために株式会社と取引をしようとするとき**、当該取締役は、当該取引につき**重要な事実**を開示し、取締役会設置会社以外の会社においては**株主総会の承認**（普通決議、会社法309条1項）、取締役会設置会社においては**取締役会の承認**（同法365条1項）を受けなければならない（同法356条1項2号）。また、株式会社が**取締役の債務を保証すること**その他取締役以外の者との間において**株式会社と当該取締役との利益が相反する取引をしようとするとき**も同様である（同条1項3号）。前者は直接取引の規制、後者は間接取引の規制と呼ばれるが、**取締役が会社の利益の犠牲にお**

いて自己又は第三者の利益を図ることを防止する趣旨で設けられている。

　（イ）利益相反取引

　　a　直接取引

　直接取引にいう「自己又は第三者のために」（会社法356条1項2号）とは、計算においての意味ではなく、名義の意味であると解するのが通説である（競業取引（同項1号）とは異なる）。したがって、A社の取締役Bが代表取締役を務めるC社との取引であっても、C社をB以外の代表取締役が代表するときは、A社において利益相反取引に関する承認は不要と解される。

　形式的には、直接取引に当たる場合であっても、会社と取締役との間で利害が対立するおそれがない取引、例えば、①取締役から会社に対する負担のない贈与、②取締役からの無担保・無利息での借入れ（最判昭和38年12月6日民集17巻12号1664頁〔27001966〕、最判昭和39年1月28日民集18巻1号180頁〔27001944〕）、③会社による既存債務の履行（大判大正9年2月20日民録26輯184頁〔27523007〕）、④普通取引約款に基づく取引（預金契約、保険契約等）（東京地判昭和57年2月24日判タ474号138頁〔27412101〕）などは、利益相反取引には該当しないと解されている。

　また、利益相反取引の規制は、株主の利益保護のための規定であるから、①会社とその全株式を保有する株主との取引（最判昭和45年8月20日民集24巻9号1305頁〔27000695〕）や②株主全員の同意がある取締役・会社間の取引（最判昭和49年9月26日民集28巻6号1306頁〔27000416〕）には、承認は不要であると解される。

　　b　間接取引

　間接取引とは、取締役以外の者（すなわち第三者の名において）と会社との間で取引が行われる場合であっても、取締役の利益と会社の利益とが相反する場合である。例えば、①会社による取締役の債務の保証（最判昭和45年3月12日裁判集民98号365頁〔27411292〕）、②債務引受け（最大判昭和43年12月25日民集22巻13号3511頁〔27000858〕）、③物上保証（東京地判昭和50年9月11日金法785号36頁〔27411658〕）のように、会社・第三者間の取引であって外形的・客観的に会社の犠牲において取締役に利益が生ずる形の行為についても、会社を代表する者が当該取締役であるか否かにかかわらず、株主総会・取締役会の承認を要する。取締役が代表取締役をしている他社の債務を会社が保証する場合も同様と解されている（最判昭和45年4月23日民集

24 巻 4 号 364 頁〔27000729〕)。

　なお、直接取引と間接取引については、間接取引には会社法 428 条の適用がないことから、これらを区別する実益がある。

　（ウ）承認の手続

　　a　承認決議

　承認に際しては、取引につき重要な事実の開示・相当の説明等がなされねばならない。ここでいう「重要な事実」とは、株主総会又は取締役会において当該取引を承認するかどうかを判断するための資料として十分なものである必要があり、具体的には、取引の当事者、対象物、数量、価格、取引の期間、取引により得られる利益等に係る事実等がこれに当たると考えられる。株主総会又は取締役会の承認を得た場合であっても、このような重要な事実の開示がなかった場合には当該承認は有効な承認とはいえず、当該取引を行った取締役は、法令違反行為をしたものとして任務懈怠責任を負う。

　なお、承認決議の際、利益相反取締役は特別利害関係人となるため、決議に加わることができない（会社法 369 条 2 項、831 条 1 項 3 号）。

　また、取締役の利益相反取引の承認は、個々の取引につきなされるのが原則であるが、関連会社間の取引のように反復継続して同種の取引がなされている場合については、取引の種類・数量・金額・期間等を特定して包括的に承認を与えることも可能であると解される。

　　b　事後報告

　取締役会設置会社においては、利益相反取引を行った取締役は、当該取引後遅滞なく取引についての重要な事実を取締役会に報告することを要する（会社法 365 条 2 項、976 条 23 号）。この事後の報告は、取引について承認を受けたか否かに関わりなく行う必要がある。それによって、会社は、取締役の責任追及を行うか否かを判断することになる。

　　c　事後承認の可否

　会社法 356 条 1 項の承認は、その文言に照らし事前に受ける必要があるものと考えられる。もっとも、事前の承認を得ないで行われた利益相反取引であっても、事後的に承認があれば当該取引は有効になると解されており、その意味で追認が可能である。

　（エ）承認の効果

　株主総会・取締役会の承認を受けた取締役の利益相反取引は有効になる。

自己契約又は双方代理になる場合でも、民法108条の適用はない（会社法365条2項）。

ただし、**株主総会又は取締役会の承認を受けても、その取引により会社に損害が生じた場合には、その取引に関し任務懈怠のある取締役は、会社に対する損害賠償責任を負う**（会社法423条1、3項）。

（オ）承認を受けない取引の効力

承認を受けない取引につき、会社は、取締役又は取締役が代理した直接取引の相手方に対しては、常に取引の無効を主張できる（通説）。

しかし、判例によれば、間接取引の相手方（最大判昭和43年12月25日民集22巻13号3511頁〔27000858〕）、及び、会社が取締役を受取人として振り出した約束手形（一種の直接取引）の譲受人（最大判昭和46年10月13日民集25巻7号900頁〔27000616〕）という第三者との関係においては、取引安全の見地から、①当該取引が利益相反取引に該当すること及び②株主総会・取締役会の承認を受けていないことを当該第三者が知っていることを会社が主張・立証して初めて、会社は同人に対し取引の無効を主張できるものとされている（相対的無効説）。

なお、利益相反取引の規制は、会社の利益を保護するためのものであるから、取締役の側から取引の無効を主張することは許されない（最判昭和48年12月11日民集27巻11号1529頁〔27000459〕）。

（カ）取締役の責任

利益相反取引が行われ、これによって会社が損害を被った場合、株主総会又は取締役会の承認の有無にかかわらず、当該取引に関し善管注意義務・忠実義務違反が認められる取締役は、会社法423条1項の任務懈怠責任を負う。そして、①同法356条1項の取締役、②株式会社が当該取引をすることを決定した取締役、③当該取引に関する取締役会の承認の決議に賛成した取締役については、任務懈怠が推定される（同法423条3項）。

また、自己のために会社と直接取引を行った取締役は、無過失責任とされており（会社法428条1項）、この場合は、責任の一部免除に関する同法425条から427条までの規定も適用がない（同法428条2項）。

（5）取締役に対する損害賠償請求（対第三者責任）

ケース　Aは、株式会社Gに対して、回収の見込みがないのに、Xから多

額の資金を貸し付けた。その後、株式会社Gは倒産し、貸付金の回収が不能となったXも資金不足により、倒産した。Xの倒産によって、Xの取引先である株式会社Hは、同社のXに対する売掛金債権を回収することができなくなった。そこで、株式会社Hとしては、漫然と貸付行為を行ったAの責任を追及したい。

ア　取締役の対第三者責任の法的性質

役員等がその任務に違反した場合には、本来は会社に対する関係で責任を負うにすぎないから、任務懈怠行為が第三者に対する不法行為（民法709条）に該当しない限り、役員等が第三者に対して責任を負うことはないはずである。しかしながら、役員等による任務懈怠行為によって第三者が損害を被った場合に、**第三者保護の見地から、役員等がその職務を行うについて悪意又は重大な過失があったときは、**当該役員等は、第三者に生じた損害を賠償する責任を負う（会社法429条1項）。

判例（最大判昭和44年11月26日民集23巻11号2150頁〔27000766〕）によれば、役員等の第三者に対する責任は、①その性質は、不法行為責任ではなく、第三者を保護するために定められた特別の法定責任であり、第三者が役員等の不法行為責任を追及することも妨げられず、②第三者は、任務懈怠について役員等の悪意又は重過失を証明すればよく、自己に対する加害についての悪意又は重過失を証明する必要はなく、③役員等の任務懈怠と第三者の損害との間に相当因果関係がある限り、間接損害、直接損害のいずれについても、役員等は責任を負うものとされる。

イ　責任行為

（ア）任務懈怠行為

「その職務を行うについて」（会社法429条1項）とは、法令又は定款に違反する行為のみならず、会社に対する善管注意義務（会社法330条、民法644条）・忠実義務（会社法355条）に違反する行為を広く含むと解されている。会社法429条1項の責任を基礎付ける取締役の行為を任務懈怠行為という。

（イ）間接侵害及び直接侵害

a　間接侵害

取締役の悪意又は重過失による任務懈怠行為から会社が損害を被り、その

結果、第三者に損害が生じる場合を「間接侵害」という。典型的には、取締役の放漫経営（東京高判昭和 58 年 3 月 29 日判時 1079 号 92 頁〔27412191〕、大阪地判平成 8 年 8 月 28 日判タ 937 号 164 頁〔28021045〕）や利益相反取引（東京地判昭和 59 年 5 月 8 日判時 1147 号 147 頁〔27490806〕、東京地判平成 6 年 4 月 26 日判時 1526 号 150 頁〔27827248〕）等により会社が倒産した場合に会社債権者が損害を被った場合が挙げられる。

　なお、取締役による会社の利益侵害行為から株主が被る損害については、株主は、株主代表訴訟によるべきであるから、株主を第三者とする損害賠償請求を認めるべきではないとする説が有力であるが、取締役が適法な株主総会決議を経ずに特に有利な払込金額で第三者割当の方法により募集株式の発行等をしたことによる株主の損害について、損害賠償請求を認めた判例がある（最判平成 9 年 9 月 9 日裁判集民 185 号 199 頁〔28021758〕）。

　　b　直接侵害

　取締役の悪意又は重過失により、会社に損害がなく、直接第三者が損害を被る場合が「直接侵害」である。典型的には、会社が倒産に瀕した時期に取締役が返済見込みのない金銭借入れ、代金支払の見込みのない商品購入等を行ったことにより契約相手方である第三者が損害を被る場合である。

　取締役の上記のような行為は、契約相手方に対する不法行為（民法 709 条）にも当たり得るが（最判昭和 47 年 9 月 21 日裁判集民 106 号 721 頁〔27802211〕）、判例によれば、不法行為は第三者に対する加害についての故意又は過失を要件とするのに対し、会社法 429 条 1 項の責任は、取締役の会社に対する任務懈怠についての悪意又は重過失を要件とする点が異なる（最大判昭和 44 年 11 月 26 日民集 23 巻 11 号 2150 頁〔27000766〕）。

　また、計算書類等の虚偽記載や虚偽の登記・公告に基づく責任（会社法 429 条 2 項）の場合も、第三者が被る損害の性質は、直接侵害による損害といえる。この場合には、役員等は注意を怠らなかったことを証明しない限り、責任を免れない（同項ただし書）。虚偽の情報開示が第三者にとって特に大きな危険をもたらすことから、軽過失でも責任を負う点及び過失の証明責任の点で同法 429 条 1 項よりも厳しい責任が定められている。

　なお、直接侵害事例では、会社の株主は「第三者」に含まれると解するのが通説である。

（ウ）悪意又は重過失

会社法429条1項の責任を追及するための要件である悪意又は重過失とは、第三者に対する加害についての悪意又は重過失ではなく、会社に対する任務懈怠についての悪意又は重過失である（前掲昭和44年最大判〔27000766〕、最判昭和51年6月3日裁判集民118号23頁〔27411697〕）。

（エ）賠償されるべき損害の範囲

会社法429条1項による賠償の対象となる損害には取締役の任務懈怠行為によって会社が損害を被り、その結果第三者が損害を被った間接損害と、取締役の任務懈怠行為によって直接に第三者が損害を被った場合の直接損害の双方が含まれる（前掲昭和44年最大判〔27000766〕）。

（オ）任務懈怠と損害との間の相当因果関係

取締役に会社法429条1項の責任を追及するためには、取締役の任務懈怠行為と第三者に生じた損害との間に相当因果関係がなければならない（前掲昭和44年最大判〔27000766〕、最判昭和45年7月16日民集24巻7号1061頁〔27000703〕）。

（カ）役員等の連帯責任

役員等が第三者に生じた損害を賠償する責任を負う場合において、他の役員等も当該損害を賠償する責任を負うときは、これらの者は連帯債務となる（会社法430条）。会社が、連帯責任を負う取締役のうちの一部の者に対してのみ責任の免除をした場合には、残りの取締役は、責任の免除を受けた取締役の負担部分につき責任を免れる（民法437条以下参照）。

> **コラム　非常事態と下請法**
>
> 商品・製品や成果物を指定の納期に納入しようとしたら、「新型コロナウイルスの影響で売上げが落ちている。そのため、仕入れ等が必要なくなった」との理由で、発注者側の都合で受領を拒否されてしまった場合、請負業者としてはどうすればよいのだろうか。
>
> まず、取引内容や取引当事者の資本金額によって、当該取引が下請法の適用対象となる場合がある。そして、下請法が適用され、当該発注者の行為が下請法に違反する場合、公正取引委員会からの調査や勧告の対象となり得る。そうすると、本件は、発注者による受領拒否の事案なので、下請法4条1項1号（「**下請事業者の責に帰すべき理由がないのに、下**

請事業者の給付の受領を拒むこと」）に違反するかが問題となる。

　下請法に関する運用基準によると、「下請事業者の責に帰すべき理由」があるとして下請事業者の給付の受領を拒むことが認められるのは、下請事業者の給付の内容が同法３条１項に規定する書面に明記された委託内容と異なる場合等の極めて限定された場合のみなので、新型コロナウイルスの影響は、「下請事業者の責に帰すべき理由」に該当しないと考えられる。

　したがって、本件の発注者の行為は、下請法に違反すると考えられるので、下請業者としては、①下請法違反を指摘したうえで、成果物の引取りを求める、②公正取引委員会に相談・申立てをして調査や勧告を促すという手段が考えられる。

　なお、下請法の適用対象とならない場合であっても、独占禁止法が定める優越的地位の濫用に該当する可能性もある。

（日本弁護士連合会「新型コロナウイルスに関する法律相談Ｑ＆Ａ」（2020年）参照）

5　合同会社に関する問題

設例　Ｘは、海外の大手カフェチェーンＳ Corporation（以下、「Ｓ」という）と業務提携を行い、ＸとＳの共同出資により日本の拠点として合同会社を設立することとなった。合同会社のメリットとしてはどのようなものがあるか。

ポイント

　合同会社は、所有と経営が一致していることから、①柔軟な機関設計による機動的な経営を実施することができること、②広範な定款自治により、投資ファンド（ベンチャーキャピタル）との柔軟な利害調整が可能であること、③設立費用やランニングコストが低廉であることなどがメリットとして挙げられる。

（1）合同会社の誕生

　合同会社は、米国で普及しているＬＬＣ（Limited Liability Company）をモデルとして社員全員の有限責任を認めつつ、組合に近い組織と運営を可能にした企業形態であり、2005 年の会社法制定時に導入された制度である。

　会社法上の株式会社の制度は、株式会社をめぐる多様かつ複雑な利害関係を合理的かつ集団的に解消する機能を有しているが、反面、その運営には手続的な負担や相応の費用が必要となる。したがって、企業活動の当事者ないし利害関係人の範囲が狭く、利害関係が複雑ではない企業体においては、株式会社に求められる規律は過剰なものとなる場合がある。そこで、会社法は、株式会社形態を採用するまでもない閉鎖的な組織を想定した持分会社（会社法 575 条 1 項かっこ書）と総称される会社類型を規定した。

（2）持分会社の特徴

　株式会社と比較すると、持分会社には次のような特徴がある。

　まず、①株式会社では、出資者である株主と業務執行を行う取締役とが分離されているのに対し、持分会社では、社員でなければ業務執行者となることができない（会社法 590 条）。また、株式会社では、取締役以外にも株式会社の運営に関わる機関を設置することができるのに対し、持分会社では機関の分化は予定されていない（所有と経営の一致）。

　さらに、持分会社では、②社員は会社に対して各々 1 個の持分を有するものとされ（持分単一主義）、③損益分配は原則として出資額によりつつ、会社の意思決定については資本多数決ではなく、頭数多数決が採用され、④社員の氏名等が定款の必要的記載事項とされており（会社法 576 条 1 項）、持分の譲渡には他の社員の承諾が必要とされている（同法 585 条参照）一方で、出資及び持分の払戻しが認められている（合同会社の場合には一定の制約がある）。

　⑤株式会社においては、会社と株主との間の権利義務は会社法により詳細に定められているのに対し、持分会社においては、社員間及び会社と社員の間の権利義務は基本的に定款自治に委ねられている。

（3）合同会社のメリット

　合同会社は、**内部関係を契約や定款により関係当事者間で自由に定めるこ**

とができる点で、ベンチャー企業や合弁会社（ジョイント・ベンチャー）のように効率的な企業経営が求められる組織形態に適している。

　また、ベンチャー企業においては、事業を遂行する起業家と資金を提供する投資ファンド（ベンチャーキャピタル）との間で、事業から生じる損益分配や意思決定をめぐって利害の対立が生じることが考えられるが、合同会社形態を採用することにより、**意思決定への関与の度合いと損益の分配の割合を組み合わせて定款に定めることにより、当事者の利害を柔軟に調整することができる**ことから、事業を早期に軌道に乗せることが可能となる。

　その他、合同会社の方が、株式会社と比較して、**設立費用やランニングコストが低廉である**ことがメリットとして挙げられる。

（4）清算手続における留意点

　合同会社に限った問題ではないが、**会社の清算手続においては、労働問題や簿外債務が顕在化し、清算手続が滞ることが少なくないため、清算方針の決定に当たっては、慎重に検討したうえで、社内の意思統一を図ることが重要である。**

＜執筆＞
中野知美（1～3、4（1）（2））、堀田善之（4（3）～（5）、5）

＜参考文献＞
・森本滋編『合同会社の法と実務』商事法務（2019 年）
・太田達也『合同会社の法務・税務と活用事例〈改訂版〉』税務研究会出版局（2019 年）
・田中亘『会社法〈第 2 版〉』東京大学出版会（2018 年）
・奥島孝康＝落合誠一＝浜田道代編『新基本法コンメンタール会社法 2〈第 2 版〉』日本評論社（2016 年）
・東京八丁堀法律事務所ほか共編『新版会社法実務スケジュール』新日本法規出版（2016 年）
・西岡清一郎＝大門匡編『商事関係訴訟〈改訂版〉』青林書院（2013 年）
・垣内正編『会社訴訟の基礎』商事法務（2013 年）

第 3 章

企業不祥事の防止

1 本章の概要

　企業不祥事は、時に企業の存亡にも関わり得る重大な問題である。特に最近ではＳＮＳの普及により企業不祥事の発生に関する情報が短期間のうちに広がり、企業が対応を誤った場合には非難や誹謗中傷の対象になる例も珍しくはない。企業不祥事が発生した場合には早期に適切な対応をとることが重要であり、そのためには平時から不祥事の予防・対応を検討しておくことが中小企業にとっても必要不可欠である。

　本章では、企業不祥事の類型を概観した後に、民事・刑事の双方の視点から、企業不祥事が発生した際に企業に求められる対応を考察する。それとともに、企業全体の意識改革、組織体制の整備、内部通報制度の導入の観点から、企業不祥事の発生を予防するための方策についても取り上げる。

2 企業不祥事の類型

（1）企業不祥事の意義

　「企業不祥事」とは、企業による社会的信用に関わる違法行為や不正行為を幅広く意味する用語である。不正関与者が１人の従業員のみである事例から、役員を含めた多数に及ぶ事例まで様々であり、行為類型も様々である。

　まずは、中小企業における典型的な企業不祥事の例をいくつか挙げたうえで、それらに共通する発生要因について検討していきたい。

（2）企業不祥事の例

ア　不正会計

　会社法上の作成義務がある計算書類等や、金商法上の作成義務がある有価証券報告書等に、記載すべき事項を記載せず、又は虚偽の記載をする行為である。不正会計の問題については、後ほど詳しく取り上げる。

イ　情報漏えい

　個人情報等の企業が取り扱う情報が、何らかの脅威による被害を受けて、外部に漏えいすることである。情報漏えいをもたらす脅威には、不正アクセ

ス等の外部からのもののほか、情報の持ち出し等の内部からの不正も含まれる。情報漏えいの問題については、後ほど詳しく取り上げる。

ウ　製品の欠陥や環境汚染

製品の欠陥や環境汚染に関する企業不祥事は、一般市民の生命や身体の安全に関わる深刻な問題を発生させることが多々ある。企業による事故の隠蔽、対応の遅れ、危険性の過小評価等により、さらなる被害の拡大や企業の信用失墜を招いてしまう。

エ　偽装・不当表示

食品の産地偽装、機器の性能についての不当表示、消費者に有利・優良と誤認させる表示（景品表示法違反）等、様々なものがある。消費者からの不信や反感につながるものであれば、いわゆる「炎上」を発生させ、企業の社会的信用を大きく毀損する要因になる。

オ　その他

その他、業種によって、談合やカルテル、業法規制への違反、人災事故等が問題になる。

また、**ハラスメントや過労死、過労自殺といった労働問題も、企業不祥事の一類型である**と考えられる。

コラム　従業員によるＳＮＳへの不適切投稿

企業不祥事の 1 つとして最近問題になっているのが、従業員によるＳＮＳへの不適切投稿である。例えば、飲食店での不衛生な調理の撮影や有名人の来店情報の拡散等が挙げられる。

ＳＮＳの投稿は、短期間で拡散することが多く、投稿先のＳＮＳから当該投稿を削除したとしても、既に当該投稿が拡散された後で、手遅れであることも珍しくはない。

ＳＮＳへの不適切投稿を発見した企業は、早急に当該投稿の削除依頼を行い、当該投稿の拡散を防ぐことが必要である。また、従業員のこのような行動に対しては、懲戒処分や損害賠償責任の追及等を含めた厳正な対処を行うべきである。

それに加え、企業は、ＳＮＳへの不適切投稿が発生しないために、従業員に対する教育指導を徹底しておくべきである。

　企業法務に携わる弁護士の立場からは、実際に不適切投稿が発生した場合における法的対応の支援に加え、社内研修講師の担当や、不適切投稿を予防するための就業規則その他の諸規程の整備への支援を行うことが考えられる。

3　企業不祥事による民事責任

設例 ①　Ａ社は、電力・インフラ関連の工事を受注していたが、そのうち複数の案件において、工事損失引当金を適切に計上しない不正会計を行っていた。会計基準によれば、工事の完成前であっても、合理的に見積もった工事費用総額が工事収益総額を超過すること、つまり、工事損失が発生することが見込まれた場合には、その期において工事損失引当金を計上しなければならなかった。しかし、Ａ社は、工事費用の見積りを本来よりも低額に算定することで、本来計上すべき工事損失引当金を適切な時期に計上せず、損失が発生していないように見せかける不正な会計処理を行った。Ａ社は、このような不正な会計処理によって損害を受けたとして、株主らから責任追及を受けたので、今回の問題点について、法的観点を踏まえながら検討したい（東芝不正会計事件を踏まえた設例）。

②　Ｂ社は、子会社であるＣ社に、システムの開発・保守を委託し、顧客情報を管理するデータベースサーバーのアクセス権限をＣ社に与えていた。Ｃ社の再委託先に所属していた従業員の１人が、Ｂ社の管理していたＰＣにスマートフォンを接続し、当該ＰＣを通じて当該サーバーの顧客情報をスマートフォンに移動させて持ち出し、当該顧客情報を漏えいさせた。Ｂ社及びＣ社は、顧客らから、情報漏えいについて法的責任の追及を受けたので、今回の問題点について、法的観点を踏まえながら検討したい（ベネッセ個人情報漏えい事件を踏まえた設例）。

ポイント

①　過去の事例を踏まえると、中小企業における不正会計事例の要因は、取

締役や監査役によるチェック機能の形骸化、社内のコンプライアンス意識の低下、不正会計を黙認する企業風土等にあると考えられる。特に、取締役は、不正会計について法的責任を問われ得る立場にあることを自覚して、不正会計を発見した際には、調査や公表を含め、迅速かつ適切な対応が求められる。

② 　個人データを取り扱う事業者は、その取扱いについて安全管理措置、予見される漏えいの脅威から個人データを保護するために適切な情報セキュリティ対策を講じなかったことが個人データの漏えいの要因になった場合、本人から不法行為責任を問われるおそれがある。また、他事業者に個人データの取扱いを委託した事業者が、委託先に対する適切な監督を怠った場合も、同様である。場合によっては、企業のみならず、取締役が自ら会社法上の責任を負う可能性もある。これらの点を踏まえ、中小企業においても、ガイドラインや公的機関の注意喚起情報を踏まえて、適切な情報セキュリティ対策や委託先の監督を実施することが求められる。

（1）不正会計の問題（設例①）

ア　東芝不正会計事件

設例①は、東芝不正会計事件を素材にしたものである。同事件では、設例で取り上げた工事損失引当金の不正処理のほか、複数の方法による利益の嵩上げや、適切な損失計上をしない不正会計が行われた。

第三者委員会調査報告書（2015 年 7 月 20 日）によれば、このような不正会計が行われた背景には、短期的な利益を重視する当期利益至上主義や、社内カンパニー（東芝では、事業部門ごとにカンパニー社長を置いて、いわゆる社内カンパニー制を取り入れていた）ごとに厳しい利益目標を設定してカンパニー社長に対して目標必達を厳しく求める風潮、そして、部下が上司の意向に逆らうことができないという企業風土等があったとされる。

また、同報告書によれば、このような不正会計が長期間にわたって継続された要因には、関係者が不正に関与していたか、十分なチェックを行っていなかったことに起因して内部統制が機能しなかったこと、不正会計が巧妙かつ組織的な手段で行われたために会計監査人による発見が困難であったこと、財務・経理部門に配属される従業員の入れ替わりが少ないことで不正会計を是正しない仲間意識が生じてしまったこと、内部通報制度が十分に活用

されていなかったこと等があったとされる。

イ　不正会計の要因

東芝不正会計事件の背景には、**社内において不正会計を黙認するような風潮が広がり、本来はこのような不正を正すべき立場にある社内の機関が、十分な機能を果たさなかったこと**がある。また、オリンパス事件でも、第三者委員会調査報告書（2011年12月6日）において、**取締役会が形骸化してチェック機能を果たしていなかったこと**や、**社内のコンプライアンス意識に問題があったこと**等が指摘されている。

中小企業において、不正会計を防止するチェック機能を果たすのは、主に取締役や監査役である。会計との関係で取締役や監査役に課せられた法的責任を検討することは、不正会計が発生した際に求められる対応やその予防策を考察するうえで意義がある。

ウ　会社法423条に基づく取締役の対会社責任

取締役は、会社に対して善管注意義務を負い（会社法330条、民法644条）、法令等を遵守して会社のために忠実にその職務を行う義務（忠実義務）を負う（会社法355条）。取締役がこれらの義務に違反した場合には、会社に対し、当該義務違反によって生じた損害を賠償すべき責任を負う（同法423条1項）。取締役が、不正会計に関与したり、不正会計の原因となる行為に関与したりすること、さらには、不正会計又はその原因となる行為が行われていることを知り、又は知り得たにもかかわらず、これを中止ないし是正させること（監視義務）を怠ることも、善管注意義務違反ないしは忠実義務違反となる。

取締役は、監視義務の具体的内容として、他の取締役等による不正会計に対して、取締役会において指摘したり、監査役に報告したりする対応が求められるほか、場合によっては、弁護士への相談等のより積極的な対応も求められ得ることに留意すべきである。また、オリンパス事件でも問題になったように、不正会計の外部への発覚をおそれて隠蔽に関与した場合、**当該隠蔽行為自体を理由にして法的責任を問われる可能性があること**を理解し、社内で不正会計が発覚した場合においては、公表等の適切な対応や再発防止策の検討を積極的に行わなければならない。

エ　会社法 429 条に基づく取締役の対第三者責任

　取締役は、計算書類、事業報告、これらの附属明細書等に記載・記録すべき重要な事項について虚偽の記載・記録を行った場合には、注意を怠らなかったことを証明しない限り、これによって第三者に生じた損害を賠償する責任を負う（会社法 429 条 1 項、2 項 1 号ロ）。

　判例によれば、会社法 429 条は、取締役の任務懈怠の行為と第三者の損害との間に相当の因果関係がある限り、会社がこれによって損害を被った結果、ひいて第三者に損害を生じた場合（間接損害）か直接第三者が損害を被った場合（直接損害）かを問わず、対第三者責任を負うことを規定するとされる（最大判昭和 44 年 11 月 26 日民集 23 巻 11 号 2150 頁〔27000766〕）。下級審裁判例では、建設工事を建設会社から請け負うことになり、取引先金融機関を通じて当該建設会社の信用状態に問題がないことが確認されたことから当該工事を請け負ったところ、その後当該建設会社が倒産して請負代金の支払が受けられなくなり、当該建設会社の粉飾決算が発覚した事案において、粉飾決算と請負代金の支払が受けられなかったこととの間の相当因果関係を肯定し、取締役の請負人に対する当該代金相当額の損害賠償責任を認めたもの（横浜地判平成 11 年 6 月 24 日判タ 1039 号 224 頁〔28051982〕）がある。

　取締役が不正会計に関与したことに対する対第三者責任の範囲は広く、**取締役は、過失による場合も含めて、不正会計への関与によって多大な経済的負担を課せられるおそれがあること**に留意しなければならない。

　不正会計に直接関与していない取締役の対第三者責任についても、前述した会社法 423 条に基づく取締役の対会社責任と同様に、監視義務違反が問題になる。

　株主も、取締役が不正会計に関与したことが原因で保有株式の価値が取得時よりも下落して発生した損害について、会社法 429 条に基づき、取締役に対して損害賠償を請求する余地がある。下級審裁判例（東京高判平成 17 年 1 月 18 日金判 1209 号 10 頁〔28100299〕）は、公開取引がなされている公開会社の事案では株主に対する取締役の対第三者責任を否定したうえで、傍論ではあるが、非公開会社においては、株式を処分することは必ずしも容易ではなく、違法行為をした取締役と支配株主が同一ないし一体であるような場合には、実質上株主代表訴訟の遂行や勝訴判決の履行が困難であるなどその救済が期待できない場合も想定し得るから、このような場合には、株主に対する

取締役の対第三者責任を肯定し得ると判断している。

オ　会社法 423 条に基づく監査役の対会社責任

　監査役も取締役と同様、会社に対する善管注意義務を負い、取締役が不正行為をし、あるいは、不正行為をするおそれがあるときは、遅滞なく取締役会に報告しなければならない義務（会社法 382 条）を負っている。監査役がこれらの義務に違反した場合には、会社に対し、当該義務違反によって生じた損害を賠償すべき責任を負う（同法 423 条 1 項）。

　前述したオリンパス事件では、監査役について、不正会計の原因となるスキームの構築に関与したことに加え、不正行為の疑惑を指摘した代表取締役を解職する決議を阻止しなかったことも理由に、同条に基づく対会社責任を認めている。

　監査役には、会社法上で認められる調査権限を適切に行使して、取締役会の内外において、積極的に取締役の職務執行を監査することが求められている。

カ　会社法 429 条に基づく監査役の対第三者責任

　監査役は、監査報告に記載・記録すべき重要な事項について虚偽の記載・記録を行った場合には、注意を怠らなかったことを証明しない限り、これによって第三者に生じた損害を賠償する責任を負う（会社法 429 条 1 項、2 項 3 号）。

　監査役は、計算関係書類が当該株式会社の財産及び損益の状況をすべての重要な点において適正に表示しているかどうかについての意見を監査報告に記載しなければならないことから（会社計算則 122 条 1 項 2 号）、不正会計について認識し、又は、関係資料から認識することができたにもかかわらず、監査報告においてその点を指摘しないことは、監査報告への虚偽の記載・記録を行ったとして、第三者責任を問われる理由となる。

キ　小括

　取締役や監査役は、自ら不正会計に関与することは当然ながら、たとえ自ら不正会計に関与しなかったとしても、他の取締役等による不正会計を指摘し得る状況にあったにもかかわらず放置した場合には、監視義務違反を理由

として法的責任を問われるおそれがあることを、常に意識しなければならない。また、**取締役や監査役には、会計基準に対する理解を深めるとともに、不正会計を黙認し得る風潮や、不正会計に対するチェック体制の不備がみられる場合には、その是正に向けた積極的な対応を行うことが求められる。**

（2）個人情報漏えいの問題（設例②）

ア　ベネッセ個人情報漏えい事件

設例②は、ベネッセ個人情報漏えい事件を素材にしたものである。同事件では、漏えいの原因になったＰＣを管理していたＣ社（子会社）の責任のほか、個人情報（顧客情報）の取扱いをＣ社に委託していたＢ社（親会社）の責任も問題になった。

同事件において個人情報の持ち出しができたのは、Ｃ社が、スマートフォン等のデバイスを「ＭＴＰ接続という方法でＰＣに接続することができないように」セキュリティソフトウェアでの制御設定を行っていなかったために、当該ＰＣからスマートフォンにＭＴＰ接続でデータを移動させることが可能な状態で放置されていたことが要因であった。

Ｂ社・Ｃ社双方の不法行為責任が争われた事件の判決（東京高判令和元年6月27日判時2440号39頁〔28273373〕、以下、「ベネッセ判決」という）においては、Ｃ社については個人データの安全管理措置を講ずべき義務、Ｂ社については個人データの取扱いについて委託先を監督すべき義務に言及したうえで、それぞれの不法行為責任を肯定している。

イ　個人データの安全管理措置を講ずべき義務

個人情報保護法20条によれば、**事業者は、取り扱う個人データの漏えい、滅失又はき損の防止その他の個人データの安全管理のために必要かつ適切な措置（安全管理措置）を講じなければならない**とされる。個人データの意義については、第7章において詳しく取り上げるが、個人情報をデータベース化した場合における個々の個人情報は、個人データに該当する。

安全管理措置の具体的な方法については、個人情報保護法ガイドライン（通則編）の「8（別添）講ずべき安全管理措置の内容」において詳細に説明されている。これによれば、安全管理措置は次の4種類に区分され、一般的な情報セキュリティ対策の考え方に依拠している。

（ア）組織的安全管理措置

　安全管理措置を講ずるための組織体制の整備、個人データの取扱いに係る規律に従った運用、個人データの取扱状況を確認する手段の整備、漏えい等の事案に対応する体制の整備、個人データの取扱状況の点検・監査や安全管理措置の見直しが、具体的な組織的安全管理措置として求められている。

（イ）人的安全管理措置

　個人データの適正な取扱いを従業者に周知徹底して適切な教育を行うことが、具体的な人的安全管理措置として求められている。

（ウ）物理的安全管理措置

　個人データを取り扱う区域の管理、機器・電子媒体等の盗難の防止、電子媒体等を持ち運ぶ場合の漏えい等の防止、復元不可能な手段による個人データの削除や機器・電子媒体等の廃棄が、物理的安全管理措置として求められている。

（エ）技術的安全管理措置

　適切なアクセス制御やアクセス者の識別・認証、不正アクセスの防止、情報システムの使用に伴う漏えい等の防止が、技術的安全管理措置として求められている。

　なお、ＩＰＡ（独立行政法人情報処理推進機構）がサイト上で公開する「中小企業の情報セキュリティ対策ガイドライン」が、中小企業の安全管理措置の実施方法を検討するうえで参考になる。

> **コラム　在宅勤務と安全管理措置**
>
> 　新型コロナウイルス感染拡大の影響や、働き方改革・ワークライフバランスの考え方の浸透によって、在宅勤務を導入する動きが中小企業においても進んでいる。在宅勤務において従業者に個人データの取扱いを認める場合、安全管理措置との関係で通常のオフィスワークとは異なった観点からの留意が求められる。
>
> 　第1に、組織的安全管理措置との関係では、在宅勤務において個人データを取り扱う環境に情報セキュリティ対策が講じられているかをチェックする体制づくりや、漏えい等の事案が発生した場合における連絡体制の検討等が求められる。
>
> 　第2に、人的安全管理措置との関係では、在宅勤務では個々の従業者

の自己管理に情報セキュリティ対策が委ねられる側面が大きいことに鑑みて、オンライン研修の活用等による積極的な教育を行うことが求められる。

　第 3 に、物理的安全管理措置との関係では、個人データを取り扱う区域の検討範囲をオフィス外にまで拡大するとともに、電子媒体等を持ち運ぶ場合の漏えい等の防止について重点的な対策を取り決めておくことが求められる。

　第 4 に、技術的安全管理措置との関係では、オフィス外で取り扱うことの不適切な個人データに在宅勤務の環境からアクセスすることを防止するためのアクセス制限や、特定の従業者以外にオフィス外から個人データへのアクセスをさせないための安全な認証方法の検討、在宅勤務で利用するＰＣやタブレット、通信に使用するルーターの情報セキュリティ対策等が求められる。

ウ　個人データの取扱いについて委託先を監督すべき義務

　個人情報保護法 22 条によれば、**個人データの取扱いを委託する場合には、その取扱いを委託された個人データの安全管理が図られるよう、委託先に対する必要かつ適切な監督を行わなければならない**とされる。個人情報保護法ガイドライン（通則編）によれば、具体的な監督の方法は、次の 3 点である。

　（ア）適切な委託先の選定

　委託元に求められる水準の安全管理措置が、委託する業務内容に沿って確実に実施されるように、適切な委託先を選定しなければならない。

　（イ）委託契約の締結

　委託契約の内容として、委託先における個人データの取扱状況を委託元が合理的に把握することを盛り込むことが、望ましいとされる。

　（ウ）委託先における個人データ取扱状況の把握

　委託先に対して定期的に監査を行う等により、委託契約で盛り込んだ内容の実施の程度を調査し、委託の内容等の見直しを検討することを含めて適切に評価することが、望ましいとされる。

エ ベネッセ判決

（ア）概要

ベネッセ判決においては、Ｂ社・Ｃ社それぞれの個人情報漏えいに対する「過失」（民法709条）が問題になり、個人情報漏えいに対するそれぞれの予見可能性と、注意義務違反とが主な争点となった。

（イ）予見可能性についての判断

予見可能性を判断する前提として、（個人情報保護法の安全管理措置に関する）当時の個人情報保護法ガイドラインにおいて、外部記憶媒体をＰＣ等に接続する方法による情報漏えいのリスクが指摘されていたことが挙げられている。情報の持ち出しに利用されたＭＴＰ接続に対応したスマートフォンが普及し始めたのは、当時は最近のことであった。また、ＭＴＰ接続に対応したスマートフォンを使用した情報漏えいの事例も、特に報告されていなかった。

ただ、スマートフォンをＵＳＢケーブルでＰＣと接続してデータのやりとりをすることが可能であることは一般的に知られていた（ＭＴＰ接続以外の方法による接続は従来から多くのスマートフォンで対応していた）ことや、ＭＴＰはデータの転送に用いる規格として新規で特殊なものとはいえないこと、デバイスやＯＳがバージョンアップで高機能化するものであることはＢ社・Ｃ社も認識していたことを理由に、Ｂ社・Ｃ社には、ＭＴＰ対応のスマートフォンを使用した個人情報漏えいについて予見可能性があったと判断した。

（ウ）Ｃ社の注意義務違反についての判断

Ｃ社については、予見可能性があったことを前提に、具体的な情報漏えい防止措置を講じなかったことが注意義務違反に該当するか否か、個別に検討している。

第1に、スマートフォンの持ち込みの禁止については、従業者に大きな制約となる点、他に情報漏えいを予防し得る策がある点、当時の個人情報保護法ガイドラインでも持ち込みの禁止は義務付けていないことに照らし、それを講じるべき注意義務を否定している。

第2に、ＵＳＢ接続自体の禁止については、マウス等の業務上必要なデバイスを接続できなくなる支障がある点、他に情報漏えいを予防し得る策がある点、当時の個人情報保護法ガイドラインでもＵＳＢ接続自体の禁止は義務付けていないことに照らし、それを講じるべき注意義務を否定している。

　第3に、異常なデータ通信に対するアラート機能を導入することについて
は、少しずつデータを移動させることでアラートを回避し得ることや、漏え
いを事後的にしか発見し得ないことに照らし、有効性の観点からそれを講じ
るべき注意義務を否定している。

　第4に、ＭＴＰ接続を使用することができなくすることについては、当時
Ｃ社が導入していたセキュリティソフトの設定でＭＴＰ接続の使用可否制御
が可能であったこと、ＭＴＰ接続を業務上必要とする理由もなかったことか
ら、それを講じるべき注意義務を肯定している。

　結論としては、セキュリティソフトの設定でＭＴＰ接続の使用可否制御を
行い、ＭＴＰ接続を使用することができないようにしなかった点が、注意義
務違反と認定されている。

　（エ）Ｂ社の注意義務違反についての判断

　Ｂ社については、Ｃ社に個人情報（個人データ）の取扱いを委託する立場
にあった。前述した「個人データの取扱いについて委託先を監督すべき義
務」に関して、当時の個人情報保護法ガイドラインに「委託先を適切に選定
すること、委託先に個人情報保護法20条に基づく安全管理措置を遵守させ
るために必要な契約を締結すること、委託先における委託された個人データ
の取扱状況を把握することが含まれる」旨が記載されていたこと等を理由
に、大量の個人情報の運用管理をＣ社に委託していたＢ社には、個人情報の
管理について、委託先に対する適切な監督をすべき注意義務があったことを
認定している。

　そして、Ｂ社が、Ｃ社に対し、セキュリティソフトの設定状況について適
切に報告を求めていれば、ＭＴＰ対応スマートフォンに対する書き出し制御
が十分でないことを知り、セキュリティソフトの使用可否制御を指示するこ
とができたこと、このような監督がＢ社に過度の負担を生じさせるものとは
思われないことから、Ｂ社は、セキュリティソフトの適切な設定を行ってい
るか否かを監督する注意義務を負っていたと認定している。

　Ｂ社は、セキュリティソフトについて適切な設定がされていると誤信し、
適切な監督を行うことができなかったことから、注意義務に違反した過失が
あったと結論付けている。

　（オ）ベネッセ判決から学ぶべき視点

　個人情報保護法上の義務は、あくまで個人情報保護委員会による是正の勧

告や命令の根拠となる公法上の規制であって、当該義務違反を理由として、直ちに損害賠償責任が発生するものではない。ただ、ベネッセ判決は、**個人情報保護法が定める個人データの安全管理措置を講ずべき義務や、その取扱いについて委託先を監督すべき義務を事業者が負っている事情を、予見可能性や注意義務の範囲を判断するうえで重視している。**

　第1に、ベネッセ判決では、予見可能性の対象となる脅威の内容について、「ＭＴＰ接続によってスマートフォンを接続することで情報が漏えいする可能性」というようにかなり具体的にとらえている。上記の個人情報保護法の義務に関連したガイドラインには、外部記憶媒体をＰＣ等に接続する方法による情報漏えいのリスクが抽象的に指摘されているにすぎず、かつ、当該ガイドラインはＭＴＰについて策定時に考慮していないと思われるが、デバイスやＯＳがバージョンアップによって高機能化する点をとらえて、ガイドラインの策定当時は想定されていなかったＭＴＰ接続のリスクについて予見可能性を肯定した点は、注目すべきである。なぜなら、ベネッセ判決は、**予見可能性の前提として、単に個人情報保護法ガイドラインの記載内容を確認するにとどまらず、その内容に関連した情報セキュリティ対策の情報を広範に収集しておくことまで求めていると解される**からである（ただし、ベネッセ判決は、Ｂ社・Ｃ社の企業規模の大きさも考慮したものと思われる）。

　第2に、漏えいした個人情報を取り扱っていたＣ社の注意義務違反については、想定される情報セキュリティ対策の候補を踏まえて、それぞれの対策が注意義務の範囲に含まれるか否かを個別に検討している。検討に当たっては、脅威に対して効果的な情報セキュリティ対策に絞りをかけたうえで、それぞれの対策を講じた場合における業務への影響と代替策の有無を考慮して、注意義務の範囲を画定しているものと解される。このような判断手法は、現実に事業者が情報セキュリティ対策を講じる際における検討の進め方としても、参考になるものである。

　第3に、漏えいした個人情報を取り扱っていたＢ社の注意義務違反については、Ｂ社がＣ社に対して個人情報保護法の監督義務を負っていることを前提に、セキュリティソフトの設定状況について適切に報告を求めるべき注意義務を負っていたことを認定している。Ｂ社にここまでの広範な注意義務を認めた前提には、Ｂ社・Ｃ社の企業規模の大きさや、Ｂ社が取り扱う個人情報が大量であったことが考慮されているものと思われる。とはいえ、**一般的**

な中小企業同士での委託関係においても、委託元は、委託する個人データの性質（重要性）や量に応じて、委託先における取扱状況について一定の報告を求め、必要に応じてその問題点を指摘する対応をしておかなければ、委託先とともに法的責任（共同不法行為責任）を負う可能性がある。

　（カ）小括

　個人情報（個人データ）を取り扱う事業者は、その漏えいを理由に法的責任を問われないために、少なくとも、前述した個人情報保護法ガイドライン（通則編）に即して、必要な安全管理措置を講じなければならない。そして、安全管理措置として講ずべき具体的な対策を検討するうえでは、**経済産業省やＩＰＡ等が公表する情報セキュリティ上の脅威に関する情報も参照し、その脅威に対して効果的で、かつ、業務上の影響の小さい手法を積極的に取り入れなければならない。**

　また、個人情報（個人データ）の取扱いを他の事業者に委託する場合においては、**委託契約の締結後においても、定期的に個人情報（個人データ）の取扱状況について報告を求め、その取扱いに問題がある場合には是正を求める等の積極的な対応が求められる。**

コラム　**サービスのオンライン化と情報セキュリティ**

　新型コロナウイルス感染拡大の影響もあり、最近では、様々なサービスをオンライン化する動きが広がっている。

　例えば、医療分野では、医師がオンラインで患者を診察する「オンライン診療」を活用する動きが広がっている。また、法務分野においても、士業と相談者とがオンラインでつながる「オンライン相談」を活用する動きが広がりつつある。2020年春からスタートした裁判所のWeb会議も、サービスのオンライン化の1つとして位置付けられる。

　サービスのオンライン化は、感染症予防だけではなく、サービスへのアクセスの利便性向上や、サービスの提供エリアの拡大、ペーパーレス化といった様々な効果をもたらす。

　一方で、サービスのオンライン化において懸念されるのが、Web会議ツールの利用に伴う情報漏えいの問題である。サービスのオンライン化を進めるうえでは、利用するWeb会議ツールの安全性を検証するとともに、当該ツールで取り扱う情報の範囲を取り決めておくことが必要

である。

　また、当該ツールの脆弱性情報を定期的に入手し、当該ツールに新たに発見された脆弱性の内容によっては、当該ツールの利用を停止したり、当該ツールで取り扱う情報の範囲を見直したりする対応も必要である。脆弱性情報については、ツールの提供社のサイトのほか、ＩＰＡやＪＰＣＥＲＴ／ＣＣのサイト等でも入手することができる。

オ　個人情報の漏えいに対する取締役の対第三者責任（会社法 429 条）

（ア）個人情報保護法違反に対する取締役の対第三者責任

　会社が顧客等の個人情報を漏えいした場合、当該顧客等から当該会社の取締役に対し、会社法 429 条に基づいて損害賠償責任が問われる可能性がある。

　取締役が対第三者責任を負うのは、「その職務を行うについて悪意又は重大な過失があったとき」（同条 1 項）であり、取締役の任務懈怠と、当該任務懈怠に対する取締役の悪意又は重大な過失が要件となる。

（イ）任務懈怠

　取締役は、忠実義務の一内容として、法令を遵守すべき義務を負っている（会社法 355 条）。

　同条にいう「法令」の意味については、限定的に解すべきという見解も存在するが、最高裁判例（最判平成 12 年 7 月 7 日民集 54 巻 6 号 1767 頁〔28051547〕）は、「法令」の範囲には、会社を名宛人とし、会社がその業務を行うに際して遵守すべきすべての規定も含まれるという立場を採用している（旧商法時代の判例であるが、会社法の解釈にも妥当すると考えられる）。

　前述のとおり、個人情報保護法は、個人データを取り扱う会社が安全管理措置を講ずべき義務を負う旨を規定しており、取締役が会社に対して安全管理措置を講じさせないことは、法令を遵守すべき義務の違反となり得る。もっとも、取締役が会社に対して安全管理措置を講じさせないという任務懈怠とは、具体的にはどのような場合をいうのかが問題になる。

　参考裁判例として、牛乳の製造等を事業内容とする会社において、牛乳の再利用行為の問題について保健所長から指導を受けていたにもかかわらず、その後も未出荷の牛乳の再利用を継続し、さらに、製造現場の責任者が返品

された乳製品等を再利用したことが原因で食中毒事件が発生した事案（名古屋高金沢支判平成 17 年 5 月 18 日判時 1898 号 130 頁〔28101391〕）を取り上げる。判決では、代表取締役が当該再利用を事前に予見することは困難であったとして、当該再利用をしないように指示し、監督すべき注意義務が代表取締役にあったとは認められないと判断している。一方、代表取締役には、会社内の職掌分担に従って部下に任せるとしても、部下が取った措置の内容及びその結果を適宜報告させ、法令違反状態に対して自ら速やかに是正を指示する等の指揮監督権限を行使して、違法な再利用をしない社内体制を築くべき義務があったとして、牛乳の再利用について製造現場の責任者からの実情の聴取を行わず、法令違反状態を継続させたことが、任務懈怠に当たると判断している。

　個人データの取扱いに対する安全管理措置には、技術的安全管理措置を中心に、検討に当たって情報セキュリティに関する専門的知識を必要とするものが多々あり、取締役のみにおいて実施状況を検証することは容易ではない。**安全管理措置の実施における取締役の主な役割は、組織的安全管理措置に関する組織体制や社内制度の構築及び運用を適切に実施し、それを通じて全体的な安全管理措置が継続的に実施される状況を確保することにある**と考えられる。

　参考として、「中小企業の情報セキュリティ対策ガイドライン」（前掲）の付録である「情報セキュリティ関連規程（サンプル）」においても、代表取締役が社内の情報セキュリティ対策について決定権限と全責任を負い、その他のすべての情報セキュリティに関する責任者を統括する立場を担うことが想定されている。代表取締役以外の取締役も、代表取締役に対する監視義務を負っていることから、このような組織体制や社内制度の構築及び運用に対し、積極的に関わる職責を負っていると考えられる。

　以上の考察を踏まえると、**取締役らが組織的安全管理措置に関する組織体制や社内制度の構築及び運用を適切に行わないことで、情報漏えいの原因となる安全管理措置の不備が是正されず、その結果として情報漏えいが発生した場合には、当該取締役らの任務懈怠や、当該任務懈怠と情報漏えいとの間の因果関係が認められ得る**と考えられる。

　（ウ）任務懈怠に対する重大な過失

　個人情報の漏えいとの関係では、取締役らが組織的安全管理措置に関する

組織体制や社内制度の構築及び運用を適切に実施しない不作為が、「重大な過失」であると評価し得るか否かが問題になる。

前掲の裁判例（平成17年名古屋高金沢支判〔28101391〕）では、代表取締役の任務懈怠が「重大な過失」によるものであったことを認めているが、その理由として、牛乳が高齢者から幼児に至るまで広く飲用され、その製造には細心の安全管理が要求される食品であり、いったんその製造についての安全管理に対する信頼が失われた場合には、会社の維持存続に関わる事態となることは容易に予見できたことを挙げている。すなわち、「重大な過失」に該当するか否かを評価するに当たっては、事故の発生による被害や会社の信頼に対する影響の重大性を考慮している。

例えば、①漏えいによるプライバシーへの影響や経済的被害が重大である個人情報を取り扱う場合、あるいは、②ＩＴ関連事業に携わっている、大量の個人情報を取り扱っているといった事情から情報漏えいに伴う会社の信用への影響が大きい場合等には、組織的安全管理措置に関する組織体制や社内制度の構築及び運用を適切に実施しない不作為が「重大な過失」に該当するものと評価され得る。

　（エ）小括

個人情報の漏えいとの関係では、取締役の対第三者責任について、現状ではあまり議論はされていない。ただ、昨今の目まぐるしい情報化社会の進展に鑑みれば、検討を進めていく必要性の大きい問題である。

また、取締役は、会社の個人情報の漏えいを防止する対策に対して積極的な関わりを持たなければ、自らも法的責任を問われる可能性があることに、留意しておくべきである。

コラム　サイバーセキュリティ保険

近年、サイバー攻撃による被害を保障するサイバーセキュリティ保険が普及しつつある。サイバーセキュリティ保険の中には、サイバー攻撃による情報漏えい事故で発生した損害賠償金や謝罪費用のほか、事故原因調査費用や弁護士費用、加害者システム復旧費用が補償対象に含まれるものもある。

取締役の立場からは、自らが企業の情報漏えいによって損害賠償責任を負う事態を予防する観点からも、サイバーセキュリティ保険の活用を

積極的に検討すべきである。

（3）企業不祥事の発生に対して企業に求められる対応

ア　企業不祥事の隠蔽によって発生する問題

　企業不祥事が発覚した場合にしばしば問題になるのが、その発覚前における社内での隠蔽である。隠蔽は、特定の従業員や特定の部署で行われるものから、役員を含めた組織全体で行われるものまで、様々である。このような企業不祥事の隠蔽は、一般に社会的非難を受けることであるのは当然ながら、会社や役員の法的責任の拡大にもつながる。

　例えば、前述したオリンパス事件においては、不正行為の疑惑を指摘した代表取締役を解職する決議を阻止しなかったこと自体を理由に、役員の会社法423条に基づく対会社責任を認めている。一方、ベネッセ判決においては、会社の損害賠償責任を認めつつ、個人情報漏えいの発覚後に直ちに対応を開始し、拡大防止手段や監督官庁への報告、調査報告を行ったうえ、顧客にお詫びの送付と金券の配布を行ったことで、事後的に慰謝の措置が講じられたことを、損害額の認定において考慮している。

　商品に未認可の食品添加物が使用されていたことを知った後も直ちにその事実を公表しなかった取締役らの対会社責任が問われたダスキン株主代表訴訟事件判決（大阪高判平成18年6月9日判タ1214号115頁〔28111621〕）では、取締役らには、現に行われてしまった重大な違法行為によって会社が受ける信頼喪失の損害を最小限度にとどめる方策を積極的に検討することが求められていたとして、公表を遅らせたことによって損害が拡大したことに対する責任を認めている。

　個人情報（個人データ）の取扱いについては、漏えい等の事案に対応する体制の整備が組織的安全管理措置の1つとして挙げられており、漏えい等を隠蔽して適切に対応しない状況を是正しなかったことが、安全管理措置を講ずべき義務の違反となる可能性がある。

　以上のとおり、**法的観点を踏まえても、企業不祥事の発生に対して安易に隠蔽を選択すべきではなく、会社や役員には、信頼喪失の損害を最小限度にとどめる方策を積極的に講じることが求められる。**

イ　企業不祥事の発生が疑われる場合における初期段階の調査

　企業不祥事の発覚は、不正関与者からの申告のほか、取引先や消費者からの指摘、監査機関による監査、人事異動、行政機関による調査等、様々なことを端緒とする。**企業不祥事の発生が疑われる場合には、被害の拡大と、公表の遅延による信頼喪失を防止するために、迅速に調査を開始することが必要である。**

　初期段階における調査（初期調査）の主な目的は、企業不祥事の存否を確認することや、企業不祥事が存在する場合における被害の範囲や程度を把握すること、さらには、その後の基本方針を決定することにある。初期調査においては、社内の法務担当部門（コンプライアンス担当部門が存在していれば当該部門）と事案の関連部門とを連携させるほか、弁護士に協力を求めることが望ましい。なぜなら、初期調査には客観的で冷静な分析が必要であり、かつ、不正関与者の弁解を受けて誤った先入観による判断をすることも避ける必要があるからである。

　初期調査の方法は、端緒となった関係者からの情報収集（聞き取りや報告内容の精査）に始まり、その後、収集した情報の裏付けについて調査することが一般的である。もっとも、**初期調査は、迅速に基本方針を決定するための前提となるものであるから、原因の解明等の詳細な調査については初期調査後の本格的な調査に委ね、企業不祥事の存否と、被害の範囲や程度を把握することに注力すべきである。**また、初期調査には、調査期間の目途を立てておくことも重要である。

ウ　企業不祥事の公表の要否

　まず、企業不祥事の公表の要否は、初期調査の結果を踏まえて決定すべきである。

　第1に、**法令等で企業不祥事の開示が義務付けられている場合には、当該義務の内容に沿った公表の対応が必要である。**この点については、初期調査に関わる弁護士等による助言が求められる。

　第2に、**二次被害の発生を防ぐために、企業不祥事の存在を一般に周知させる必要がある場合には、迅速な公表が求められる。**具体的には、人の生命や身体の安全に関わる問題や、個人情報の漏えい等が挙げられる。

　第3に、上記のいずれにも当てはまらないとしても、**企業不祥事の存在を**

公表しないことが発覚時に社会的非難の対象になることが予想される場合には、積極的に公表の検討を行う必要がある。社会的関心のある問題や、企業イメージへの影響が大きい問題が例に挙げられる。特に、昨今では、たとえマスコミ報道の対象にならなかったとしても、ＳＮＳでの拡散等、インターネットを通じて企業不祥事の情報が広がり、社会的非難を受けることもあるので、その点に対する留意も求められる。

　一方で、被害者が特定され、上記の観点からも特に公表を必要とする事情がない場合には、企業不祥事を一般に公表しない（被害者に対して告知するにとどめる）対応もあり得る。ただ、このような判断をしたところ、事後に企業不祥事が発覚し、社会から「隠蔽ではないか」と非難される可能性もあることから、仮にそのような非難を受けた際にどのように説明をするのかについても、検討をしておく必要がある。

エ　企業不祥事の公表前の準備

　企業不祥事の公表が遅延してしまうことは望ましくないが、**適切な準備を行わないままに公表を進めてしまうことは、避けるべきである。**

　例えば、企業不祥事によって消費者への被害が発生したことを自社サイトで公表した場合、問い合わせが殺到することが予想される。そのような状況に備え、あらかじめ想定される問い合わせの内容とそれに対する回答をまとめ、社内において周知しておく必要がある。また、混乱を避けるためには、問い合わせに対応する窓口を設定し、対応に必要な人員を配置しておくことも必要である。

オ　本格調査の実施とその後の対応

　初期調査の結果、さらなる調査が必要である場合には、本格調査を実施する。本格調査の方法は、企業不祥事の内容によって異なるが、**関係者への聴取や資料の精査による調査**のほか、**弁護士会照会による方法**等も考えられる。最近では、**デジタルフォレンジックの専門会社等に依頼して、消去されたＰＣ内のデータの復元等を実施する**こともある。

　また、このような本格調査の結果を踏まえて、役員や従業員の責任追及を検討すべき場合がある。なお、役員の対会社責任の問題については、前述したとおりである。

その他の対応として、企業不祥事の再発防止策を検討することも必要であるが、これについては後述する。

カ　小括

以上に述べたことは、企業不祥事に対する基本的な対応にすぎず、実際には、事案の性質に応じた臨機応変な対応が求められる。このような対応に携わる弁護士には、企業不祥事が問題になった裁判例や、類似事例における他社の調査報告書等も参考に、適切な助言を行うことが求められる。

4　企業不祥事による刑事責任

設例　D社は、不良品の発生数を過少報告する事件が発生したことに対する反省から、企業不祥事の問題が発生した場合に社内でどのような対応をするかについてまとめたマニュアルを作成することになった。マニュアルの作成に先立った役員会議において、複数の取締役から、企業の役員や従業員について刑事責任が問われる場合はどのような場合かという問いと、仮に刑事責任が問題になるケースが生じた場合はどのような対策を講じるべきかをあらかじめ検討すべきとの意見が出た。そこで、専門家の助言も交えながら、刑事責任が問われる企業不祥事としてどのようなことが想定されるか、また、想定される事案に対してどのような対策が考えられるか、それぞれ検討することになった。

ポイント

企業不祥事の最たる例として、企業の刑事責任が問われる場面がある。特に規制緩和の進んだ現代社会においては刑事罰によって事後規制を行う領域がますます拡大しており、企業の刑事責任が問題となる場面も増えている。不祥事が刑事処分に発展した場合、特に経営トップや中枢部が犯行に加担したとなった場合には、当該企業の存亡に関わる問題ともなり得る。そのため、いかなる場合に企業の刑事責任が問題となるのかを把握し、代表者や従業員による犯罪行為を防止することはもとより、企業に対して刑事責任が問われる事態をいかに防止するかという点が重要である。

他方、企業が役員や従業員の犯罪に巻き込まれる危険性や、従業員の犯罪

の被害者という立場に置かれることもあり得る。この場合においても企業が
受けるダメージを最小にするために、平時より危機管理体制を整えることが
重要である。

（1）企業不祥事における刑事責任の概略

　企業不祥事の場面において刑事責任が問題となり得るのは、①両罰規定に
より代表者や従業員の犯罪行為について**企業に刑事責任が課される場合**と、
②役員や従業員の犯罪行為により**企業が被害者となる場合**が想定される。

　①は企業が組織ぐるみで違法行為を行い、その結果具体的な行為者である
代表者や従業員と企業が処罰される場合が典型であるが、一部役員や従業員
の独断により違法行為がなされる等、実態としては企業が被害者といえる場
合も考えられる。

　また、②については横領や背任など、企業が直接の被害者となる場合が典
型であるが、近時では代表者や従業員の個人的な非行としての犯罪に対し社
会的非難がなされ、ＳＮＳ等で「炎上」することにより企業イメージを大き
く損なうということも珍しくない。

　さらに本書が対象とする中小企業では、代表者や役員が有罪の判決を受け
た場合、**業務に必要な許認可が取り消される場合**があることも実務的には極
めて重要である。以下、場面ごとに典型的な事例を例に挙げつつ検討する。

（2）法人の刑事責任と両罰規定

ア　法人の刑事責任の根拠

　刑事責任とは、一定の意思に基づき犯罪行為（刑罰法令違反行為）を行っ
たことについて責任を問うものであり、その主体は自然人となるのが原則で
ある。実際に刑法においては自然人を対象とし、法人は犯罪行為の主体とは
ならない。刑法犯の中には、贈賄罪や談合罪のように企業犯罪、組織犯罪と
して行われる犯罪もあるが、これらも法人処罰の対象とはされていない。し
かし、実際の経済活動の中心を担うのは企業であり、その大部分は法人であ
る。特に経済活動をめぐる犯罪行為がなされた場合、当該犯罪行為により利
益を受けるのは企業であるから、実際に犯罪行為を行った代表者や従業員を
処罰するだけでは不十分な場合もある。そこで、特に行政法規の刑罰につい
ては「両罰規定」を設け、行為者本人だけでなくその行為者と一定の関係に

ある法人も処罰することがなされている。

　両罰規定による責任の根拠について、判例（最大判昭和 32 年 11 月 27 日刑集 11 巻 12 号 3113 頁〔21009402〕）は自然人業務主につき「行為者の選任・監督上の過失」が根拠であるとし、最判昭和 40 年 3 月 26 日刑集 19 巻 2 号 83 頁〔27661096〕において法人業務主にも昭和 32 年判決の法理が適用されると判示した。ここから、企業（法人業務主）の責任については、**代表者等の機関自身の故意行為の場合には法人の故意責任、従業員の故意行為については監督上の過失責任**と理解することになる。

　従業員の犯罪行為に対しては、法人の過失が認められない場合には不可罰であるとの理解がなされている。もっとも、判例によれば単に一般的・抽象的に注意していたというだけでは過失の不存在を認めることはできず、具体的に職場における講習会を開催する、あるいはその都度注意事項を確認するなど、**種々の方法により事故防止のための具体的措置を講じていた場合に初めて過失の不存在が認められる**、とされている。ただし、これまで**法人の責任が否定された例はほとんどない**。近時では内部統制システムの構築・整備に関して厳しい目が向けられており、今後は法人の免責が認められるかどうかの判断において内部統制システムの構築状況が重要なポイントになると思われる。

　法人に対する刑罰は、自由刑が想定し得ないことから罰金と科料のみとなる。また、両罰規定とは別に企業に対する制裁として課徴金制度を設けている法律（独禁法、景品表示法、金商法等）もある。

　　イ　具体的に法人の責任が問題となる場合
　両罰規定が置かれている犯罪は多岐にわたるが、主要なものとしては独禁法 95 条、不競法 22 条、景品表示法 38 条、金商法 207 条、特許法 201 条、商標法 82 条などの経済刑罰法規のほか、中小企業において問題となりがちなものとして廃棄物処理法 32 条や労基法 121 条、労働安全衛生法 122 条、租税法規の「ほ脱犯」などがある。

（3）企業不祥事とその対策
　　ア　犯罪類型による区別
　企業が関与する犯罪としては、会社法のほか、独禁法や金商法、不競法な

ど企業の経済活動に対する規制違反がある。また、これらのほかにも租税犯罪である「ほ脱犯」や消費者保護に関する諸法、労働法規違反なども企業不祥事の原因となりえる犯罪類型といえる。これらの犯罪については、企業ぐるみ、組織ぐるみでなされることが典型であり、当該企業が犯行の利益を享受したり何らかの利権を確保することが目的でなされる場合や、代表者や会社幹部が共犯者となる場合もある。また、企業風土や社内体制の不備から企業犯罪が発生することも珍しくない。

他方、従業員の犯罪により企業が被害を受けた場合や、代表者や従業員が企業活動とは無関係に犯罪行為を行った場合であっても、事後対応を誤ると企業も批判対象となる危険がある。特に近年ではSNS等により「炎上」した場合、無視し得ないダメージを受けることも想定する必要がある。

イ　典型的な経済犯罪

会社法の特別背任罪や刑法の横領・背任罪がある。2000年頃までの著名な企業犯罪・企業不祥事の多くは背任や第三者への利益供与であり、その原因としては役員や従業員が私的に利益を得ようとしたことのほか、損失隠し等の**不正の発覚を恐れ自己保身のために違法行為を行う**ものがある。また、贈収賄事件など、**会社の利益や権益を確保するために違法行為を行う**ということもある。

> **コラム**　**所得税法上の所得－不法行為による利得**
>
> 収入金額に係る所得税法36条1項にいう「収入すべき金額」は、基本的には収入する権利の確定した金額をいうが、所得税法上の所得の概念は、担税力に応じた公平な税負担の分配の実現という観点から把握されており、必ずしも、所得の発生原因たる債権の成否とは関係なく、納税者が経済的にみてその利得の管理支配を確定したといい得る状態に達すれば、担税力は増加しその利得は所得を構成するとされている。不法な利得についても、適法に取得された所得と同じく、担税力を増加させる利得に変わりはなく、納税者による管理支配が事実上確定し、担税力を増加させたとみられる時点において、当該利得は所得として実現されたものと解される。担税力を認め得る程度に金員をいったん収受した後に、収受者において法律上これを保有することができないとしても、返

還等を命じられこれを自己に保有し得なくなったとしても、このことを
もって収受された当該金員が課税の対象とならないということにはなら
ない。

　なお、相続に関する法定の熟慮期間経過後に被相続人の所得（不当利
得）に係る課税について増額更正がされた場合、被相続人がその収受し
た金員をほとんど使い切り、単純承認をした納税者ら相続人が結果とし
て遺産以上の損害賠償債務と国税の支払義務を負うことになったとして
も、この点をもって、相続税更正処分等が違憲、違法であるということ
にはならない（最判昭和46年11月9日民集25巻8号1120頁〔21037410〕
参照）。

（山下宜子税理士）

ウ　近時の企業犯罪

　2000年以降の著名な企業犯罪は**「偽装」**による不競法違反や宅地建物取
引業法違反などが多い。また、**商品の瑕疵**による業務上過失致死傷など、典
型的な経済犯罪とは異なる類型での企業不祥事が目立つようになっている。
さらには、**過労死事件**において労基法違反（長時間労働）で正式裁判が開か
れ（役職員は起訴猶予）、法人に対し罰金判決が言い渡された例も出ている。

　このように、近年の企業犯罪は企業の利益を目的とした典型的な経済犯罪
ではなく、不祥事の隠蔽や法令遵守体勢の不備に起因する、**広い意味でのコ
ンプライアンス違反**が原因となっていると考えることもできよう。

エ　企業不祥事における対応策

　刑事責任を伴う不祥事は、警察や検察の捜査を端緒とする場合のほか、告
発の要否を検討するために行政機関が行う犯則調査（独禁法違反における公
正取引委員会による調査など）の過程で発覚する場合もある。いずれの場合に
おいても企業としては**法人及び役職員個人の刑事責任が問われかねないこと**
を関与した役職員に十分に理解させ、必要に応じて役職員にも弁護士のアド
バイスを受けさせるべきである。アドバイスをする弁護士には、犯則調査の
場合でも将来の刑事事件の立件を見据えて**捜査を受ける場合と同様の助言**を
行うことが求められる。なお、この場合弁護士は当該役職員の防御のために

活動するものであり、**法人との利害が必ずしも一致しない可能性**を考慮する必要がある。利益相反が顕在化した場合、弁護士は法人と役職員のいずれに対しても弁護活動を続けることができなくなるため、当初より対応する弁護士を完全に分けておくことが望ましい。

刑事事件として捜査・立件された場合、又は刑事事件となり得る不祥事の疑いがある行為に関する情報に接した場合、**企業が独自に不正調査を行うことも必要である。**不祥事が生じた場合の企業秩序やレピュテーションの回復を図る方法として不正調査を行うことは現在では一般的になっており、その方法として社内調査のみならず**第三者委員会**を設置することも珍しくない。実際に、第三者委員会による適切な調査と調査結果を踏まえた企業の再発防止策が奏功し、企業評価の低下を防止できた、という事例も少なくない。対応が遅れれば遅れるほど、企業が当該不祥事を隠蔽しているのではないかという非難を招く危険がある。特に当該企業が犯罪利益を享受したり会社幹部が関与している場合には、事実関係の解明から再発防止策の公表に至るまでの**必要な調査を可能な限り迅速に行うことが不可欠**である。

オ　会社が被害者となった場合の対応策

代表者や役員、従業員の犯罪行為によって企業が被害を受けた場合であっても、当該企業の**危機管理能力や従業員の監督責任における企業イメージの低下**は避けられない。その観点から、企業の刑事責任が問題となる場合と同様に必要な調査や再発防止策の検討・公表を行う必要があろう。

他方、企業自体が被害者となる場合には、刑事責任を問われる場合と比較して企業に対する非難の程度は小さいと思われる。そのため、迅速に事態の収拾を図るのではなく、**事態の推移や社会的影響を慎重に見定めつつ対応を行う**という選択肢も検討すべきである。

カ　役員の刑事責任と許認可

建設業法や廃棄物処理法、古物営業法など、一部の業法では代表者や役員が刑事罰を受けたことが許認可の欠格事由となるものがある。欠格事由にかかる犯罪は当該業法違反に限らないため、例えば飲酒運転などの道路交通法違反などで代表者や役員が刑事罰を受けた場合であっても事業に必要な許認可を取り消されてしまう危険がある。

産業廃棄物処理法における産業廃棄物収集運搬業の許可取消しが争われた事件（東京高判平成18年12月12日裁判所HP〔28152461〕）の判決では、「役員が犯罪に及んだ場合には、**その刑が確定するまでに役員を解任するか、役員が辞任すれば許可取消を免れることもでき**」ると判示しており、企業としては事業継続の観点から刑事責任を問われている役員に対して辞任をするよう促すか、役員が辞任を拒絶する場合には解任をすることも検討すべきである。ただし、同判決は「**役員が犯罪の嫌疑を受けているにとどまる場合には、この欠格要件があることにならないし、役員が刑事手続においてこれを争うことに何ら支障はない**」とも判示しており、役員が刑事責任を争う場合において解任をする場合には特に慎重な判断が求められる。

5　企業不祥事の発生を予防するための対策

　設例　D社は、不良品の発生数を過少報告する事件を機に、企業不祥事の発生を予防するための組織制度の設計と、役員や従業員に対する教育研修の実施を検討することになった。そこで、D社では、一般的な企業不祥事の発生予防策に関する情報を収集し、各予防策の自社での導入可能性を検討することになった。

　ポイント

　一般的な企業不祥事の発生予防策としては、企業全体の意識改革、組織体制の整備、内部通報制度が挙げられる。これらの予防策の導入可能性を検討するに当たっては、予算や企業不祥事の発生リスクも勘案したうえで、弁護士の支援を利用すべきかどうかについても検討すべきである。

（1）不正のトライアングル

　企業不祥事の要因を説明する見解の1つに、米国の犯罪学者であるドナルド・R・クレッシー氏が提唱した「不正のトライアングル」がある。この見解によれば、**人が意図的に不正行為に至る要因には、①動機、②機会、③正当化の3要素がある**とされる。

　第1の動機としては、例えば、上司や取引先からのプレッシャーや自身の業績・成果に対するプレッシャー、経済的な悩み等が挙げられる。実際、東

芝不正会計事件やオリンパス事件では上層部からのプレッシャーがあったことが指摘されており、ベネッセ個人情報漏えい事件では情報を持ち出した従業員に経済的な悩みがあったことが指摘されている。

第2の機会としては、主に、不正行為を発見するためのチェック体制が不十分であることが挙げられる。実際、東芝不正会計事件やオリンパス事件では不正を正すべき立場にある社内の機関が形骸化してチェック機能を果たしていなかったことが指摘されており、ベネッセ個人情報漏えい事件では個人情報の持ち出しを制限する適切なセキュリティ設定がなされていなかったことが指摘されている。

第3の正当化としては、例えば、コンプライアンス意識を失わせる企業風土が挙げられる。調査報告書の内容を踏まえると、東芝不正会計事件やオリンパス事件が発生した背景には、コンプライアンスよりも利益目標の達成を優先する企業風土が社内全体に浸透していたことがあると考えられる。

企業不祥事の発生を予防するためには、**①動機、②機会、③正当化のいずれも発生させない体制や企業風土を構築していくこと**が求められる。

（2）企業全体の意識改革

不正行為の要因となる動機や正当化の発生を防ぐためには、企業全体でのコンプライアンス意識の向上が求められる。

コンプライアンス意識を向上させるための取組みとして、具体的には、コンプライアンス研修の実施や、コンプライアンスに関する社内規程の整備等が考えられる。

また、企業全体の意識改革を目指すためには、経営トップが主体となって、積極的にコンプライアンスの重要性を啓蒙する取組みが必要である。

弁護士には、コンプライアンス研修の講師や社内規程の整備に対する支援等、コンプライアンス意識向上のための積極的な関与が期待される。

（3）組織体制の整備

不正行為の要因となる機会の発生を防ぐためには、役員、管理職、一般従業員のそれぞれが、それぞれの役割に応じて不正行為の要因となり得るリスクを判別したうえで、そのリスクが顕在化することがないように、**監視の方法と責任者を決定し（Ｐｌａｎ）、その責任者が決定された方法によって日**

常の業務を監視し（Ｄｏ）、その成果を定期的に評価・報告したうえで（Ｃｈｅｃｋ）、決定された監視の方法等に問題があれば是正する（Ａｃｔ）というＰＤＣＡサイクルを回し続けることが求められる。

　特に、中小企業においては、このようなＰＤＣＡサイクルを適切に回し続けるために、取締役会が健全な論戦の場として機能し、それぞれの取締役が監視義務を積極的に果たすことが求められる。取締役は、自らが不正行為に関与していなくても、他の取締役に対する監視義務違反を理由に、会社法上の対会社責任や対第三者責任を問われるおそれがある。

　また、企業不祥事の類型に応じた適切な組織体制の整備も求められる。例えば、情報セキュリティの分野においては、前掲の「中小企業の情報セキュリティ対策ガイドライン」で、社内の情報セキュリティ管理のために、情報セキュリティ責任者、情報セキュリティ部門責任者、システム管理者、教育責任者、点検責任者等の担当者を決定し、それぞれの担当に応じた役割分担を行うべきことが奨励されている。

　さらに、経理会計や機密情報の取扱いのように、類型的に企業不祥事が発生しやすい業務過程においては、そのすべてを１人の担当者に担わせるのではなく、複数の担当者による職務の分担を行うことで、内部牽制の仕組みを構築することが必要である。

　弁護士には、このような企業不祥事を防止する組織体制の提案や、それに関連した社内規程の整備等において、積極的な関与が期待される。

（４）内部通報制度

ア　内部通報制度の意義

　内部通報制度とは、社内の従業員が、不正行為の発生や不正行為を疑わせる事実を、組織内部の窓口に対して相談・通報することのできる仕組みのことである。

　内部通報制度は、企業不祥事が発生した場合に、迅速に対応を開始して被害の拡大や公表の遅延による信頼喪失を防止するための端緒としての機能を果たす。それに加えて、内部通報制度が適切に機能することによって、不正行為の要因となる動機や機会の発生を抑止し、企業不祥事の発生自体を予防することにもつながる。

イ　内部通報制度を整備するうえでの留意点

　内部通報制度の整備に当たっての留意点を検討するうえでは、「公益通報者保護法を踏まえた内部通報制度の整備・運用に関する民間事業者向けガイドライン」（2016 年 12 月 9 日、消費者庁）が参考になる。

　当該ガイドラインでは、内部通報制度の整備に当たっての具体的な留意点として、①通報者の匿名性の確保、②経営幹部との独立性を有する通報ルート（社外取締役や監査役等を経由するルート）の確保、③通報者と内部通報制度の担当者との利益相反関係の排除、④従業員が安心して通報・相談をすることができる実効性の高い仕組みの構築、⑤内部通報制度の仕組みの周知、⑥通報や調査実施における秘密保持の徹底、⑦通報や調査への協力を理由とする不利益取扱いの禁止、⑧内部通報制度の実効性を向上させるための評価・改善の実施等が挙げられている。

　特に、通報者の匿名性を確保するための仕組みや、通報や調査実施における秘密保持の徹底、通報や調査への協力を理由とする不利益取扱いの禁止については、就業規則やその他の社内規程で違反者に対する制裁規定を設ける等、実効的な仕組みを構築することが必要である。

　弁護士には、内部通報制度を実効的に運用するために必要な社内規程の整備や、内部通報制度を通じた通報を受けた調査への協力等、様々な方向性からの関与が期待される。

＜執筆＞
石田優一（1 ～ 3、5）、半田望（4）

＜参考文献＞
・野田昌毅「取締役の対第三者責任－最大判昭和 44・11・26 民集 23 巻 11 号 2150 頁について」法学教室 465 号（2019 年）
・竹内朗ほか編著『企業不祥事インデックス〈第 2 版〉』商事法務（2019 年）
・中央総合法律事務所編『企業不祥事のケーススタディ　実例と裁判例』商事法務（2018 年）
・森本大介「子会社管理に関するコンプライアンス実務」会社法務Ａ２Ｚ 122 号（2017 年）
・佐久間修『刑法からみた企業法務－会社法・金融商品取引法の諸論点』中

央経済社（2017 年）

・木目田裕＝佐伯仁志編『実務に効く企業犯罪とコンプライアンス判例精
選』有斐閣（2016 年）

・森・濱田松本法律事務所編『企業危機・不祥事対応の法務』商事法務
（2014 年）

・赤堀勝彦「最近の企業不祥事とリスクマネジメント」神戸学院法学 42 巻
1 号（2012 年）

・南健悟「取締役の労働者に対する損害賠償責任」労働法律旬報 1737 号
（2011 年）

・山口幸代「会社の役員が従業員に対して負う会社法上の責任のあり方
（上）（下）」ビジネス法務 10 巻 10＝11 号（2010 年）

第 4 章

企業法務と労働問題
―法改正の影響

1 本章の概要

　本章では、中小企業における雇用・労働関係につき、判例の状況を概説し、働き方改革関連法を踏まえた考察を行う。特に中小企業においては労働問題が頻出の法的紛争であるが、十分な対策がとられていない企業も少なくないため、実務においてとるべき対策についても解説する。

2 「働き方改革」と中小企業の労務管理

　設例　飲食業を営むＡ社は、午前 11 時 30 分から午後 2 時 30 分までと、午後 5 時から午後 10 時までの営業を行っているが、仕込みや後片付けのため従業員は午前 9 時 30 分に出勤し、退勤は午後 11 時を過ぎるということが常態化していた。このような状態で、従業員が長時間労働の負担を訴え、法律に則った労働時間の実現と割増賃金の支払を求めるに至った。

ポイント

　働き方改革関連法により時間外労働の上限規制や年間 5 日の有給休暇付与の義務化などの規制が 2020 年 4 月より中小企業にも適用され、中小企業の労働環境にも大きな影響を与えることが予想されている。また、長時間労働に伴う時間外手当（残業代）の負担も問題となる。そこで、働き方改革関連法における労働時間規制等の内容を概観し、中小企業における働き方改革関連法を踏まえた労務管理や長時間労働是正への対応をどのように構築すべきか、及び割増賃金（残業代）をめぐる諸問題を検討する。

（1）働き方改革関連法による労働時間規制

　労基法における労働時間は、原則として**1 日 8 時間・週 40 時間**（特定の特例事業所については週 44 時間）である。また、労基法 36 条所定の時間外・休日労働に関する協定届（いわゆる 36 協定）がない限り、法定労働時間を超えて時間外労働に従事させることはできない。36 協定で定める時間外労働時間は厚生労働大臣の告示によって上限が定められていたが罰則はなく、また特別条項付きの 36 協定を行えば労働時間を無制限に延長することも可能

であった。その結果、長時間労働が常態化し、**「過労死」**という言葉が国際的にも認知されるなど我が国の労働問題における重大な課題となっていた。

改正法では時間外労働の上限を罰則付きで定め、休日労働を除く時間外労働時間を**「月 45 時間・年 360 時間」**とすることを原則とした。また、特別条項がある場合でも**休日労働を含まない時間外労働時間の上限を「年720 時間」**とするとともに、休日労働を含む時間外労働時間につき**「単月100 時間未満」**及び**「2 か月から 6 か月の月平均時間外労働がいずれも80 時間未満」**（ただし一定の職種について例外あり）、並びに**「時間外労働が月 45 時間を超えることができるのは年 6 回以内」**とした。

留意点として、月間・年間の上限時間規制は休日労働を含まないが、**「単月 100 時間未満」**及び**「月平均 80 時間以内」**の規制には休日労働を含む点がある。休日労働を除く単月の時間外労働時間が 44 時間であっても、休日労働時間が 56 時間になれば「単月 100 時間未満」の要件に抵触し違法となる。また、「月平均 80 時間以内」の要件については、2 か月から 6 か月間の休日労働を含む時間外労働時間の**平均がすべて 80 時間以内に収まっていなければならない。**ある月の時間外労働時間が 99 時間だとした場合、翌月の時間外労働時間を 61 時間以内にしなければ違法となる。また、「年 720 時間以内」の要件を満たすためには**月平均の時間外労働時間が 60 時間以内と**なる必要もあるため、労働時間の管理には細心の注意を払う必要がある。

（2）労働時間と割増賃金

労働時間は**「労働者が使用者の指揮命令下に置かれていた時間」**として客観的に定められる。また、一定の作業を使用者から義務付けられ、又はこれを余儀なくされた時間も原則として指揮命令下にあるものとして労働時間となる（三菱重工業長崎造船所事件・最判平成 12 年 3 月 9 日民集 54 巻 3 号 801 頁〔28050535〕）。手待時間（北九州市交通局事件・福岡地判平成 27 年 5 月 20 日労判 1124 号 23 頁〔28240417〕）や仮眠時間（大星ビル管理事件・最判平成 14 年 2 月 28 日民集 56 巻 2 号 361 頁〔28070468〕）といった実際の業務がなされていない時間であっても、労働者が使用者の指揮命令下に置かれている限り労働時間とみなされる。**準備時間や片付け時間、移動時間、朝礼等**も指揮命令下にある限り労働時間である。また、自家用車での出張移動を労働時間とした裁判例（シニアライフクリエイト事件・大阪地判平成 22 年 10 月 14 日労判 1019 号 89

頁〔28171050〕）もある。

　残業については明示の残業命令がある場合はもちろん、黙示の業務指示があった場合でも指揮命令下に置かれていたと判断した判例（大林ファシリティーズ事件・最判平成 19 年 10 月 19 日民集 61 巻 7 号 2555 頁〔28132281〕）がある。下級審においては①時間外労働の必要性、②業務状況についての使用者（又は上司）の認識、③明示的な業務禁止がないことを要素として黙示の指示の有無を判断するものが多い（デンタルリサーチ事件・東京地判平成 22 年 9 月 7 日労判 1020 号 66 頁〔28163219〕、ビーエムコンサルタント事件・大阪地判平成 17 年 10 月 6 日労判 907 号 5 頁〔28110706〕など）。

　法定労働時間を超えて労働者を労働させた場合、及び法定休日に労働をさせた場合には、**法定の割増賃金率に従った割増賃金**を支払う義務がある。ただし、法定外労働時間の制限や割増賃金について労使間で格別の定めを設ける場合もある。以下では中小企業においてよく用いられているものについて概説する。

ア　変形労働時間制

　変形労働時間制は、「単位期間」（1 年単位の制度の場合には「対象期間」）の単位で、労働時間の合計が平均して週 40 時間（特例事業所では週 44 時間）以内であることを条件に 1 日 8 時間・週 40 時間以上の労働をさせることを認める制度である。変形労働時間制が適用されると、使用者は変形労働時間制の枠内での時間外労働について割増賃金を支払う義務を負わない。

　具体的な類型として 1 か月単位の変形労働時間制（労基法 32 条の 2）、1 年単位の変形労働時間制（同法 32 条の 4）、1 週間単位の非定型的変形労働時間制（同法 32 条の 5）がある。

　実務的によく利用されるのは 1 か月単位の変形労働時間制である。1 か月単位の変形労働時間制の要件は以下のとおりである。

① **労使協定又は就業規則**（就業規則の作成義務がない事業所については就業規則に準じるものでも可）によること

② 就業規則によって定める場合には、**単位期間及びその起算日**（労基則 12 条の 2 第 1 項）、**変形期間の各日、各週の労働時間と各日の始業及び終業時刻**（労基法 89 条）を特定すること

③ 労使協定によって定める場合には、**単位期間及びその起算日のほか有**

効期間の定め（労基則 12 条の 2 の 2 第 1 項）があること及び**労働基準監督署への届出がなされていること**。なお、有効期間については 3 年以内が望ましいとされる（平成 11 年 3 月 31 日付基発 169 号）

④　労使協定又は就業規則を**労働者に周知**させること（労基法 106 条、労基則 12 条）

実務的には変形労働時間制を就業規則で定め、特定が必要な事項については**年間カレンダーやシフト表において特定することが多い**。この場合でも各労働日の所定労働時間をできるだけ具体的に特定しておく必要があり、使用者が業務の都合によって任意に労働時間を変更するようなものは要件を満たさない。また単に「シフト表で定める」とのみ就業規則に記載するだけでは不十分であり、始業・終業時刻や休憩時間、勤務の組み合わせの考え方、シフトの作成手続・周知の方法を記載する必要があるとした裁判例（東京地判令和 2 年 6 月 25 日平成 30 年（ワ）11536 号公刊物未登載）もあり、規定の内容に不備がある場合変形労働時間制が無効とされる可能性がある。

中小企業において変形労働時間制が**適法に採用されていることは少ない**。実務上散見されるのは、就業規則で変形労働時間制を謳いながら、個別の労働契約書には 1 日 8 時間を前提とする所定労働時間が記載されていることである。この場合、就業規則より労働者に有利な労働条件である個別契約が優先することとなり、当該労働者については変形労働時間制の対象労働者ではなくなる。また、変形労働時間制の要件が特定されていない、要件に具体性がない、労働時間制限の要件を具備していないなど、必要な要件を欠き無効となる場合も珍しくない。必要な労使協定を欠いていることや労基署への届出がないこと、従業員への周知がなされていないという理由で無効となることも多い。

イ　管理監督者

労基法上の労働者であっても、**「監督若しくは管理の地位にある者」**（労基法 41 条 2 号）には、法定労働時間、法定休日、休憩の規定が適用されない**（深夜割増賃金の適用はある）**。

ここでいう「管理監督者」とは「職制上の役付者のうち、労働時間、休憩、休日等に関する規制の枠を超えて活動することが要請されざるを得ない、重要な職務と責任を有し、現実の勤務態様も、労働時間等の規制になじ

まないような立場にあるもの」であって名称にとらわれず判断すべき（昭和63年3月14日付基発150号）であり、**単なる管理職がすべて管理監督者に当たるものではない**。裁判例では、管理監督者該当性の判断要素として①職務内容、権限及び責任に照らし、労務管理を含め企業全体の事業経営に関する**重要事項にどのように関与しているか**、②その**勤務態様が労働時間等に関する規制になじまないものであるか否か**、③給与（基本給、役付手当等）及び一時金において、**管理監督者に相応しい待遇**がなされているか否か、を判断要素としたものがある（日本マクドナルド事件・東京地判平成20年1月28日判タ1262号221頁〔28140704〕）。

　ウ　固定（定額）残業代

　固定（定額）残業代とは、個別の雇用契約においてあらかじめ一定時間の法定時間外労働に対する手当を定めて、実際の時間外労働の有無にかかわらず当該手当を支払うという制度である。割増賃金は労基法37条所定の算定方法によらなくても労基法所定の計算額を下回らなければ違法ではなく、実測された時間外労働時間に基づかずあらかじめ割増賃金を基本給や諸手当に含めて支払うことも労基法37条に直ちには違反しない（康心会事件・最判平成29年7月7日裁判集民256号31頁〔28252090〕）。

　固定残業代が有効とされる要件は、判例によると①通常の労働時間の賃金に当たる部分と割増賃金に当たる部分を**判別できること**、かつ、②後者が労基法所定の計算方法による**割増賃金額を下回らないこと**である。判別性の要件について、日本ケミカル事件（最判平成30年7月19日裁判集民259号77頁〔28263272〕）判決では、ある手当が時間外労働等の対価といえるかは**契約書等の記載内容、使用者の説明の内容、実際の勤務状況等の事情**を考慮して判断されるとの枠組みを示し、またその支払額が**実際の時間外労働時間と乖離していない**ことを必要とした。また、国際自動車事件（最判令和2年3月30日労判1220号5頁〔28281147〕）においては、手当として支払われる固定残業代について、通常の労働時間の賃金に当たる部分と割増賃金に当たる部分とを判別することができるというためには、当該手当の名称や算定方法だけでなく、労基法37条の趣旨を踏まえ、当該労働契約の定める賃金体系全体における当該手当の位置付け等にも留意して検討しなければならないと判示し、判断に当たっては実質論が必要としている。今後固定残業代を導入する

場合には、これら判例を踏まえ、契約書への記載や労働者への説明を十分に行うとともに、労働実態と大きく乖離しない内容を定める必要があろう。な**お、長時間の残業を前提とする固定残業代**は公序良俗に反して無効とされる可能性がある（ザ・ウインザー・ホテルズインターナショナル事件・札幌高判平成 24 年 10 月 19 日労判 1064 号 37 頁〔28211394〕）。1 月の残業時間の上限が原則 45 時間とされたことを踏まえると、固定残業代制度を設ける場合も同様に考えることが安全であろう。

　固定残業代の支払が割増賃金の支払として認められない場合、固定残業代部分も割増賃金算定における時間単価の基礎とされるため割増賃金額が高額になるうえ、割増賃金自体も未払となる結果、高額の支払が命じられる危険もあるため、固定残業代を採用する場合にはその有効性に最大限の留意を図る必要がある。なお、2017 年の職業安定法改正により**固定残業代も募集・求人時の明示義務の対象**とされたことにも留意が必要である。

（3）年次有給休暇の義務化

　労働者のリフレッシュのためには年次有給休暇の適切な取得が有益であるが、これまでの労働現場においては年次有給休暇が有効に使用されていたとは言い難い。その理由としては上司や同僚に対する気兼ね、休むことへのためらい、休暇をとることが消極に解される労働現場の雰囲気、使用者側において年次有給休暇を事実上の許可制とする運用をしている等が指摘されている。そこで改正法では年 10 日以上の年次有給休暇が付与される労働者に対して、年 5 日について使用者が時季を指定して取得させることが義務付けられた（労基法 39 条 7 項）。違反した場合には罰則（30 万円以下の罰金、同法 120 条 1 号）がある。また、年次有給休暇につき取得時季、日数及び基準日を労働者ごとに明らかにした書類（**年次有給休暇管理簿**）を作成し、当該年休を与えた期間中及び当該期間の満了後**3 年間保存する義務**が設けられた。なお、年次有給休暇管理簿は労働者名簿又は賃金台帳と併せて調整することができるほか、必要なときにいつでも出力できるならば勤怠管理や給与計算のシステム上で管理することも認められている。

（4）働き方改革関連法を前提とした労務管理のあり方
　ア　時間外労働の上限規制に対応した 36 協定

1日8時間・週40時間を超える時間外労働及び毎週少なくとも1日の法定休日に労働をさせるためには**36協定の締結が必要**である。36協定の締結・変更に当たっては厚生労働省が定める「36協定で定める時間外労働及び休日労働について留意すべき事項に関する指針」が参考となる。厚生労働省ホームページでは36協定届の新しい様式も公表されている。

　実際の労務管理の場面では、36協定で定めた「1日」「1か月」「1年」の時間外労働の上限を超過していないかを随時確認する必要がある。特に1日の上限については超過しやすいため注意が必要である。また、時間外労働の累積時間が「1か月」「1年」の上限を超過しないよう勤務態勢や業務内容の見直しを行う必要がある。特に「2か月から6か月の月平均時間外労働がいずれも80時間未満」の要件に抵触しないよう労働時間の管理を行う必要があろう。具体的な労働時間の管理方法については、厚生労働省が公表した「時間外労働の上限規制　わかりやすい解説」が参考になる。

イ　割増賃金の適切な支払と長時間労働の抑制

　時間外労働が常態化している場合、まずは従業員のシフトや業務量の見直し等により労働時間を法律の枠内に収めることを検討する必要がある。一定の残業が必要となる場合、**繁忙期と閑散期が明確に区別できるような場合**には変形労働時間制の採用を検討することも有益である。また、**人件費の予測と計算の手間を省略**するために固定残業代の導入をすることもあり得る。ただし、変形労働時間制や固定残業代、管理監督者制度を採用する場合、各制度が有効とされるための要件を満たしているかどうかを裁判例や法律の規定を踏まえて慎重に検討し、必要な手続や制度設計を丁寧に行う必要がある。

　時間外手当の抑制のために**制度を悪用することは厳に慎むべき**である。割増賃金の未払に対しては罰則や付加金等の制裁もあるほか、割増賃金を含めた給与の時効が5年間（ただし、「当面の間3年」）に延長されたため（労基法115条、同附則143条3項）、未払の時間外手当があると遡って支払を命じられる額もかなり高額になることが予想される。その結果、資金繰りに支障を来して倒産したとなれば企業にとっても労働者にとっても最悪の結果となる。また、長時間労働により過労死等の労災事故が生じた場合の企業のレピュテーションリスクも軽視できない。このような事態を招かないためにも、小手先の対策ではなく抜本的な解決策としての時間外労働の抑制と労務

時間の管理、適正な割増賃金の支払を日頃から心がけることが求められる。

ウ　年次有給休暇付与の義務化への対応

　年次有給休暇義務の履行に当たっては、休暇をとりやすい職場環境をつくることが不可欠である。そのためには業務量や人員配置の適正を図るほか、経営トップ自らが会社としてワークライフバランスの向上に取り組む姿勢を打ち出すことが必要である。また、各労働者の業務についてチーム制を導入する等、**年休取得による業務の遅滞や休み明けに業務が集中するような事態をなくすこと**で年休がとりやすい環境をつくる工夫も求められる。

　適切な時期に労働者の年次有給休暇取得状況を確認し、取得日数が年 5 日に満たないおそれがある場合には、年次有給休暇の時季指定を実施する必要がある。休暇に関する事項は就業規則の**絶対的必要記載事項**（労基法 89 条）であるので、使用者において年 5 日の年休取得に関する時季指定を実施するためには、時季指定の対象となる労働者の範囲及び時季指定の方法について以下のような内容を就業規則に記載しなければならない。

（規定例）

> 「年次有給休暇が 10 日以上与えられた労働者に対しては、第○項の規定にかかわらず、付与日から 1 年以内に、当該労働者の有する年次有給休暇日数のうち 5 日について、会社が労働者の意見を聴取し、その意見を尊重した上で、あらかじめ時季を指定して取得させる。ただし、労働者が年次有給休暇を取得した場合においては、当該取得した日数分を 5 日から控除するものとする。」（厚生労働省作成のモデル就業規則より抜粋）

　労働者ごとに年次有給休暇の基準日が異なる場合、年休の取得状況の管理や計画的な付与が困難となることもある。この場合には、年休を一律に前倒しして付与することで**基準日を 1 つにまとめてしまうこと**が有効である。ただし、前倒しで付与した場合にはもともとの基準日ではなく、付与日から 1 年間で 5 日間の年休を取得させる必要が生じることに留意が必要である。

　時季指定を行う場合、あらかじめ**年次有給休暇取得計画表**を作成して労働者ごとの休暇取得予定を明示することも有効である。その他、労使協定による**計画年休制度**を導入することや、大型連休や飛び石連休の間の平日に時季

指定を行う（**ブリッジホリデー**）などの工夫もある。ただし、計画年休制度を設ける場合には以下のような形で別途就業規則にその旨の規定をするか労使協定を締結する必要がある。

（規定例）

> 「前項の規定にかかわらず、労働者代表との書面による協定により、各労働者の有する年次有給休暇日数のうち5日を超える部分について、あらかじめ時季を指定して取得させることがある。」（同上）

　労働者によっては会社の計画とは別に年休取得予定を立てていることや、家庭の事情や病気等の突発的な事態に対応するために年休の日数を残しておきたいというニーズがあることも予想される。年次有給休暇取得計画表を作成する場合にはこのような労働者側のニーズにも十分配慮し、例えば基準日から半年経過後の年休取得状況を踏まえ、必要とされる日数を取得していない労働者に対してのみ時季指定を行う等の工夫も検討すべきである。

コラム　テレワークの就業規則

　新型コロナウイルス感染症（COVID-19）の影響により企業においても在宅勤務等のテレワーク実施が進んでいるが、就業規則や勤怠管理などの労務管理についてもテレワークに対応した改正が必要である。テレワークの実施に際し労働条件の変更を伴う場合には就業規則の変更が必要となるほか、テレワークを命じることができる旨の規定やテレワークにおける労働時間の規定、通信費などの費用負担に関する規定は就業規則上明示する必要があるとされており、各企業において適切な規定を設ける必要がある。就業規則の例については厚生労働省委託事業テレワーク相談センターが解説とひな形を公開しているので参照されたい。なお、就業規則の全面改定によらず、就業規則に委任規定を設けたうえで別途「テレワーク勤務規定」を設けることが便宜であろう。

　就業規則の改定に当たっては、導入の目的、対象者、服務規律、労働時間、勤怠管理、賃金・費用、労働安全の各規定を明確にすることが求められる。特に労働時間や勤怠管理についてはタイムカード等での管理ができないため、チャットツールやメール等を利用して出退勤や休憩の

報告を行うなどの工夫が必要である。なお、テレワークであっても、必ずしも「事業場外みなし労働時間制」の要件を満たすわけではなく、むしろ要件を満たさない可能性が高いことに留意すべきである（詳細は厚生労働省「情報通信技術を利用した事業場外勤務の適切な導入及び実施のためのガイドライン」参照）。

3　有期雇用と無期雇用の労働条件

設例　定年前と同一の職務に従事し同じ責任を負って働いているのに、定年後の有期雇用を唯一の理由に労働条件が大幅に切り下げられた。そこで不満を持った従業員から、①定年制に合理的な根拠があるのか、②条件切下げは「同一労働同一賃金」に反しないか、③最近の法改正の前後で結論が異なるのかといった相談を受けた。

ポイント

　短時間・有期（定年後再雇用を含む）と無期（正社員）の条件格差が合理的といえるのか否か。そこで、①定年制の存在理由と定年後の有期雇用条件を経営判断との関係から考える。また、②「高年齢者等の雇用の安定等に関する法律」が定める継続雇用制度の現状と法改正の方向から実務上の問題点を確認し、③「短時間労働者及び有期雇用労働者の雇用管理の改善等に関する法律」の改正点をみながら、業種及び経営状態や労働者の個体差などを総合的に判断して回答すべきである。

（1）定年制が存在するのはなぜか

ア　定年制の意味

　定年後には**継続雇用制度**があるため、実質的定年は65歳である。定年制には、定年までは働き続け得る雇用保障の面を有するとともに、過剰人員の整理解雇の形をとらずに退職させることができるという意味もあり、定年は労働者にとり「雇用保障機能」、使用者にとっては「雇用終了機能」が組み合わされた制度として定着してきた。

イ　年功賃金と定年制

　年功賃金だから定年が必要になり、定年は、長期の収支勘定を合わせる仕組みといえる。賃金カーブが上昇する賃金体系の下では、従業員が若いときは貢献度より低い賃金を雇用側は支払い、年功賃金制では後に貢献度より賃金が高くなるため、定年を設けて退職させることで収支勘定を合わせるのが**定年制**である（山下眞弘「定年制と高年齢有期再雇用者の労働条件」ビジネス法務19巻9号（2019年）98頁）。貢献度と賃金のバランスが常にとれていれば、理論上定年制は不要となるが、定年がなければ、生産性の低い労働者をいつまでも解雇できないという現実問題が生じる。

コラム　高年齢者の雇用状況

　厚生労働省「高年齢者の雇用状況」集計結果（2019年11月22日）によれば、65歳までの雇用確保措置のある企業は99.8％で、66歳以上働ける企業は30.8％、70歳以上は28.9％に上る。しかし、定年制廃止企業はわずか2.7％にとどまっている。

ウ　年功制の崩壊

　近年、競争の激化する産業分野では、優秀な従業員確保のため新規採用の段階から高額報酬を提示する企業も現れ、年功賃金制が崩れる傾向にある。人手不足が年功賃金制の崩壊を促し、最近、管理職の自動昇級を廃止して、能力主義に移行する傾向もあるが、能力の判定基準が問題となる。

（2）高年齢者等の雇用の安定等に関する法律（高年法）

ア　改正の変遷

　高年法は、1994年の改正で60歳定年が強行規定となった。65歳までの雇用確保措置が義務とされたのは、2004年改正の高年法（9条1項）である。この改正では、65歳未満の定年を定めている事業主に対し、①65歳までの定年の引上げ、②定年の定めの廃止、③継続雇用制度の導入のいずれかの雇用確保措置が義務化された。

> **コラム** 継続雇用制度
>
> 　この制度は、現に雇用中の高年齢者が希望するときはその者を定年後も引き続いて雇用する制度で、賃金や雇用形態を定年前と変更（条件引下げ）することができる。2012 年の法改正により、定年後の雇用を希望する者「全員」が対象とされる。またこの改正では、継続雇用制度において定年を迎えた自社の社員を関係グループ企業等で引き続き雇用する契約を結ぶ措置も含まれた。

　留意すべきは、継続雇用制度によって確保されるべき雇用の形態について、必ずしも**労働者の希望に沿った職種や労働条件による雇用を求めるものではない**点である。高年法は、定年後の雇用契約の「提示」を企業に求めているのであって、「雇用義務」を課しているわけではない。労働条件が労働者の希望に合わず、労働者が再雇用を拒んだとしても、高年法違反とはならないが、提示した職務内容や条件が、「到底労働者に受け入れられない」過酷な提示であれば、争われるリスクがある。

　イ　高年法の改正

　2020 年 3 月、希望する高齢者が 70 歳まで働けるようにするため、高年法が改正された。ただし、70 歳までの雇用措置は当面、「努力義務」にとどまる。その内容は 7 項目あり、従来からある企業内での 3 つの取組み（高年法 9 条 1 項）のほか、④他企業への就職支援、⑤フリーランスで働くための資金提供、⑥起業支援、あるいは⑦ＮＰＯ活動などへの資金提供の選択肢が加えられた。

（3）有期雇用と無期雇用―働き方改革関連法

　ア　新法における均衡・均等待遇の規制

　2018 年 6 月 29 日に「短時間労働者の雇用管理の改善等に関する法律」を題名改正した「短時間労働者及び有期雇用労働者の雇用管理の改善等に関する法律」（**パート有期法**）の施行日は、大企業は 2020 年 4 月、中小企業は 2021 年 4 月である。パート有期法の成立により、これまでのパート法では短時間労働者だけが対象になっている「差別禁止」（均等待遇）の 9 条が有

期雇用労働者にも適用されることになった。なお、今回の改正で旧労契法20条は廃止になったが、若干表現は変わるものの、パート有期法8条に旧労契法20条が取り込まれることになり、後に検討する「長澤運輸事件」など最高裁判決は、パート有期法施行後は同法8条の解釈指針となり得る。

イ　パート有期法9条に注目

　9条では、「職務の内容が通常の労働者と同一の短時間・有期雇用労働者」については、「短時間・有期雇用労働者であることを理由として、基本給、賞与その他の待遇のそれぞれについて、差別的取扱いをしてはならない。」と定められている。適用対象となる「通常の労働者と同視すべき短時間・有期雇用労働者」は、①職務内容と②人材活用の仕組みの両方が通常の労働者と同一である場合を指し、この場合には差別的取扱いが許されない、つまり「均等待遇」をしなければならないという規制に変わる。**改正前**、無期・フルタイムに関しては、均等も均衡についても法律上の規制はない。また、改正前では、「有期・フルタイム」は、均衡は旧労契法20条で規制があったが、均等については規制がない。

　改正後は、「有期・フルタイム」について、均等の規制も新たに加わった。なお、既に改正前の最近の事案（大阪医科薬科大学事件・大阪高判平成31年2月15日判タ1460号56頁〔28270921〕）でも、有期契約労働者（アルバイト職員）への「賞与不支給」が旧労契法20条違反として、初めて不合理と判断されたのが注目される。長澤運輸事件最高裁判決（後掲平成30年最判〔28262467〕）では、定年後有期の再雇用者に賞与が不支給であっても不合理と判断されなかったが、これは改正法の解釈で見直される余地もある。さらに、「基本給」についても、臨時職員と正社員との相違が旧労契法20条違反とする判決（産業医科大学事件・福岡高判平成30年11月29日判タ1463号86頁〔28271239〕）が現れた。

ウ　パート有期法9条の適用問題

　改正後は、正社員と有期雇用労働者（定年後再雇用者も含む）につき、①職務の内容、②人材活用の仕組みが同一の場合、均衡待遇ではなく、「均等」待遇の規定が適用される可能性が高くなるが、定年後の再雇用にはパート有期法9条の適用がないとの解釈もあり得る。その形式的理由として、定

年で契約関係が終わり、新たな契約を締結するからと説明されるが、9条の
規定ぶりをみる限り、定年後再雇用を廃除する理由としては説得的でない。
いずれにせよ、9条の適用場面を明確にする必要がある。

> **コラム　均等待遇適用の要件**
>
> 　均等待遇の規定が適用されるためには、上記①と②のいずれもが通常
> の労働者（正社員）と同一であることが要件であり、均等待遇が適用さ
> れる場面は限定される。多くの企業では、正社員と有期社員との間で、
> 昇格、配転などに違いがあると思われるが、そのようなケースでは均等
> 待遇の規定は適用されず、パート有期法8条の均衡待遇のみが問題とな
> る。

エ　パート有期法9条と会社側の対応

　定年後の再雇用にはパート有期法9条の適用がないとの解釈もあり得る
が、9条が定年後雇用にも適用されるとした場合、会社の対策には2つの
方法がある。1つは、9条の適用回避で、無期契約労働者と有期契約労働者
との間で、職務内容と人材活用の仕組みのいずれかについて違いを設ければ
よい。何らかの違いを設けられれば、9条が適用されることはない。他の方
法は、「定年延長」による対処があり得る。定年延長は無期雇用になるた
め、パート有期法の適用対象とならず、均等待遇だけでなく均衡待遇の規定
も適用されない。

> **コラム　定年延長の問題**
>
> 　60歳以降の賃金体系を新たにつくり、以降賃金が下がる賃金制度に
> 変更する必要があるが、労働条件の「不利益変更」に当たる可能性があ
> る。60歳以降の賃金のみ引き下げる賃金体系であれば、不利益変更の
> 問題が回避できてもリスクは残る。なお、優秀な人材を70歳まで現役
> 並みに遇する新たな再雇用制度を導入する企業が増加してきたようで、
> 正社員制度を問い直す契機にもなる（日本経済新聞2020年6月23日）。

（4）長澤運輸事件（最判平成 30 年 6 月 1 日民集 72 巻 2 号 202 頁〔28262467〕）

＜事案＞

Ｘらは、いずれも輸送業を営むＹ社と無期労働契約を締結し、乗務員として勤務していたが、Ｙ社を定年退職した後、Ｙ社と有期労働契約を締結し、それ以降も嘱託乗務員として勤務していた。Ｘらと正社員との間において、「業務の内容及び当該業務に伴う責任」の程度に違いはなく、Ｘらは正社員と同様に、業務の都合により「勤務場所及び担当業務を変更」することがある旨が定められていた。なお、嘱託乗務員の年収は、定年退職前の 79％程度と想定された。**Ｘらの要求は、以下のとおりである。**

①嘱託乗務員に対し、能率給及び職務給が支給されず、歩合給が支給されること、②嘱託乗務員に対し、精勤手当、住宅手当、家族手当及び役付手当が支給されないこと、③嘱託乗務員の時間外手当が正社員の超勤手当よりも低く計算されること、④嘱託乗務員に対して賞与が支給されないことが、嘱託乗務員と正社員との不合理な労働条件の相違である旨主張した。

＜判旨＞

「精勤手当及び時間外手当」に係る相違は不合理であるとして、原判決のうち、①精勤手当に係る損害賠償（予備的請求）に関する部分を破棄自判し、②超勤手当に係る損害賠償（予備的請求）に関する部分を破棄して原審に差し戻した。

＜本判決の特色＞

基本的に労働条件は企業の判断に属するが、無期・有期間の労働条件の相違が「不合理」であれば別であると説示するが、**具体的に何を基準に判断するか**が必ずしも明らかでない。本判決は、労働条件の格差を旧労契法 20 条の問題とし、再雇用であることは「その他の事情」として考慮すると初めて判断した点に意義がある。さらに、本判決は、最高裁で同日に出された**ハマキョウレックス事件**（最判平成 30 年 6 月 1 日民集 72 巻 2 号 88 頁〔28262465〕）と並び、旧労契法 20 条に関する最初の最高裁判決でもあるが、ハマキョウレックス事件は定年後再雇用の事案ではない。以下、本件相違の当否を検討する（山下眞弘「本件解説」金融・商事判例 1576 号（2019 年）2 頁）。

＜本判決に対する実務対応＞

ア　許容格差が不明な事例判断

嘱託乗務員に対し「賞与」が支給されない理由について、本判決は、賞与

が「労務の対価の後払」の趣旨もあるとしながら、別の理由を根拠に支給しないとしている。これは正社員との賃金総額を比較したうえでの結論にすぎず、個別の賃金項目である賞与を全く支給しない理由としては不十分であるが、定年前の79％程度の年収が確保されており、一般的には結論が不当とは断定できない。

　イ　同一労働同一賃金ガイドライン

　本判決後の大阪医科薬科大学事件（前掲平成31年大阪高判〔28270921〕）は、有期・無期契約労働者間の賞与の相違を初めて不合理と判断しており、これはパート有期法8条及びその解釈指針である「同一労働同一賃金ガイドライン（平成30（2018）年12月28日厚労告430号）」に沿うものである。ただし、「**同一労働**」と評価する判断基準が不明確であり、具体的な事例の集積がまたれる。

　ウ　当事者の主張手法

　労働者側としては、①長澤事件のフラットな給与体系を根拠にすること、②給与の後払である賞与の全額不支給は不合理であること、さらに③高年法の適用による本件解決も検討の余地がある。**会社側**として留意すべきは2点ある。第1に、資金項目ごとに相違の理由を説明する必要がある。ただ、相違について「合理的理由」までの説明は求められておらず、相応の理由が説明できれば足りるが、相違の理由は、旧労契法20条が掲げる考慮要素である①職務の内容、②人材活用の仕組み、③その他の事情との関係を意識して説明すべきである。さらに、賃金総額での比較が否定されたわけではないので、全体的な賃金下げ幅についてもチェックすべきであり、趣旨の共通する賃金項目はグループ化して比較検討すべきである。第2に、定年前と定年後で、「業務内容や勤務形態」を変更した方がよいかについては、**旧労契法20条との関係**では、変更した方が違反リスクは減る。ただし、**高年法との関係**で、定年後再雇用の労働条件として、業務内容や勤務形態を大きく変更した条件を提示したことで損害賠償を命じられた先例（トヨタ自動車事件・名古屋高判平成28年9月28日判時2342号100頁〔28243612〕及び九州物菜事件・福岡高判平成29年9月7日労判1167号49頁〔28260176〕）に注意する必要がある。いずれも、定年後再雇用の条件提示をしたが、労働者側が提示された条件では働けないと断り、「再雇用契約は成立していない」ため、旧労契法20条ではなく、高年法が問題になった事案であった。

4　「解雇・雇止め」に関する諸問題

設例　Ｙ株式会社に正職員として勤務するＡ、及び期間社員として勤務するＢは、ある日突然に社長から勤務態度不良を理由にＡについては今月末で、Ｂについては今回の契約期間満了で退職してほしいとの告知を受けた。

　Ａ・Ｂともこれを断ったところ、Ｙ社はＡを解雇し、Ｂの契約期間更新を行わなかった。

　このようなＹ社の対応に問題はないか。

ポイント

　解雇・退職については法律や判例による制限があるが、実際の中小企業に

おいてはかかる規制が必ずしも遵守されているとはいえず、労働紛争において解雇の有効性は頻繁に問題となる。また、近年は従業員からの退職申出をめぐっての紛争も散見される。企業において経営上の判断に基づき解雇に踏み切る場合において、法規や判例を踏まえた適切な手続を行わないと後々紛争となり、高額の賠償義務を負うことも少なくない。そのため、解雇手続をとるに当たっては判例や法規を熟知したうえで慎重に行う必要がある。

（1）従業員からの申入れによる雇用契約の終了（退職）

民法上、雇用契約の解約申入れ（退職）には一定の要件が定められている（民法627条以下）が、憲法18条や22条に照らし**退職は労働者が自由になし得る**ものと理解されている。使用者が労働者の退職申入れを拒絶し、又は退職の要件として使用者の合意を必要とする旨の就業規則を定める等により退職の自由を制限することはできない。

合意退職は双方の意思の合致に基づくものであり民法による制限は受けない。退職の意思表示なのか合意退職の申入れなのかが判然としない場合には、「退職届」なのか「退職願」なのかという形式や文言のみで判断されるべきではなく、労働者の真意を客観的な実態等に照らして判断すべきであり、いずれに当たるかが不明な場合には使用者が承諾するまでは撤回を認めることが労働者の保護にかなうという観点から合意退職の申込みと解することが相当である（学校法人大谷学園事件・横浜地判平成23年7月26日労判1035号88頁〔28174998〕など）。

（2）解雇一般に関する規律

ア　解雇の自由とその制限

民法は使用者にも解雇の自由を定めている（民法627条1項）が、労働者と使用者の力関係の格差や解雇によって労働者が日々の収入を失うという不利益を考慮し、労契法その他の労働法規において解雇制限を定めている。

イ　解雇権濫用法理

解雇に関する基本的な規律として解雇権濫用法理（労契法16条）がある。

労契法16条は、**客観的に合理的な理由を欠き、社会通念上相当であると認められない解雇は解雇権の濫用**として無効となると定める。解雇の**客観的**

合理性とは、労働者の能力の欠如、規律違反行為の存在、経営上の必要性、労使間の信頼関係喪失（学校法人敬愛学園事件・最判平成6年9月8日労判657号12頁〔28019271〕）など、解雇理由として合理的と考えられる事情が存在することと理解されている。また、解雇の社会的相当性とは、解雇理由の内容・程度、労働者側の情状、不当な動機・目的の有無、使用者側の事情や対応、他の労働者への対応例との比較均衡、解雇手続の履践など、当該解雇にかかる諸事情を総合的に勘案し、労働者の雇用喪失という不利益に相当する事情が存在していることをいうものと解されている。解雇の効力が争われる訴訟では、使用者に対して合理性・相当性についての主張立証を求め、使用者側がこれに成功しなければ解雇を無効とする運用が実務上定着している。

　解雇の有効性に関する判例は多岐にわたるため、具体的事案において労契法16条の適用があるかが争われる場合には、当該事案に即した「客観的・合理的理由の有無」や「社会通念上の相当性の有無」を具体的に主張していく必要がある。

ウ　労基法上の解雇予告義務

　使用者は、労働者を解雇しようとする場合においては、少なくとも**30日前にその予告をするか、30日分以上の平均賃金**（予告手当）を支払わなければいけない（労基法20条1項本文）。予告期間は平均賃金を支払った日数分短縮することができる（同条2項）。また、一定の除外事由が規定されている（同条1項ただし書、3項）ほか、日々雇用、2か月以内（季節的業務については4か月以内）の短期雇用契約、試用期間中の者へは適用がない（労基法21条）。労基法20条の規定は民法との関係で特別法となるため、30日分の予告手当が支払われれば民法627条1項の予告期間は不要とされる。

　使用者による解雇予告は労働者に対し確定的に解雇の意思を明示するものでなければならない（全国資格研修センター事件・大阪地判平成7年1月27日労判680号86頁〔28020702〕）。また、使用者がいったん行った**解雇予告の意思表示を撤回**することは、労働者が具体的事情の下に自由な判断により撤回に同意を与えた場合を除き、取り消すことはできない（昭和25年9月3日付基収3824号、昭和33年2月13日付基発90号）。

　解雇予告義務違反の解雇の効力について学説上は見解が分かれているが、判例は使用者が即時解雇に固執する趣旨でない限り、解雇通知後30日が経

過した時点又は通知後に所定の予告手当を支払った時点で解雇の効力が発生するとしている（細谷服装事件・最判昭和 35 年 3 月 11 日民集 14 巻 3 号 403 頁〔27002488〕）。労働者が解雇予告義務違反を理由に解雇無効の確認と解雇無効期間の賃金支払を請求する場合には、判例に従い解雇を有効としたうえで 30 日分の未払賃金請求のみを認容する裁判例が多い（トライコー事件・東京地判平成 26 年 1 月 30 日労判 1097 号 75 頁〔28224262〕など）。

エ　一定期間中の解雇禁止

　労働者が**業務上の負傷や疾病による療養のために休業する期間及びその後 30 日間**、並びに、**産前産後休業の期間及びその後 30 日間**は当該労働者を解雇することができない（労基法 19 条）。当該期間中の解雇は労基法 19 条所定の除外事由に該当しない限りその理由を問わず禁止され、違反した場合の罰則もある。なお、労基法 19 条が禁止するのは同条の定める期間内に解雇の効力を発生させることであり、同条所定の期間中に解雇の予告を行うことは同条に違反しないと解されている。

オ　解雇無効が争われる場合の請求形態

　解雇が無効とされた場合でも、裁判所が原職復帰など**労働者を業務に従事させるよう命じることはできない**。そのため、解雇無効を争う場合、労働契約上の地位確認及び解雇後の賃金（**バックペイ**）の支払を求めることになる。ただし、解雇無効となったとしても労働者側に客観的にみて就労の意思や能力がないなど当該使用者の下での不就労の原因が労働者側にあると認められる場合には、使用者の帰責事由による就労不能ではなく賃金支払を請求できない（ニュース証券事件・東京高判平成 21 年 9 月 15 日労判 991 号 153 頁〔28160125〕など）。

　労働者が他で就労して収入（中間収入）を得た場合、副業的なものでない限り、**義務を免れたことによって得た利益として民法 536 条 2 項に基づく償還の対象となる。最低生活保障という労基法 26 条の趣旨からすると平均賃金の 6 割**に達するまでの部分は控除の対象とすることができないが、これを超える部分については、時期的に対応する中間収入の額を控除（相殺）することも許される（米軍山田部隊事件・最判昭和 37 年 7 月 20 日民集 16 巻 8 号 1656 頁〔27002115〕、あけぼのタクシー事件・最判昭和 62 年 4 月 2 日裁判集民

150 号 527 頁〔27800225〕)。

解雇に伴い労働者が被る精神的苦痛は解雇期間中の賃金が支払われることによって慰謝される(カテリーナビルディング事件・東京地判平成 15 年 7 月 7 日労判 862 号 78 頁〔28090562〕等)ため、解雇に伴う慰謝料が認められるのは限定的な場合に限られよう(杜撰な諭旨解雇を理由に慰謝料を認めた例として京阪バス事件・京都地判平成 22 年 12 月 15 日労判 1020 号 35 頁〔28170094〕、労働組合を嫌悪して行われた解雇に慰謝料を認めた例としてサカキ運輸ほか事件・福岡高判平成 28 年 2 月 9 日労判 1143 号 67 頁〔28240717〕がある)。

労働者が職場復帰を望まない場合、解雇の効力を争わず賃金相当額を逸失利益として請求する方法もある。もっとも、この場合に認められる金額は解雇と相当因果関係のある範囲・金額となる。一般的には、再就職に必要な期間の賃金相当額として、おおむね**6 か月程度の賃金相当額**が逸失利益として認められる傾向にある(インフォーマテック事件・東京高判平成 20 年 6 月 26 日労判 978 号 93 頁〔28151418〕など)。解雇の効力を争わない場合には賃金の支払を受けられないため、逸失利益に加えて**慰謝料**を認める例もある(O 法律事務所事件・名古屋高判平成 17 年 2 月 23 日労判 909 号 67 頁〔28110889〕など)。

カ 解雇理由の明示と変更、撤回の可否

使用者は必ずしも解雇の際に理由を告げることを要しない(熊本電鉄事件・最判昭和 28 年 12 月 4 日民集 7 巻 12 号 1318 頁〔27003257〕)。もっとも、労働者が退職する際に退職の事由(解雇理由を含む)等を記載した**証明書を交付するよう請求**した場合、使用者は遅滞なくこれを交付しなければならない(労基法 22 条 1 項)。解雇予告による解雇の場合、労働者は退職日前であっても、解雇予告の日から退職の日までの間に**解雇理由の証明書の交付**を請求することができる(同条 2 項)。使用者は解雇理由証明書に**解雇理由を具体的に記載する必要**がある(平成 11 年 1 月 29 日付基発 45 号)。例えば、就業規則上の解雇事由に該当するとして解雇がなされた場合には、就業規則の当該条項の内容及び同条項に該当する事実関係を証明書に記載しなければならない(平成 15 年 10 月 22 日付基発 1022001 号)。なお、使用者が解雇理由証明書を交付しなかった場合には罰則がある(労基法 120 条 1 号)が、そのことから直ちに解雇が権利濫用とされ無効となるわけではない。

解雇理由証明書に記載された**理由を変更**し、又は証明書に記載された理由

以外の解雇理由を訴訟において**事後的に追加すること**はできない。解雇理由証明書に理由を明記させるのは恣意的な解雇を防止するとともに、労働者が解雇を争うかを迅速に判断できるようにすることにあるため、解雇理由の事後的追加・撤回を認めるとかかる趣旨が没却されてしまうからである。裁判例も、解雇通知において明示した以外の解雇理由は解雇権濫用の判断に当たって評価障害事実として評価する際には重視すべきでないとしたもの（日本電気技術者協会事件・東京地判平成27年3月25日平成25年（ワ）26683号公刊物未登載〔29025232〕）がある。なお、後に解雇理由となる別個の重大な理由が新たに判明又は発生した場合、それを理由に別途予備的な解雇をすることは妨げられないとする見解が有力である。

　実務的には、解雇理由証明書の交付を求められた場合、**事後的な追加変更が不可能**であることに留意し、解雇事由を具体的に明示することが必要である。逆に労働者側の立場からは、まずは使用者に対し解雇理由の明示と解雇理由証明書の速やかな交付を求め、その記載内容を踏まえて解雇の有効性を検討することになろう。

　労働者側から解雇無効の主張がなされた場合、使用者側が当該解雇を撤回して労働者に就労を命じることや、解雇撤回を前提とした就労命令に従わないことを理由に別途解雇をするという例が近年散見されるが、使用者の一方的意思表示によって**解雇を撤回**することはできないと考えるべきであり、裁判例も同様（東京高決平成21年11月16日判タ1323号267頁〔28161110〕）である。実際も、使用者による一方的な解雇撤回は労働者に対する嫌がらせの意図があり、職場復帰を命じる際に大幅な労働条件の切下げや就労環境の変更を伴うなど真に解雇撤回の意思があると疑わしい場合もある。このような場合には解雇撤回が無効であるほか、**撤回を前提とした就労命令も違法なものとされる可能性**もある。同様の観点から就労拒否を理由とする第二次解雇を無効とした裁判例もある（ジェイ・ウォルタートンプソン・ジャパン事件・東京地判平成23年9月21日労判1038号39頁〔28180433〕）。

（3）普通解雇の有効性に関する裁判例

　多くの就業規則には普通解雇事由として「勤務状況が著しく不良で、改善の見込みがなく、労働者としての職責を果たし得ないとき」や「勤務成績又は業務能率が著しく不良で、向上の見込みがなく、他の職務にも転換できな

い等就業に適さないとき」といったものが掲げられている。当該労働者の能力や適性が就業規則に定める解雇事由に該当するのかは事案ごとの判断にならざるを得ないが、軽微な不良では解雇理由とはならず、**不良の程度が著しい場合**にのみ解雇が適法となる。裁判例でも、能力欠如による解雇は能力が平均的な水準に達していないというだけで解雇を許容する趣旨ではなく、**著しく労働能力が劣り、しかも向上の見込みがない場合に限って解雇を認める**趣旨であるとするもの（セガ・エンタープライゼス事件・東京地決平成 11 年 10 月 15 日判タ 1050 号 129 頁〔28050121〕）や、成績不調が企業から排除しなければならない程度に至っていること等を要するとしたもの（エース損保事件・東京地決平成 13 年 8 月 10 日判タ 1116 号 148 頁〔28070640〕）がある。

他方、特定のポストや職務のために上級管理職などとして中途採用され、賃金等の労働条件において優遇されている場合には、勤務成績の不良の程度は労働契約で合意された能力・地位に相応しいものであったかどうかという観点から緩やかに判断される傾向がある（コンチネンタル・オートモーティブ事件・東京高決平成 28 年 7 月 7 日労判 1151 号 60 頁〔28244099〕など）。

配転・降格等によって労働者の能力をなお活用する余地がある場合、使用者にはそのような**解雇回避措置**を講じる義務があるとされる（前掲セガ・エンタープライゼス事件、日本アイ・ビー・エム（解雇・第 1）事件・東京地判平成 28 年 3 月 28 日労判 1142 号 40 頁〔28242650〕）。ただし、中小企業のように配転等の解雇回避措置を取り得ない規模の企業については例外的に扱われるべきであろう（リオ・テイント・ジンクジャパン事件・東京地決昭和 58 年 12 月 14 日労判 426 号 44 頁参照）。また、**一定の職務・能力を期待して採用された労働者が期待した能力に著しく満たない場合**については配転等の解雇回避措置を講じる義務はないと考えるべきである（ヒロセ電機事件・東京地判平成 14 年 10 月 22 日労判 838 号 15 頁〔28080008〕）。

協調性欠如を理由とする解雇の有効性につき、肯定例としてトレンドマイクロ事件（東京地判平成 24 年 7 月 4 日労経速 2155 号 9 頁〔28182508〕）、否定例としてセントラル病院事件（名古屋地決昭和 56 年 8 月 12 日労判 370 号 19 頁（速報カード））などがある。

規律違反行為を理由とする解雇については、当該事案の事実関係の下で**労働契約上の信頼関係を著しく損なうものであることが明らかである**として解雇を有効とした判例（学校法人敬愛学園事件・最判平成 6 年 9 月 8 日労判 657 号

12 頁〔28019271〕）がある。下級審判決では、上司への侮辱的発言、時間外労働制限への不服従など多数（十数個）にわたる非違行為が存在した事例において、上司の指示に従わない傾向が顕著であること、職場全体の秩序・人間関係に悪影響を与えていること、当該労働者が反省の態度を示していないことから解雇を有効とした例（カジマ・リノベイド事件・東京高判平成 14 年 9 月 30 日労判 849 号 129 頁〔28081883〕）や、**非違行為が繰り返された**ことを理由に解雇を認めた裁判例がある（日本火災海上保険事件・東京地判平成 9 年 10 月 27 日労判 726 号 56 頁〔28030018〕など）。

（4）懲戒解雇をめぐる諸問題

ア　懲戒処分の概説

懲戒処分とは、従業員の企業秩序違反行為に対する制裁罰であることが明白な労働関係上の不利益措置（山口観光事件・最判平成 8 年 9 月 26 日裁判集民 180 号 473 頁〔28011319〕）である。

懲戒処分は制裁罰としての性格を持ち、刑事処分との類似性があるため、**罪刑法定主義**類似の諸原則が適用されると理解されている。具体的には、当該懲戒処分の**種別及びその事由**が就業規則等に記載されていなければならない。また、根拠規定が設けられる前の違反に遡って処分をすることはできない（**不遡及の原則**）ことや、**一事不再理効**（平和自動車交通事件・東京地決平成 10 年 2 月 6 日労判 735 号 47 頁〔28030929〕）も認められている。懲戒処分を科すにはあらかじめ就業規則において懲戒の種別及び事由を定め（国労札幌運転区事件・最判昭和 54 年 10 月 30 日民集 33 巻 6 号 647 頁〔27000191〕）、それを労働者に周知させておくことが不可欠である（フジ興産事件・最判平成 15 年 10 月 10 日裁判集民 211 号 1 頁〔28082706〕）。

懲戒処分を行う場合、就業規則等に定められた**手続を履践**している必要がある（千代田学園事件・東京高判平成 16 年 6 月 16 日労判 886 号 93 頁など）。告知・聴聞の機会付与の規定が存在しないことや、当該労働者の行為が職場規律違反及び業務運営を著しく阻害するものであったことを理由に、弁明の機会を与えなかったとしても直ちに懲戒処分（諭旨解雇）が違法無効になるものではないとする裁判例（日本電信電話事件・大阪地決平成 7 年 5 月 12 日労判 677 号 46 頁〔28020698〕）もあるが、実務上は規定の有無にかかわらず告知と聴聞の機会を与えることが相当であろう。

イ　懲戒権濫用法理

　労契法 15 条は「使用者が労働者を懲戒することができる場合において、当該懲戒が、当該懲戒に係る労働者の行為の性質及び態様その他の事情に照らして、**客観的に合理的な理由を欠き、社会通念上相当であると認められない場合**は、その権利を濫用したものとして、当該懲戒は、無効とする」と定めている。これは、ダイハツ工業事件最高裁判決（最判昭和 58 年 9 月 16 日裁判集民 139 号 503 頁〔27613207〕）の**「懲戒権濫用法理」**を明文化したものである。ここでいう**「行為の性質」**とは、懲戒事由となった労働者の行為そのものの内容を意味し、**「態様」**とは当該行為のなされた状況や悪質さ等の程度を指すと理解されている。また、**「その他の事情」**として、行為の結果や過去の処分や反省の状況といった労働者側の事情も考慮される。

　懲戒処分は企業秩序の定立・維持を目的とするものであるから、その行使も**目的達成のために必要な範囲に限られる**。具体的には、非違行為と処分との均衡、及び公平性が求められる。処分の程度は非違行為の内容や労働者の情状を適切に斟酌する必要がある（三井記念病院（諭旨解雇）事件・東京地判平成 22 年 2 月 9 日判タ 1331 号 123 頁〔28162183〕など）。また、同じ規定に同じ程度違反した場合に人によって処分の軽重が異なることは懲戒権の濫用となる（西武バス事件・東京高判平成 6 年 6 月 17 日判タ 855 号 210 頁〔27825680〕など）。

ウ　懲戒事由の追加、変更

　懲戒権の行使に罪刑法定主義類似の原則の適用があることからも、**懲戒事由の追加や変更は認められない**。前掲山口観光事件・平成 8 年最判〔28011319〕は「懲戒当時に使用者が認識していなかった非違行為は、特段の事情のない限り、当該懲戒の理由とされたものでないことが明らかであるから、その存在をもって当該懲戒の有効性を根拠付けることはできない」と判示し、後の裁判例でも上記基準が踏襲されている。これに対し、使用者が懲戒処分時に認識していたが処分の根拠として表示しなかった事実は、労働者がそのことを知っていたという事情があれば裁判において追加主張をすることができるとされている（炭研精工事件・東京高判平成 3 年 2 月 20 日労判 592 号 77 頁〔27813063〕）。

エ　懲戒解雇から普通解雇への変更の可否

　使用者が懲戒解雇と同時に**予備的に普通解雇**の意思表示を行うこともある。この場合、まず懲戒解雇の有効性を検討し、懲戒解雇が無効である場合には普通解雇の効力を判断する裁判例が多い。

　訴訟の段階で**懲戒解雇から普通解雇への変更（転換）の主張**や**普通解雇の予備的主張**がなされることがある。紛争の一回的解決の観点から普通解雇の有効性を判断することを肯定する裁判例もある（日本経済新聞社事件・東京地判昭和 45 年 6 月 23 日労裁民集 21 巻 3 号 980 頁〔27612114〕）が、制裁罰としての懲戒解雇と普通解雇ではその趣旨が異なるうえ、無効行為の転換を認めることは労働者の地位を著しく不安定なものにするばかりか、安易な懲戒解雇を招来することにもつながりかねないため、主張の転換は認められないと考えるべきである。多数の裁判例も転換を否定している（野村證券事件・東京高判平成 29 年 3 月 9 日労判 1160 号 28 頁〔28253130〕、日本通信（普通解雇）事件・東京地判平成 24 年 11 月 30 日労判 1069 号 36 頁〔28210581〕など）。

（5）整理解雇

　整理解雇は専ら会社側の事情による解雇であるため、解雇一般の規制（労契法 16 条）に加え、判例法理においてより厳格な要件が課されている。

　裁判例は、整理解雇の有効性について、①**人員削減の必要性**、②**解雇回避努力**を尽くしたこと、③**人選の合理性**、④**手続の合理性**の 4 点を中心に判断をしている。これらの 4 点について、すべてを充足しなければならないのか（**4 要件説**）、あるいは充足の程度を考慮して総合判断を行うのか（**4 要素説**）については見解の対立がある。**近時の裁判例は 4 要素説に立つものが多い**と理解されている（ナショナル・ウエストミンスター銀行（三次仮処分）事件・東京地決平成 12 年 1 月 21 日労判 782 号 23 頁〔28051572〕は 4 要件説を明確に否定している）が、人選の合理性を欠くことのみをもって整理解雇を無効とする裁判例（日本航空（客室乗務員・大阪）事件・大阪地判平成 27 年 1 月 28 日判タ 1421 号 187 頁〔28230611〕）や、3 要素のみの判断で整理解雇を無効とした裁判例（塚本庄太郎商店（仮処分）事件・大阪地決平成 13 年 4 月 12 日労判 813 号 56 頁〔28062540〕）もある。いずれの見解をとるにしても各要素（要件）の充足や程度を具体的に検討する必要がある。

　①**人員削減の必要性**には、倒産の危機といった差し迫った状況までは必要

とされないが、基礎となる合理的事情、例えば債務超過や累積赤字の状態にあるなど現在の事業規模を維持できない高度の経営上の必要性が要求される。財務状況から整理解雇の必要性が明らかでない場合には人員削減の必要性は否定される。また、人員削減の必要性と矛盾する行為（整理解雇を行った部門で別途新規採用を行うなど）がある場合に必要性を否定した裁判例（泉州学園事件・大阪高判平成23年7月15日労判1035号124頁〔28180076〕など）もある。生産性向上のために行う解雇や経営合理化のために行う解雇が人員削減の必要性の理由となるかについては見解の対立があるが、仮に肯定する場合であっても経営上の必要性の程度や解雇回避努力義務は通常の整理解雇の場面と比較して厳しく審査される（ジ・アソシエーテッド・プレス事件・東京地判平成16年4月21日労判880号139頁〔28092282〕）。

②**解雇回避措置の例**としては、経費削減や役員報酬の減額、残業抑制、新規採用の停止・縮小、昇給停止や一時金支給停止、一時帰休、配転・出向・転籍等の実施、希望退職の実施などがある。解雇回避努力を尽くしたといえるためにはどこまでの措置を講じる必要があるかは当該企業を取り巻く環境や人員削減の必要性の程度とも関わるため、個別具体的に判断するほかない。**希望退職の実施**は判例上必須のものとは理解されておらず、事案によっては希望退職の募集をせず行った整理解雇を有効とする裁判例もある（ティアール建材・エルゴテック事件・東京地判平成13年7月6日労判814号53頁〔28062114〕）。もっとも、希望退職の募集は解雇回避義務の中でも重要な要素となり、これを行わず整理解雇に踏み切った場合には特段の事情のない限り結果回避努力が不十分であったと評価される危険が高い。そのため、実務的には法的リスク回避の見地や労働者の不利益を少しでも小さくするという観点から希望退職の募集を行うべきであろう。

③整理解雇の対象となる**労働者の人選**は恣意的であってはならず、客観的で合理的な基準による必要がある。女性である（男女雇用機会均等法6条）とか、労働組合員である（労働組合法7条）といった基準を用いることは違法である。実務上は、年齢、勤続年数、勤務成績、転職可能性の高さなどが考慮される。また、勤務態度として、欠勤・遅刻回数や規律違反・処分歴を考慮することも考えられよう。複数の基準・要素を用いることも多いが、使用者側において特定の労働者を恣意的に選別することができないような基準とされなければならない（日本航空事件・東京高判平成26年6月3日労経速2221

号 3 頁〔28222563〕、横浜商銀信用組合事件・横浜地判平成 19 年 5 月 17 日労判 945 号 59 頁〔28132457〕)。また、基準への当てはめも客観的かつ公正に行う 必要があり、恣意的な適用をした場合も解雇が無効となる。人選基準につい ては**あらかじめ客観的かつ明瞭な基準を策定**しておく必要がある。

④**手続の合理性**については、労働組合との労働協約において解雇に関する 協議事項が定められている場合、労働組合に対する協議・説明は必須である (東京金属ほか 1 社事件・水戸地下妻支決平成 15 年 6 月 16 日労判 855 号 70 頁 〔28082787〕)。そのような定めがない場合でも、労働組合や従業員の団体又 は個々の労働者との間で整理解雇の必要性や解雇回避措置の可否、整理解雇 の時期や規模、希望退職を行う場合にはその条件、人選基準の説明等をし、 労働者の了解、合意を得るための努力を行う必要がある。もっとも、労働組 合や労働者に対し誠実に説明・協議を行ったならば結果として合意に至らな かった場合であっても手続の合理性は否定されない。

実務での具体的な対応としては、前記整理解雇の 4 要素(要件)に沿っ て、**整理解雇の必要性・相当性がどの程度具体的に立証できるかが重要であ る**。整理解雇は労働者にとって重大な打撃になるものであり、当該企業の評 価にも悪影響を及ぼしかねないため、労働者保護やレピュテーションリスク 回避の観点からも、可能な限り整理解雇を避けるための努力をすべきであ る。仮に整理解雇がやむなしとなった場合、必要な手続を丁寧に履践してい くことが重要である。実際に整理解雇に踏み切る場合には、後々の紛争リス クを考慮し必要な手続を行っていく必要があろう。

> **コラム** **新型コロナウイルスと整理解雇・雇止め**
>
> 2020 年に発生した新型コロナウイルス感染症(COVID-19)の拡大に 伴い労働者の解雇・雇止め件数も急増した。厚生労働省の公表では 2020 年 12 月 4 日時点で見込みも含め 75,341 人であり、本書執筆時点の 情勢からはさらなる増加が懸念される。COVID-19 のような予期しな い事態による業績悪化により整理解雇を行う場合であっても、前述の整 理解雇の 4 要素を満たす必要があることはいうまでもない。**予期し得な い社会経済事情の変動により業績が急激に悪化した**等の事情も社会通念 上相当と是認される合理的な理由となると考えられるが、単に「今後の 先行きが不透明」といった抽象的なものでは足りず、**具体的な経営悪化**

の事実が必要**となると考えるべきである。今後の回復が期待できない場合については、どの程度の期間であれば整理解雇をせず耐えられるのかといった観点での当該企業の財務状況や事業縮小の必要性などが考慮されよう。また、結果回避努力として通常求められる配転や出向、一時帰休、希望退職などの手段により解雇回避の努力を求められる点も通常の整理解雇と同様であろう。特に雇用調整助成金等の**各種助成金や公的支援を利用しての雇用維持を検討したか否か**は結果回避努力の判断に大きな影響を及ぼすものと考えられる。人選の合理性・手続の合理性も同様であり、実際の事態を踏まえて適切なものとなっているかは慎重に判断すべきである。なお、今後このような急激な社会経済情勢の変化に伴う解雇法理のあり方が検討される必要もあろう。

（6）有期雇用契約者の解雇・雇止め

　期限の定めのある労働契約（有期雇用契約）の終了（解雇・雇止め）については、その特殊性に応じた種々の規定がなされている。

　有期雇用契約を期間途中で解約（解雇）する場合には**「やむを得ない事情」**がなければならない（労契法17条）。これは、無期雇用契約の解雇（同法16条）の場合よりもより強い理由が必要と解される。

　使用者が期間満了を理由として労働契約を終了させること（**雇止め**）も労契法19条による制限を受ける。有期労働契約が同条1号又は2号に該当する場合、**客観的に合理的な理由を欠き、社会通念上相当であると認められないときは雇止めが認められない**。同条1号は有期労働契約の更新が反復継続したことで雇止めが社会通念上解雇と同視される場合、同条2号は労働者において契約が更新されることを期待する合理的理由がある場合について、それぞれ解雇権濫用法理を類推した判例（東芝柳町工場事件・最判昭和49年7月22日民集28巻5号927頁〔27000424〕、日立メディコ事件・最判昭和61年12月4日裁判集民149号209頁〔27613448〕、パナソニックプラズマディスプレイ事件・最判平成21年12月18日民集63巻10号2754頁〔28154005〕）を明文化したものである。労契法19条の要件を満たした場合、使用者は従前と同内容での契約更新の申込みを承諾したものとみなされる。また、同一の使用者との間で締結された2つ以上の有期雇用契約の契約期間が**通算して5年を超え**

る**労働者**が当該使用者に対し無期労働契約の申込みをした場合には、使用者は当該申込みを承諾したものとみなす（労契法 18 条）という**無期転換規定**も設けられている。

（7）解雇が無効とされた場合の法的リスク

　訴訟によって解雇が無効とされた場合、労働者は**解雇期間中の賃金（バックペイ）**を使用者に請求できる。バックペイの額は当該労働者が解雇されなかったならば労働契約上確実に支払われた金額とされており、基本給のほか諸手当も含まれるが、実費保証的な通勤手当は含まれない。**残業代相当額の支払請求**は否定されることが多いが、解雇がなければ当該労働者が時間外労働を行っていた蓋然性が高い場合には認められることもある。**賞与**は支給基準が明確で金額が確定できる場合は認められるが、業績連動型のように支給の有無や額が不確実な部分については否定される傾向にある。

　判決確定までには相当な期間を要することが多いため、最終的に解雇無効となった場合には**高額なバックペイの支払**が命じられる危険性もある。また、労働者が職場復帰をしたとしても別途トラブルが生じる可能性もある。そのため、解雇に踏み切るかどうかは訴訟での勝敗を見越して判断する必要があり、場合によっては早期に一定額を支払っての和解や、ある程度の退職金を払うことを前提に合意退職を目指すことも視野に入れる必要があろう。

5　ハラスメントに関する諸問題

　設例　Xは、仕事上の些細なミスを原因に、直属の上司であるYから「小学校からやり直せ！」と叱責を受けた。その後もYはXに対し厳しく当たるようになり、ことあるごとにXを「無能」「使えない」「辞表を出せ」などと罵倒していた。また、Yは部下である女性のWに対しても「最近化粧が派手になったが彼氏でもできたのか」等の発言を繰り返していた。

　Yの言動に問題を感じたX、Wは、会社のハラスメント窓口にYの言動を通告し、対策を求めた。会社としてはどのような対応をとるべきか。

ポイント

　職場でのいじめ・嫌がらせ（ハラスメント）は労働者の尊厳や人格を傷つ

ける許されない行為であるとともに、職場環境を悪化させる行為であり、企業としても厳正に対処する必要がある。もっとも、ハラスメントは密室で行われることも多く、認定が難しい場合も多い。また、違法なハラスメントか否かの線引きも曖昧な部分がある。本項ではハラスメント対応において留意すべき点を概括する。

（1）ハラスメント対応の重要性

　ハラスメントの分類は原因や態様により多義的であるが、法的には**「労働者の人格的利益を否定し、働きやすい職場環境で働く利益を侵害する行為」**と広く相対的に理解されている。使用者において労務提供の手続、環境において労働者の人格的利益が害されないことは労働契約上の義務として求められており、ハラスメントの防止も使用者の義務となる。

　近年ではいじめ・嫌がらせが個別労働紛争の相談件数のトップになっており、労使いずれの立場にとってもハラスメント対策が最も重要な問題となっている。労働者も良好な職場環境の有無を強く意識しており、ハラスメントが横行する企業には有為な人材が集まらない危険があるほか、ハラスメントにより労働者の離職を招く可能性もある。また、ハラスメントが生じた場合には企業評価の低下にとどまらず、新規契約の停止や既存契約の解除などの営業損害につながる例も多くみられるほか、ＳＮＳ等による拡散・炎上で企業イメージの低下に直結する危険もある。実際に被害に遭った労働者の不利益や、労働者からの損害賠償等のリスクがあることはいうまでもない。そのため、ハラスメント対策としては**事前の予防**が不可欠である。

　なお、2016年に厚生労働省が行った調査では、パワーハラスメント対策を講じている企業は、講じていない企業より（ハラスメントにより）「職場の生産性が低下する」「企業イメージが悪化する」との回答の割合が高くなっており、取組みを行っている企業ほどハラスメント対策が企業イメージの向上や生産性の向上に結びつくという認識を有していることが明らかになっている。

（2）セクシュアルハラスメント
ア　セクシュアルハラスメントとは

　セクシュアルハラスメント（セクハラ）を簡潔に定義すると「職場におけ

る労働者の意に反する性的な言動」となる。セクハラは異性間だけではな
く、同性間においても成立する。また、被害を受ける者の性的指向や性自認
にかかわらず「性的な言動」であればセクハラとなる。

イ　セクハラに対する法規制

男女雇用機会均等法は、性的な言動に対する対応により労働者が労働条件
上不利益を受け、又は就業環境が害されないよう、事業主に雇用管理上必要
な措置を講じる義務を課している（11 条）。従来は女性に対するセクハラを
対象とした義務であったが、2006 年の男女雇用機会均等法改正により**男性
へのセクハラも含む**ものとされ、さらに 2013 年の指針改正により**同性間の
言動もセクハラに該当する**ことが明示されている。

男女雇用機会均等法 11 条のセクハラ防止措置義務は公法上の義務であ
り、**労働契約上の権利義務や損害賠償請求権を直接基礎付けるものではな
い**。もっとも、同法や指針に沿って十分な防止措置をとっていることは、使
用者責任や安全配慮義務の判断において使用者の義務違反を否定する方向で
考慮されるべき事情となるという見解が有力である。

ウ　セクハラをめぐる論点

職場での言動に限らず、**懇親会等での言動**（東京高判平成 20 年 9 月 10 日判
時 2023 号 27 頁〔28142208〕）や**業務出張中の社外での言動**（青森地判平成 16
年 12 月 24 日労判 889 号 19 頁〔28100948〕）も対象となる。

名古屋高金沢支判平成 8 年 10 月 30 日判タ 950 号 193 頁〔28020343〕は違
法なセクハラかどうかの判断につき、「行為の態様、行為者である男性の職
務上の地位、年齢、被害女性の年齢、婚姻歴の有無、両者のそれまでの関
係、当該言動の行われた場所、その言動の反復・継続性、被害女性の対応等
を総合的にみて、それが社会的見地から不相当とされる程度のものである場
合には、性的自由ないし性的自己決定権等の人格権を侵害するものとして、
違法となる」と判示している。わいせつ行為や露骨な性的言動はそれ自体に
社会的相当性がなく違法なセクハラとなる。後述するパワハラと異なり、**職
場においてあえて性的言動を行う必要性は通常想定し難い**ため、社会通念上
性的言動と評価されるものであれば、程度の問題はあるとしても全面的な正
当化は困難である。なお、最判平成 27 年 2 月 26 日裁判集民 249 号 109 頁

〔28230774〕は「被害者が内心でこれに著しい不快感や嫌悪感等を抱きながらも、職場の人間関係の悪化等を懸念して、加害者に対する抗議や抵抗ないし会社に対する被害の申告を差し控えたり躊躇したりすることが少なくないと考えられる」として、被害申告がないことを加害者に有利な事情として斟酌することは相当ではないとしていることにも留意が必要である。

　セクハラ被害が発覚した場合、それが継続・再発しないよう使用者において強力かつ抜本的な措置をとる必要がある。必要な措置をとらず、又は措置が不十分であるためにセクハラが継続・再発した場合には使用者において**防止義務違反**を理由に損害賠償責任を負う（広島高判平成 16 年 9 月 2 日労判 881 号 29 頁〔28100156〕、京都地判平成 9 年 4 月 17 日判タ 951 号 214 頁〔28021098〕）。

（3）パワーハラスメント
ア　パワーハラスメントの定義

　パワーハラスメント（パワハラ）についての一般的な定義は「同じ職場で働く者に対して、職務上の地位や人間関係などの**職場の優位性を背景に、業務の適正な範囲を超えて**、精神的・身体的苦痛を与える又は職場環境を悪化させる行為」とされている（厚生労働省「職場のパワーハラスメントの予防・解決に向けた提言」（2012 年 3 月 15 日））。

　同提言ではパワハラの具体例として、

① 　暴行・傷害（**身体的な攻撃**）

② 　脅迫・名誉毀損・侮辱・ひどい暴言（**精神的な攻撃**）

③ 　隔離・仲間外し・無視（**人間関係からの切り離し**）

④ 　業務上明らかに不要なことや遂行不能なことの強制、仕事の妨害（**過大な要求**）

⑤ 　業務上の合理性なく、能力や経験とかけ離れた程度の低い仕事を命じることや仕事を与えないこと（**過小な要求**）

⑥ 　私的なことに立ち入ること（**個の侵害**）

を挙げている。

　もっとも、これらの類型は典型的なケースを分類列挙したにすぎず、いずれの類型に該当するのかの判断が難しい場合もある。

イ　パワハラに対する法規制

　2019年5月に成立（中小企業への施行は2022年4月）した**労働施策総合推進法**（通称パワハラ防止法）においては、事業主に対して職場でのパワハラを防止するために**雇用管理上必要な措置**を講じることを義務付け（30条の2第1項）、労働者がハラスメントに関して事業主に相談したこと等を理由とする**不利益取扱いを禁止**する（同条2項）などの防止策を定めている。また、事業主が適切な措置を講じていない場合には是正指導の対象となるほか、改善がみられない企業の**企業名を公表**する等の措置も予定されている。

ウ　パワハラ対策の必要性

　パワハラは被害者に対して強度のストレスを生じさせ、被害者の心身の健康を害することがある。そのような被害が生じた場合、労災となる可能性があるほか、加害者のみならず使用者に対する**不法行為責任**（使用者責任）の追及や労働契約上の**安全配慮義務違反**を理由とした損害賠償請求がなされることもある。また、ハラスメント一般の問題でもある**レピュテーションリスクの防止や人材確保**の観点からも、パワハラを事前に防止すべきことが最善であり、そのための研修等の実施や相談窓口の整備は不可欠といえる。

　もっとも、前述したセクハラの予防・対策と比較すると、パワハラの予防・対策についてはいまだ十分であるとはいえない。その理由として考えられるのは、セクハラは本来職場内にあってはならないものであり対策についても当然との認識がある反面、パワハラは**違法な行為と必要な指導との線引きが必ずしも明確ではない**場合があることや、行為者においても「業務上の注意や指導の延長」との考えがまだ根強く残っている等の理由が考えられる。しかし、近年パワハラに対する社会的な非難は強まっており、パワハラ防止のために社会全体の意識改革が求められているといえよう。パワハラに当たるか否かが争点となった裁判例も多数あるため、実際の予防に向けた取組みについては裁判例を把握して具体的な線引きを行うことも有益である。

エ　パワハラと許される注意・指導等の区別

　「業務の適正な範囲」か否かについては個々の行為ごとに判断せざるを得ない。前述の類型でみると、①はいかなる場合であっても「業務の適正な範囲」となることはない。また、②や③についても原則として「業務の適正な

範囲」とはならない。これに対し、④⑤⑥については、当該行為がなされた状況や経緯、継続性の有無などによって「業務の適正な範囲」を超えているか否かが判断されるものと思われる。そのため、企業内において認識をそろえ、その範囲を明確にする取組みを行うことが望ましい。

実務上よく問題となるのは、**何らかの注意や指導を行った場合**、当該行為がパワハラとなるのか否かである。特に近時では必要な注意・指導に対しても労働者がパワハラと主張することも少なくない。その結果、企業内部に萎縮的効果が生じ、必要な注意・指導もできなくなるということは、長い目でみると企業秩序にとってマイナスである。そこで、具体的な指導の局面にあっては、以下の点を注意すべきである。

まず、当該指導が部下の**問題行為を改善する目的**があり、その**目的のために相当な行為**であることが必要である。目的の相当性がない行為は「業務の適正な範囲」とはいえない。目的と比較して過剰な言辞・行為も正当化されることはない。特に、問題を生じた部下への指導といった事情がある場合でも、その**言辞が人格侵害的なものである場合には許容される余地はない**と考えるべきである。**注意・指導の場所**も、衆目の面前で行うなど指導される側が屈辱感を感じる状況でなされる場合には、当該指導が違法なパワハラとなる方向に働く。また、不必要に長時間にわたる注意・指導や就業時間外（特に深夜）の指導についても、必要性がない場合には違法となる可能性がある。その他、上司と部下との関係性や注意・指導が継続的になされた場合に指導を繰り返す必要性があったかどうかなども考慮要素となろう。

パワハラの調査に当たっては往々にして企業側とパワハラを申告する労働者側の認識に相違があるため、丁寧な事実調査を行うことで「業務の適正な範囲」を超えているか否かを認定することが肝要である。特に、**問題とされた言動のみでは適法な業務上の指導・叱責と違法なパワハラとを明確に判別できない**ことに注意が必要である。当該指導・叱責がなされるに至った背景事情や、申告した本人の属性（性格、立場等）をできるだけ理解したうえで判断することが望ましい。また、パワハラはセクハラと異なり密室で行われることは少ないという性質を有することから、相談窓口の設置や調査の実施に当たっては、相談者のみならずそれを目撃している第三者からの情報提供を呼びかける形で行うことも有効である。

> **コラム** パワハラ防止法と労災認定基準
>
> 　パワハラ防止法の成立を受けて、精神疾患の労災認定基準にもパワハ
> ラが要件として明示された。これまでもパワハラは上司や同僚からの
> 「ひどい嫌がらせ」として労災認定の判断がなされていたが、今後は職
> 場での優位性を前提とした上司等からのパワハラによる精神疾患につい
> ては独立した基準で労災該当性が判断されることになる。
>
> 　新基準では心理的負荷が「強」となる具体例として「人格や人間性を
> 否定するような、業務上明らかに必要がない又は業務の目的を大きく逸
> 脱した精神的攻撃」「必要以上に長時間にわたる厳しい叱責、他の労働
> 者の面前における大声での威圧的な叱責など、態様や手段が社会通念に
> 照らして許容される範囲を超える精神的攻撃」が執拗になされた場合を
> 明示した。また、心理的負荷が「中」程度の出来事であっても、会社に
> 相談しても適切な対応がなく改善されなかった場合には心理的負荷を
> 「強」とするとしており、**会社としてパワハラを放置した場合には労災
> となり、会社の賠償責任も生じ得る**ことに注意すべきである。

（4）実務的なハラスメント予防・対応

　ハラスメント予防のためには、企業として**ハラスメントを根絶するという
姿勢**を示すことが肝心である。そのうえで、ハラスメントを行った者に対し
て厳正に対処する等のルールを定めるほか、社内実態の把握や相談窓口の周
知や教育研修等の実施などを行うべきであろう。具体的な対策としては
2015 年に厚生労働省委託事業の一環として策定された「職場のパワーハラ
スメント対策ハンドブック」が参考となる。

　また、セクハラ・マタハラ防止の対策として、前掲の男女雇用機会均等法
11 条及び指針が定める措置を講じるとともに、原因となっている「性別役
割分担意識に基づく言動」、例えば「男のくせにだらしない」とか「母親は
育児に専念すべき」といった従来型の固定観念を是正することも重要であ
る。

　ハラスメント事案が生じた場合には**被害者救済を第一**に考え、被害者に寄
り添い早期に解決できるよう対応することが必要である。ハラスメントの相

談があった場合、まずは事実関係の確定を行う。被害者の申告する被害と加害者の主張・認識は相違することが多いが、まずは被害者の主張を丁寧に聞き取ることが肝要である。その際には被害者が受けている精神的ダメージに配慮し、社外の人物や同性の担当者によるヒアリングや必要なカウンセリングの実施など、**二次被害を生じさせないよう留意**する必要がある。事実関係の調査・確定に当たっては、人間の記憶・認識は曖昧かつ主観的なことがあり、また被害者側に虚偽の事実を申告する動機がある可能性も考慮し、被害者の主張のみに依拠せず加害者側の言い分も丁寧に聴取し、被害者の主張との対比を行う必要がある。また、被害者主張の一貫性や具体性も慎重に検証すべきである。調査の結果ハラスメントの事実が確認できた場合には、被害者の意向を踏まえながら、**速やかに適正な措置を行う必要がある**。具体的には、調査結果の説明に加えて加害者との引き離し、労働条件上の不利益の回復、メンタルヘルスケアといった職場環境改善のための援助を行うことが想定される。また、ハラスメントに対する企業の基本方針の再確認、防止体制の必要な見直し、従業員への周知等、職場全体での再発防止措置を講じることも求められる。被害者において再発防止策が不十分であると考えたり、会社が加害者をかばっていると感じるなど対応に不満が残った場合、加害者や会社に対しての損害賠償請求訴訟に発展することも少なくない。**被害者への対応を誤ると紛争が激化する**ことを常に留意しつつ対応を行うべきである。

6 労災・安全配慮義務に関する諸問題

設例 長時間労働やハラスメント等で従業員が何らかの疾患を発症した場合、事業主はどのような責任を負うか。またこの場合の従業員への補償にはどのようなものがあるか。

ポイント

企業の安全配慮義務違反や労災による企業責任が認められた場合、被害結果によっては高額な賠償責任が課され、中小企業にとってはその存立にも大きな影響を及ぼし得る問題となる。特に長時間労働を原因とする脳・心臓疾患や業務に起因する精神疾患による労災（過労死）については社会問題となって久しい。2019年度に過労死や過労による疾病（過労死等）で労災認

定がなされた件数は脳・心臓疾患が 238 件、精神疾患が 465 件であり、微減傾向にあるもののなお高い数字にあるといえ、対策が求められている。

（1）労災と安全配慮義務

　使用者は「労働契約に伴い、労働者がその生命、身体等の安全を確保しつつ労働することができるよう、必要な配慮をする」義務がある（労契法 5 条）。労契法の成立前より**「安全配慮義務」**については判例法理として認められていた（最判昭和 50 年 2 月 25 日民集 29 巻 2 号 143 頁〔27000387〕、最判昭和 59 年 4 月 10 日民集 38 巻 6 号 557 頁〔27000021〕）が、労契法 5 条はかかる判例法理を成文化したものである。

　安全配慮義務は使用者に課せられる結果予見義務及び結果回避義務であるが、その具体的内容は一義的に定められるものではなく、**使用者の業種、当該労働者の業務、損害が生じた際の状況等により個別具体的に考える必要が**ある。使用者側に当該労働者の業務量を適切に配分するという安全配慮義務が課されているとする判例（電通事件・最判平成 12 年 3 月 24 日民集 54 巻 3 号 1155 頁〔28050603〕）もある。

　安全配慮義務違反について使用者に故意又は過失がない場合には義務違反による責任は発生しないが、安全配慮義務違反の事実が認められる場合、当該事実の発生を予見できた、又は回避すべきであったと判断される可能性は高く、**無過失による免責は極めて限定的な場合になる**。そのため、実務上は安全配慮義務違反の有無が主要な争点となる場合が多い。また、相当因果関係の有無が争点となる場合もある。

　労災と安全配慮義務を中心とした企業の民事賠償責任に関する論考としては、大島眞一＝戸取謙治「いわゆる過労死及び過労自殺における使用者の損害賠償責任（上）（下）」判例タイムズ 1348 号（2011 年）37 頁、1349 号（2011 年）38 頁、石村智「労災民事訴訟に関する諸問題」判例タイムズ 1425 号（2016 年）30 頁が詳しい。

　労働者に業務上の負傷、疾病、死亡という事象が生じた場合の問題として、前述の安全配慮義務とは別に、労基法上の災害補償、及び労災保険法上の**災害補償制度**が存在する。このうち、労基法上の災害補償制度が実務上問題となることはまれであり、多くは労災保険法上の災害補償制度による補償がなされる。労災保険法による保障は行政政策の一環としての保険給付であ

り、**契約責任である使用者の安全配慮義務とはその性質を異にする。**また、その判断基準や判断者も異なるため、労災と認められた場合には必ず安全配慮義務違反がある、という関係には立たない。通常は社会保障である労災保険給付の方が安全配慮義務より認められる範囲が広いと考えられる。もっとも、労災認定は使用者の安全配慮義務違反の有無の認定においても重要な判断材料とされることも多い。

労災補償では被災労働者に生じた損害すべてが保障されるわけではないため、別途使用者側に労災補償でてん補されなかった部分についての賠償責任が生じる。使用者が負う賠償額が高額となる可能性もあるが、使用者に支払能力がない場合には労働者が十分な賠償を受けられない結果も生じ、双方にとって不幸な結果となってしまう。特に財政基盤が弱い中小企業においては、万一の場合に備えて**使用者賠償責任保険（労災上乗せ保険）**に加入する等の対策も必要である。

なお、請負事業等で直接には雇用関係のない下請労働者であっても、元請企業の管理する設備工具等を用い、事実上元請企業の指揮監督を受けて稼働し、その作業内容も元請企業の従業員とほとんど同じである等の事情がある場合には、元請事業者が下請労働者に対して安全配慮義務を負うこともある（三菱重工（三菱難聴一、二次訴訟）事件・最判平成3年4月11日裁判集民162号295頁〔27811185〕）。

（2）労災補償制度の概略

ア　補償対象者及び適用事業所

労災保険法上の補償対象者である「労働者」は、労基法上の「労働者」と同一である（旭紙業横浜南労働基準監督署長事件・最判平成8年11月28日裁判集民180号857頁〔28020411〕）。業務委託や請負契約等で業務に従事している者については労基法上の「労働者」ではないため原則として労災補償制度の対象にならないが、業務の従属性が高い等、実体として労働者性が認められる場合には労災補償の対象となる場合もある。また、このような「一人親方」については**労災保険の特別加入制度**も設けられている。

労働者を1名以上雇用する事業所については、原則として労災保険への加入が強制される。なお、事業主が労災保険料を支払っていない場合でも被災労働者は労災保険の給付を受けることができる。

イ 「業務上」の認定

　労働者の負傷・疾病・死亡が「業務上」生じたものであることが必要となる。具体的には、業務と負傷等との間に一定の因果関係があり（**業務起因性**）、その前提条件として事業主の支配・管理下で業務を遂行中（**業務遂行性**）に生じた事故であることが要件となる。労災をめぐる争いの大部分はこの業務起因性や業務遂行性の認定に関わるものである。

　業務遂行性については、①事業主の支配・管理下で業務に従事している場合には当然認められるほか、②休憩中の事故など**業務に従事していなくても支配・管理下にある場合**や、③出張や社用での外出中の事故など**事業主の支配下にはあるが、管理下を離れて業務に従事している場合**にも認められる。

　事故による負傷や死亡については比較的因果関係が明瞭なことが多く、業務起因性について争いが生じることは少ないが、疾病（脳・心臓疾患やうつ病の発症やそれによる自殺など）については業務との因果関係が明瞭でないことも多く、業務起因性の認定をめぐって争いとなる場合も少なくない。

コラム 新型コロナウイルスと労災

　厚生労働省の通達（令和2（2020）年4月28日付基補発0428第1号）において、新型コロナウイルス感染症（COVID-19）の通達当時における感染状況と、症状がなくとも感染を拡大させるリスクがあるという本感染症の特性に鑑み、当分の間、調査により感染経路が特定されなくとも、業務により感染した蓋然性が高く、業務に起因したものと認められる場合には、これに該当するものとして、労災保険給付の対象とする、との特例がとられた。具体的には、医療従事者については業務外で感染したことが明らかな場合を除き原則として労災保険給付の対象とするとともに、医療従事者以外でも感染リスクが相対的に高いと考えられる労働環境下（複数の感染者が確認された労働環境下での業務又は顧客等との近接や接触の機会が多い労働環境下）での業務に従事していた労働者が感染したときには、業務により感染した蓋然性が高く、業務に起因したものと認められるか否かを個々の事案に即して適切に判断することとされている。同措置は本書執筆当時の臨時的なものと思われるが、今後COVID-19の再流行が生じた場合や、同様の感染症が社会的な問題となった場合にも同様の運用がなされる可能性もある。

(3)「過労死・過労自殺」の問題

ア 脳・心臓疾患と労災

長時間労働により疲労や心理的負荷が過度に蓄積すると、労働者の心身の健康を損う危険があることは周知のところであり（前掲電通事件・平成 12 年最判〔28050603〕）、これにより脳・心臓疾患や精神疾患を発症して最悪の場合には死に至る、いわゆる「過労死・過労疾病」が社会的に問題となっている。

脳・心臓疾患の労災認定については、厚生労働省の通達（平成 13 年 12 月12 日付基発 1063 号）において、①発症直前から前日までの間に、発症状態を時間的・場所的に明確にできる異常な事態に遭遇した場合、②発症に近接した時期（おおむね 1 週間）に特に過重な業務に従事した場合、③**発症前 1 か月におおむね 100 時間又は発症前 2 か月ないし 6 か月にわたって、1 か月当たりおおむね 80 時間を超える時間外労働**や著しい疲労の蓄積をもたらす特に過重な業務に従事したことが認められる場合には、労働による過重負荷により発症した脳・心臓疾患を業務上の疾病として取り扱うとしている。「過重な業務」や「著しい疲労の蓄積をもたらす特に過重な業務」かどうかの判断に当たっては、労働時間のほか、不規則な業務、拘束時間の長い業務、出張が多い業務、交代制勤務・深夜勤務、作業環境、精神的緊張を伴う業務の要素を考慮し総合的に判断される。また、時間外労働時間がおおむね月 45 時間を超えるほど業務と発症との関連性が強まるとされている。

なお、労働者の健康状態等には個人差があるが、前記通達では「当該労働者と同程度の年齢、経験等を有する健康な状態にある者のほか、**基礎疾患を有していたとしても日常業務を支障なく遂行できる者**」を基準とするとしている点にも留意が必要である。

イ 精神疾患と労災

うつ病などの精神疾患については、厚生労働省による「心理的負荷による精神障害の認定基準について」（平成 23 年 12 月 26 日付基発 1226 第 1 号）が示され、労災認定の現場では当該基準に基づき認定が行われている。

同通達は心理的負荷の程度を「弱」「中」「強」に区分し、疾病発症前のおおむね 6 か月の間に、**心理的負荷の程度について「強」に相当する**と評価できるような具体的出来事が認められる場合には、原則として当該疾病は業務

上の疾病とする、というものである。同通達の別表 1 に記載された**「特別な出来事」**に該当する具体的事実が認められる場合には心理的負荷が「強」と判断される。「特別な出来事」が存在しない場合には、通達別表 1 に記載された具体的出来事の**類型ごとに設定される心理的負荷の強度や各出来事の相互の関連性などを総合的に検討し判断する**という手法がとられることが多い。また、心理的負荷の強度が「中」とされる出来事が複数ある場合に、他の具体的な出来事と複合して心理的負荷の程度が「強」と判断されることもある。

　業務上の精神疾患における最も深刻な結果は労働者の自殺である。本来、自殺は本人の意思が介在するものであり、「労働者の故意による死亡」として労災保険給付の対象とはならないことが原則であるが、発症した精神疾患により労働者が正常な認識、判断力を持ち得なくなった結果である場合には、業務上の死亡と認定される。

（4）過失相殺・損益相殺

　損害の発生につき労働者に過失がある場合には賠償額の算定に当たり過失相殺がなされるが、安全配慮義務違反の場面においては厳密な意味での過失のほかに、損害発生に労働者側の要因が寄与した場合にも**過失相殺的な処理**がなされることがある。一例として、労働者に基礎疾患がありそれが損害の発生や拡大に寄与した場合などがある。労働者の性格（うつ病親和性）が過失相殺事由として主張されることもあるが、個人の個性の多様さは使用者において当然想定したうえで労務管理を行うべきものであり、通常想定される範囲内の性格傾向を理由に過失相殺をすることは認められない。

　労働者が労災補償を受けている場合には、**既に支払われた保険給付に相当する金額**（療養補償、休業補償等）は損益相殺の対象となる。ただし、年金として支給される障害補償給付・遺族補償給付のうち将来の部分については損益相殺の対象とならない（三共自動車事件・最判昭和 52 年 10 月 25 日民集 31 巻 6 号 836 頁〔27000271〕ほか）。そのほか、**異なる費目についての損益相殺はできない**（東都観光バス事件・最判昭和 58 年 4 月 19 日民集 37 巻 3 号 321 頁〔27000048〕ほか）ことや、**特別支給金は損益相殺の対象とはならない**（コック食品事件・最判平成 8 年 2 月 23 日民集 50 巻 2 号 249 頁〔28010234〕）点にも留意すべきである。また、労災保険法附則 64 条 1 項 1 号が使用者に対し労災

保険法所定の前払一時金相当額の支払猶予の抗弁権を認めていることも把握しておく必要がある。なお、同条による支払猶予の対象について判示した裁判例として東京地判平成24年3月7日判タ1388号183頁〔28212107〕も参照されたい。

（5）求められる具体的な対応

　長時間労働の抑制は近年問題となっており、実務上はこの点に対する対策が極めて重要である（労働時間規制については本章「２　『働き方改革』と中小企業の労務管理」を参照されたい）。具体的には、①労働時間の管理と適正な把握、②時差出勤やインターバル勤務、リモートワーク等の多様な働き方の検討、③業務量や人員の調整、が考えられる。

　労働時間を適正に管理・把握することは使用者としての義務であり（労働安全衛生法66条の8の3）、過労死等の問題を防止するためにも不可欠である。労働時間の適正な把握とは、単に1日の労働時間を記録するだけではなく、労働日ごとに始業・終業時刻を使用者が確認・記録することを含む。労働時間の記録については、省令がタイムカードやパソコン等による客観的な方法その他適切な方法によって行うことを定めている。

　長時間労働が生じた場合の抜本的対策は、**業務量の調整や人員の増員を含む適正な人員配置の実現**である。特に本章「２」で詳述したとおり、臨時的な特別の事情があり労使間の合意がある場合でも月45時間を超える時間外労働が認められるのは6か月までであり、かつ「複数月平均80時間以内」の規制がかかるため、今後は時間外労働抑制のための体勢構築が急務となる。そのためには、経営トップ自らが時間外労働抑制の重要性を意識し、業務を効率化するという姿勢を打ち出すことが求められる。

　労働者の健康への配慮として**時差出勤**の制度を採用することや、終業時刻から次の始業時刻までの間に一定の休息時間を設定する**「勤務間インターバル制度」**を採用することも有益である。なお、勤務間インターバル制度については労働時間等の設定の改善に関する特別措置法において事業主の努力義務として規定されている。また、COVID-19の影響により推進されるようになった**リモートワークやＴＶ会議**の導入も労働者の負担軽減に有効となる可能性がある。もっとも、リモートワークを導入する場合には労働時間の管理が適正に行われないと逆に長時間労働の温床となることが懸念されており、

導入に当たっては注意が必要である。

業務量の調整や残業禁止命令等により時間外労働を抑止する必要もある。業務量は適正だが不要な残業をしている労働者に対しては必要な指導を行うべきであろう。必要に応じてより端的に残業の禁止を命じ、それに応じない場合には企業構内への入館を禁じる、あるいは終業後一定時間経過した後には帰宅を命じる等の措置も検討すべきである。

なお、近時では精神疾患が発症していない場合でも、長時間労働に従事させたことによる精神的苦痛を理由とした賠償を認めた下級審判例（狩野ジャパン事件・長崎地大村支判令和元年 9 月 26 日労判 1217 号 56 頁〔28274167〕）もある。

7 　事業承継と労働関係－会社分割と事業譲渡

設例 　Y₁社がY₂社に事業の重要な一部を譲渡する場合、その部門に従事していた労働者Xは、民法625条による労働者の承諾なしに、当然Y₂社に移籍することになるのか。これが会社分割であったらどうなるか。事業の全部譲渡であればどうなるのか。Y₁社の労働者Xから相談を受けた。

ポイント

会社法では従業員も会社債権者と同列に扱われ、会社法に労働者保護の規定はないが、民法625条が労働者の承諾を求めている。ただし、会社分割であれば原則として労働者の同意を要しないとする労働契約承継法があり、2016年9月、同法施行規則及び同法8条に基づく指針の改正等が実現し施行された。しかし、移転を拒む労働者保護の観点からは、労働契約承継法が労働者保護に資するかどうかは実務上も課題となる。

（1）会社分割と労働契約の承継
ア 　日本ＩＢＭ事件最高裁判決（平成22年7月12日民集64巻5号1333頁〔28161874〕）

会社分割に伴って、労働契約が承継されることが必ずしも労働者の保護とならない場合もある。日本ＩＢＭ事件がそれである。本件は、「一部の労働者Xらが承継の効果を否定するため、もとの分割会社Yに対し労働契約上の

権利を有することの確認を求めた」最初の事案である（小西康之『労働判例百選〈第9版〉』有斐閣（2016年）136頁）。

　（ア）5条協議と7条措置

　労働者の同意を求めない会社分割においては、分割計画書や分割契約書での記載が決定的であるため、分割会社の労働者を保護するために特則が置かれている。まず、「商法等の一部を改正する法律」（平成12（2000）年法律90号）附則5条1項により、承継される事業に従事している労働者との事前協議（**5条協議**）が必要とされるが、その違反の効果や違反の有無の判断基準について明文を欠いている。しかも、5条協議はどの程度の協議がなされれば足りるかについても不明である。この5条協議と併せて、労働契約承継法7条に定める労働者の理解と協力を得るよう努めること（**7条措置**）も求められ、労働契約承継法指針（以下、「指針」という）も出ているが、結局、協議や説明が何度も繰り返されれば上記の要件が充足されたという判断がされやすくなる。

　（イ）日本ＩＢＭ事件は会社分割か

　5条協議及び7条措置の手続に違法な瑕疵があったか。本件については、第一審から上告審まで「会社分割」の事案と位置付けられているが、「事業譲渡」の事案に分類できる事例とみることもできる。**事業譲渡であれば労働者の意思が尊重されるが（民法625条）、会社分割と位置付ければ労働契約承継法によって当事会社に都合のよい解決を導くことが可能となり、労働者が犠牲となる危険性が少なくない。**

　（ウ）日本ＩＢＭ事件の判旨

　①5条協議が全く行われなかったときには、当該労働者は労働契約承継法3条の定める労働契約承継の効力を争うことができる。また、5条協議が行われた場合であっても、分割会社からの説明や協議の内容が著しく不十分で、5条協議を求めた趣旨に反することが明らかな場合には、5条協議義務の違反があったと評価してよく、当該労働者は労働契約承継法3条の定める労働契約承継の効力を争うことができる。

　②7条措置は、分割会社に対して努力義務を課したものと解され、十分な情報提供等がなされなかったため5条協議がその実質を欠くことになったといった特段の事情がある場合に、5条義務違反の有無を判断する一事情として7条措置のいかんが問題になるにとどまる。

　③指針は、7 条措置において労働者の理解と協力を得るべき事項として、会社の分割の背景及び理由並びに労働者が承継される営業に主として従事するか否かの判断基準等を挙げ、また 5 条協議においては、承継される営業に従事する労働者に対して、当該分割後に当該労働者が勤務する会社の概要や当該労働者が上記営業に主として従事する労働者に該当するか否かを説明し、その希望を聴取したうえで、当該労働者に係る労働契約の承継の有無や就業形態等につき協議をすべきものと定めている。

　以上の点を本件についてみれば、本件の分割会社は、7 条措置及び 5 条協議ともに指針の趣旨にかなう説明を行っているものと判断できる。

　（エ）日本 I B M 事件の問題点

　会社分割無効の訴え（会社法 828 条 1 項 9、10 号）には、「無効原因」の定めがなく、「提訴権者」も株主等、破産管財人若しくは分割否承認債権者に限定されており（同条 2 項 9、10 号）、提訴権者の中に労働者は含まれていない。仮に労働者保護の規定違反が認定され、それが分割無効原因とされても、会社法上は労働者に会社分割無効の提訴資格はない。

コラム 最高裁判決の結論への疑問

　本判決は 5 条協議義務違反がないとしたが、この結論には議論があり、労働法学からの批判が目立ち、分割会社は労働者と誠実に 5 条協議を行う義務があると指摘される。確かに、形式的に説明を重ねるだけでは十分とはいえず、会社分割を媒介に、労働者保護の法理が実質上潜脱されることのないよう、慎重に対応すべきである。

イ　日本 I B M 事件に類似のエイボン事件（東京地判平成 29 年 3 月 28 日労判 1164 号 71 頁〔28251686〕）

　本件は、会社分割に伴って新会社に転籍となった後に解雇された元従業員の男性が転籍の無効と地位確認、未払賃金の支払を求めていた訴訟で、東京地裁は転籍の無効を認める判決を言い渡した。本件は、労組法 7 条違反の問題でもあり、会社が元従業員の組合脱退を求めた「支配介入」事案でもある。

＜事案＞

元従業員で原告の男性（54）は化粧品会社「エイボン・プロダクツ」（東京）の厚木工場で勤務していたところ、同社は2012年7月に会社分割の手続によって同工場を同社の100％子会社として分社化した。その際に原告も労働条件に変更はないと伝えられ、エイボン社所属から同子会社に移籍となった。その後2014年1月に同社は同子会社を解散し、工場も閉鎖し、それに伴い原告ら従業員も合意退職を求められ多くの従業員はこれに応じたところ、原告が応じず労働組合に加入し、エイボンに雇用を求めたが新会社から解雇された。そこで、原告はエイボンが会社分割の際に労働者と十分に協議を行っていなかったとして転籍は無効であるとし、エイボンでの雇用を求め地位確認と未払賃金分の支払を求め提訴した。

＜東京地裁＞

　「会社は会社分割の大まかな説明をしたが、個別の話し合いは不十分だった」とし、転籍は無効であるとした。基本的には日本ＩＢＭ最高裁の判断枠組みに沿ったものといえるが、同最高裁は、従業員からの新会社の経営見通し等の質問や出向扱いにしてほしい等の要望に応じていない点を認めたうえで、なお「著しく不十分」とはいえないとして棄却しており、協議不足によって無効となる場合というのは相当限定的である。支配介入を含む本件事案を直視すれば、地裁判決の結論は維持されるべきといえる（本件控訴審で和解が成立）。

（2）事業譲渡と労働関係の承継
ア　合併・会社分割との対比

　合併に関しては、すべて包括的に存続会社又は新設会社に承継されるため（会社法750条1項、754条1項）、労働契約も当然承継されることになる。先にみた会社分割については労働契約承継法の適用がある。これに対して、そのような規定のない事業譲渡については、譲渡会社に雇用されていた労働者の引継ぎはどうなるかが問題となる。

　事業譲渡は包括承継を生じる組織的な行為ではなく、譲渡当事者間の債権契約にすぎない。これを前提とすれば、労働契約が当然承継されると解することは困難で、事業譲渡契約の当事者間で労働契約の承継を排除することもできそうである。また、民法625条1項に定める労働者の同意の要否についても、特別の規定がない限り例外を認めることはできず、労働者は譲受会社

への移籍を拒み得ると解される。そして、不当労働行為があれば、労働法の問題として解決されることになる。労働契約の承継を事業譲渡の絶対要件とすると、事業譲渡が不可能となる場合も生じ、労働契約の承継をいかに強調しても、譲渡会社での整理解雇が有効要件を満たせば事前に解雇され、絶対的当然承継説にも限界がある。

イ　解決策の一案

例えば、事業の全部譲渡と一部譲渡とを分け、①全部譲渡の場合は、実質的に合併と同様に解して、労働者は原則一体として移転するものとし、移転に異議のある労働者の意思を尊重する。事業全部の譲渡の結果、譲渡会社は消滅するか、あるいは存続していても大幅な変更を余儀なくされるから、移転先の経営状況さえよければ、労働者は事業の移転先へ移るのが従来の労務内容を維持するうえで有利といえる。これに対して、②事業の一部譲渡については、従来と同様の業務内容を有する部門が残存している場合は、残っている部門への配置転換を可能な限り実施するが、移転先へ移ることが常に労働者の保護になるとは限らない。なお、不当な労働者排除については、不当労働行為等によって解決する。

ウ　移転先の採算性と労働者保護

移転が職場を失わない点で労働者保護になるかといえば、不採算部門への移転であれば労働者にとって有利とは限らない。会社が事業を譲渡する場合には、採算部門を切り出して解散し承継先で活路を見いだす場合もあれば、逆に不採算部門を切り捨てて、そこに労働者を移転させることで生き残りを図る場合もあり得る。

エ　事業譲渡に関連する参考判例

（ア）タジマヤ事件〔大阪地判平成 11 年 12 月 8 日労判 777 号 25 頁〔28051034〕〕

A社が経営悪化のため従業員を全員解雇し解散手続をとった後、その親会社Y社に主要資産のほぼ全部を売却したという事実が実質上の事業譲渡とされ、A社の従業員がY社に承継されたと認められた。A社解散前に解雇されていたXが、Y社とA社は実質的に同一であり、事業譲渡によって雇用関係も承継されると主張したのが本件である。

（イ）東京日新学園事件（東京高判平成 17 年 7 月 13 日労判 899 号 19 頁〔28101933〕）

　経営破綻したＡ学園が解散し、その後新設のＸがＡの教育施設の同一性を保持する形で運営を承継したが、従業員についてはＡＸ間の譲渡覚書において、Ａが全員解雇しＸが新規採用する旨を定めた。そこで、Ａを解雇されＸで不採用となったＹらが不当労働行為として地労委に救済申立てをしたのに対し、ＸがＹらとの雇用関係不存在の確認を求め、Ｙらが反訴提起。原審（さいたま地判平成 16 年 12 月 22 日労判 888 号 13 頁〔28100876〕）は、Ｘの不採用には客観的、合理的な理由がないとして、ＸＹ間の雇用関係の存在を認めた。Ｘ控訴。本件判旨は、特段の事情がない限り、Ｘに採用の自由があるとした。

（3）会社法と労働法の交錯
ア　会社法における労働者の位置付け
　会社法には使用人概念はみられるものの、労働法が対象とする労働者は規定されておらず、賃金債権等を有する債権者として登場するだけである。会社法の使用人規制（会社法 11、13〜15 条）の主目的が取引安全にあり、代理権を有する使用人の代理権を規制対象としており、雇用関係は対象外とされる。したがって、労働者が詐害的会社分割において残存債権者として保護されるのも、債権者として保護されるのであり雇用が対象とはならず、ここに労働者保護の限界がある。会社法の目的は会社関係者の利益調整にあるが、そこでは株主利益の最大化が基本とされている。

イ　労働法学からの批判
　会社にとって労働者は不可欠の存在で、重要なステークホルダーである労働者の登場を会社法学が無視するのは疑問とし、会社法が「会社の法人性に関する基本法」であるのなら、多様なステークホルダーを視野に入れるべきで、労働者を単に債権者として登場させるのは不十分との主張である。

ウ　会社分割における労働者保護
　合併の場合に労働契約の包括承継が認められる根拠について、合併においては承継を拒否しても残るための法人がなく、法人全体が承継されるため労

働者間に不平等問題も生じないので、民法 625 条 1 項の適用を排除する強行的な承継効果が会社法に定められた。そのうえで、会社分割と労働者の異議申出権について、民法 625 条 1 項が憲法 22 条 1 項や 13 条に基礎を置くものと理解し、当該事業に主として従事している労働者に異議申出権を認めない労働契約承継法 3 条ないし 4 条は憲法に抵触するとの主張もある。

エ　事業譲渡と労働契約承継法類推適用の当否

近時、会社分割と事業譲渡の本質的類似性に着目して、労働契約承継法を事業譲渡に類推適用するという見解が現れた。この見解に対しては、類推適用のもととなる労働契約承継法が多くの問題を抱えており、これをどのように克服するかが課題となる。

オ　倒産時の事業譲渡と承継される労働者

事業譲渡は会社倒産時に活用されるのが実情である点に着目する指摘がある（金久保茂『企業買収と労働者保護法理』信山社（2012 年）431 頁）。すなわち、倒産時の事業譲渡については、破産手続に関して破産法に労働者保護に関する諸規定があり（破産法 36 条、78 条 2 項 3 号）、民再法や会更法にも保護手続規定がある（民再法 42 条 1 ～ 3 項、会更法 46 条 2 項、3 項 3 号）。事業譲渡には譲受会社について責任限定機能（偶発債務の遮断など）があり、これが企業再建に有益な機能を果たし、移転対象を選別し債務の承継をしないという選択の可能性もある。それゆえ承継会社は「労働契約の承継」も強制されないし、労働契約の移転には労働者の同意が必要と理解されることとなる。よって労働者には「承継される不利益」はないと結論する。

この論者は、事業譲渡に対し会社分割のような立法的措置をすることを批判する。①労働者引継ぎを強制すると事業譲受がなされない可能性があり、その結果として事業破綻と全員解雇が待ち受けている。②事業譲渡においては、労働者を保護すべき場面は例外で、健全な企業は労働契約を承継するのが通例で、問題のある事例には不当労働行為で対処が可能である。③要件や適用範囲を明確に立法化することは困難である。そして、④このような立法は、採用の自由に対する重大な制限となることも危惧される。「労使協議の場」を設定する手続的アプローチや解雇の場合の「金銭補償」の立法化などを提言される。

（4）最近の動向と課題

ア　労働契約承継法に係る規則・指針の改正等

　会社分割に関する労働契約承継法に係る規則及び同法指針が改正され、事業譲渡及び合併に伴う労働関係上の取扱いに係る事業譲渡等指針も新設施行され、特に新設された事業譲渡等指針が注目される。民法625条1項によって、労働者の個別合意が必要とされる事業譲渡については、労働者の意に反して労働契約の承継が強制されることはない建前となっているが、現実は弱い立場にある労働者が不本意な同意をせざるを得ない場合もある。そこで、労働者保護の見地から新たな指針が設けられ、事業の譲渡会社は会社分割の場合と同様の手続（7条措置・5条協議）を行うのが適当とされた。

イ　施行規則・指針改正後の実務対応

　現行の会社法で会社分割の対象が「事業に関して有する権利義務」に変更されたが、労働契約承継法2条1項1号では従来どおり「事業性」を維持した。その結果、**会社分割について5条協議を要する対象が従来の者に加え承継される「不従事労働者」にまで拡大された**。また、同協議で説明すべき事項も「債務の履行の見込み」が追加された。そして、5条協議義務違反は会社分割の無効原因とされていたが、個別に効果を争う可能性を認めた。

　事業譲渡についても、新たに事業譲渡等指針が制定されたため、譲渡会社は会社分割の場合と同様の手続（7条措置・5条協議）をとることが「適当」とされたが、事前協議違反の効果については明確にされず、その違反だけでは承継の効果が否定されるわけでもなさそうである。ただし、上記指針制定の趣旨に照らせば、実務上は将来起こり得る争いに備えて手続を履践するのが適正であろう。

＜執筆＞

半田望（1、2、4～6）、山下眞弘（3、7）

＜参考文献＞

・市川充＝加戸茂樹編著『労働法務のチェックポイント』弘文堂（2020年）
・土田道夫編／「企業法務と労働法」研究会著『企業法務と労働法』商事法務（2019年）

・企業人事労務研究会『企業労働法実務入門〈改訂版〉』日本リーダーズ協会（2019 年）
・岡芹健夫『労働法実務　使用者側の実践知』有斐閣（2019 年）
・渡辺輝人『残業代請求の理論と実務』旬報社（2018 年）
・白石哲編著『労働関係訴訟の実務〈第 2 版〉』商事法務（2018 年）
・水島郁子＝山下眞弘編『中小企業の法務と理論－労働法と会社法の連携』中央経済社（2018 年）
・労働政策研究・研修機構編『人口減少社会における高齢者雇用』労働政策研究・研修機構（2017 年）
・日本労働弁護団編『労働相談実践マニュアル Ver. 7』（2016 年）
・野川忍＝土田道夫＝水島郁子編『企業変動における労働法の課題』有斐閣（2016 年）
・毛塚勝利編『事業再構築における労働法の役割』中央経済社（2013 年）

第 5 章

企業法務と
相続・事業承継

1　本章の概要

　本章では、中小企業の「事業承継」につき、会社法と相続法の交錯する問題について解説する。事業承継の場面では、株式、社債、現金、預貯金、金銭債権、事業用動産・不動産など多種多様な財産の相続が発生し、いずれについても遺留分侵害額請求権の問題が生じる余地がある。なお、中小企業の事業承継は相続の場面が想定されるが、第三者への事業承継もあり得るので、最後に、相続人以外への事業譲渡にも言及する。

2　株式の相続と事業承継

　設例　大株主の父親が亡くなり、従業員として働いてきた次男が親の遺志で事業を引き継ごうとしたところ、株式の相続をめぐって相続人間で争いとなったうえ、次男と対立する少数派株主が、会社法174条以下に定める「相続株式の売渡請求」を求めて総会を開催する動きに出た。どうすれば亡き親の遺志は実現できるか、また、相続した株式の議決権行使はどうすればよいかと相談を受けた。

　ポイント

　売渡請求をするための株主総会で「後継者は議決権を行使できない」（会社法175条2項）ため、少数派が相続人たる後継者に対して売渡請求をされる危険がある。これが設例の論点である。相続による株式の当然分割は株式分散を招き事業承継の障害となるため、①株式は遺産分割の対象とすべきであり、これは判例の立場でもある。ただし、株式は分割が可能ということを理由に、当然分割とする見解も少数ながら存在するが、実務上は遺産分割で問題がない。②相続した株式の議決権行使については、会社法106条が適用されるが、議決権行使者の選定をめぐる実務上の問題がある。なお、支配権移動に関連して、③株式分散の防止策についても実務上の問題がある。

（1）株式は遺産分割の対象
　最高裁は一貫して、株式は遺産分割までは相続人に分割帰属せず、共同相

続人間で準共有（民法 264 条）の関係が生じるとしており（最判昭和 45 年 1 月 22 日民集 24 巻 1 号 1 頁〔27000747〕、最判昭和 52 年 11 月 8 日民集 31 巻 6 号 847 頁〔27000270〕）、現在もその立場を維持している。理由を要約すれば、株式は、法律上の地位を意味し、株主は、自益権と共益権を有するので、このような株式に含まれる権利の内容及び性質に照らせば、「共同相続された株式は、相続開始と同時に当然に相続分に応じて分割されることはない」という。これは通説でもある。

コラム 限定承認とみなし譲渡課税

　相続について限定承認をした場合、相続財産のうちに、不動産や有価証券等の譲渡所得の基因となる資産が含まれている場合は、これらの資産については、**限定承認に係る相続が開始した時に、**その時における価額で被相続人から相続人に対して譲渡があったものとみなして**譲渡所得等の課税**が行われる（所得税法 59 条 1 項 1 号）。譲渡所得に対する課税は、資産の値上がりによりその資産の所有者に帰属する増加益を所得として、その資産が所有者の支配を離れて他に移転するのを機会に、これを清算して課税する趣旨のものと解されており、**必ずしも資産の移転が有償であることを要件とはしていない**（最判昭和 43 年 10 月 31 日裁判集民 92 号 797 頁〔21029100〕）。単純承認した場合は、相続した資産の取得価額及び取得時期は被相続人から相続人に引き継がれ、相続の時点で所得税課税が生ずることはない（所得税法 60 条 1 項）。相続財産の清算に係る譲渡は、被相続人から相続人に所有権を移転した後に、相続人によってなされるため、当該譲渡による所得は相続人に帰属し、**相続人が納税義務を負うのが原則といえる。**しかし、それでは相続によって承継した財産の範囲内で被相続人の債務を弁済するという限定承認制度の趣旨を逸脱する結果となってしまう。そのため、所得税法は、限定承認があった場合に、譲渡所得の基因となる資産について、**相続開始の時に、被相続人から相続人へ時価により譲渡があったものとみなし、当該譲渡資産の値上がり益に係る租税負担は被相続人が負うこととしている。**限定承認をした場合は、その相続人は、相続によって得た財産の限度においてのみその国税を納付すれば足りることとなり、相続人固有の財産に滞納処分が及ぶことはない（国税通則法 5 条 1 項）。

相続税の課税価格の計算上、限定承認に係るみなし譲渡所得税は被相続人の債務として控除する（相続税法 13、14 条）。相続人が限定承認により取得した資産を清算のために譲渡した場合の譲渡所得の計算は、その相続人がその資産を相続開始時の時価により取得したものとみなされる（所得税法 60 条 2 項）ため、ほとんどの場合、時価と取得費は同額となり、相続人に譲渡益が生ずることはない。限定承認に係る所得税の規定は、限定承認をした相続人の税負担の軽減を旨とするものである。

（山下宜子・税理士）

（2）株式相続と事業承継の視点

　　共同相続による財産の共有は、その後の遺産分割までの暫定的な状態を意味し、遺産分割は、遺産に属する財産の種類や性質、各相続人の年齢、職業、心身の状態及び生活状況その他「一切の事情を考慮」して行われるわけで（民法 906 条）、これは合有にも近い性質を有している。これまで被相続人とともに企業経営に従事していた相続人は、それ以外の相続人とは自ずと立場が異なり、事業承継に直結する株式の相続に際してもこのことは「考慮されるべき事情」になり得る。結果的に生じる財産的不均衡は、現金等で埋め合わせすればよい。株式は社員の地位を表し、会社との継続的な法律関係を前提としているため、**円滑な事業承継を実現するには株式は経営従事者に集中するのが望ましい**。最近の高裁判決も、非公開で典型的な同族会社の株式について、その規模からして経営の安定のために、株式分散を避けるのが望ましいという事情があり、その事情が民法 906 条所定の事情に当たると認定して、他の相続人らには代償金を支払うことで、遺産分割において次期社長に就任予定の相続人の 1 人に当該株式の単独取得を認めた（東京高決平成 26 年 3 月 20 日判タ 1410 号 113 頁〔28230839〕）。

（3）相続株式の議決権行使

　　準共有状態の株式の権利行使に関して、会社法 106 条は、「株式が 2 以上の者の共有に属するときは、共有者は、当該株式についての権利を行使する者 1 人を定め、株式会社に対し、その者の氏名又は名称を通知しなければ、当該株式についての権利を行使することができない。ただし、株式会社が当

該権利を行使することに同意した場合は、この限りでない。」と規定している（なお、持分会社については同法 608 条 1、5 項）。実務上問題となるのは、①権利行使者の指定方法、②会社側が権利行使に同意する条件は何なのかである。

ア　会社法 106 条の趣旨

　指定と通知をしないと、会社が権利行使に同意した場合は別として、会社の同意がない限り誰も権利を行使できないことになる。本条の趣旨は、事務処理の便宜のためだけではなく、株式「共有者の保護」のためでもあると説明することもできる。非公開・同族会社は株主数もわずかで必ずしも事務処理が煩雑になるとはいえず、株式共有者の保護という趣旨も付加することで説明が成り立つ。

イ　指定方法と権利行使者の権限との関係

　現実の問題として、少数派 1 人の反対で権利行使者の指定すらできないという事態は避けるべきで、その点も考慮すれば、結論として権利行使者の指定に必ずしも「全員一致」を要求する必要はないということになり、判例も多数決で足りるとしている（最判平成 9 年 1 月 28 日裁判集民 181 号 83 頁〔28020336〕）。

　多数決の立場によるのであれば、実務でも指定・通知の手続は慎重に行うべきである。すなわち、共有持分の過半数を有する準共有者は、まず、他の準共有者に対して、権利行使者の指定・通知に参加するように求め、一部の準共有者が指定・通知への参加をあくまでも拒否する場合には、その準共有者に指定・通知に参加する機会を与えたうえで、共有持分の過半数を有する準共有者だけで権利行使者を指定・通知することも可能で、例えば、指定・通知について協議を行う日時・場所を合理的に設定し、それを全準共有者に知らせるなどの方法があり得る。

ウ　権利行使者の権限に制約があるか

　最判昭和 53 年 4 月 14 日民集 32 巻 3 号 601 頁〔27000245〕は、「有限会社において持分が数名の共有に属する場合に、その共有者が社員の権利を行使すべき者一人を選定し、それを会社に届け出たときは、……共有者間で総会

における個々の決議事項について逐一合意を要するとの取決めがされ、ある事項について共有者の間に意見の相違があつても、被選定者は、自己の判断に基づき議決権を行使しうると解すべきである。」とした。これによれば、共同相続人間で権利行使につき内部的な取決めがあったとしても、それは会社に対して対抗できない趣旨と理解されている。

エ　議決権の不統一行使

権利行使者の指定について、どのような立場をとるとしても、権利行使者の権限の範囲をどうするかという難題が残される。共同相続人は権利行使者に全権委任したと理解してよいのかが問われる。とりわけ、過半数で権利行使者を指定した場合に、少数派の保護をどのようにして図るのかが問題となる。少数派の立場からすれば、権利行使者を通して自己の株式持分について自分の指示による議決権行使を求めたいところであるが、会社法313条3項について、会社はこのような不統一行使を拒むことができるのではないかという解釈もある。会社が不統一行使を拒めないと解釈しても、権利行使者は共有者の指示に従う義務があるかという民法249条以下の共有規定に係る問題もある。

> **コラム　議決権不統一行使の典型**
>
> 会社法313条1項によって議決権の不統一行使ができる典型例は、株式信託の引受けなど株主が「他人のために株式を有する」場合（同条3項）を念頭においているものと解されている。**信託**であれば、受託者が法律上株主となるため、信託会社が受益者の意向によって議決権を行使するためには必然的に不統一行使を認めることとなるが、**共有**については議論がある。かつては、共有者の決議で統一した意思決定が可能であることを理由に、この場合は不統一行使を認める必要がないとする見解もあったが、現在は共有についても不統一行使を認める。

（4）会社側からの権利行使の認容

会社法106条ただし書は、権利行使者の指定・通知がなくとも、会社が同意すれば共有者は権利行使ができる旨定めているが、会社が同意するという

のは、具体的には代表取締役の同意（同法 349 条 4 項）若しくは総会議長の同意（同法 315 条参照）を意味する。そこで、この同意が代表取締役・議長の自由な判断でできるとすれば、議長などの思いのまま議決権行使されてしまわないかという疑念が生じ、特に非公開会社では、議長も共同相続人の 1 人であったり主要株主であったりすることが想定される。

ア　判例の立場と評価

　会社法 106 条が制定される前には、このようなただし書に相当する明文はなかったが、その当時の最高裁は、権利行使者の指定・通知がない場合について、「共有者全員が議決権を共同して行使する場合を除き」会社側から共有者の議決権行使を認めることも許されないとして（最判平成 11 年 12 月 14 日裁判集民 195 号 715 頁〔28042843〕）、会社の勝手な行為を防止した。その後に会社法 106 条ただし書が規定されたが、会社の同意についてとくに限定も定められず、会社の同意があれば共有者は権利行使ができるとだけ規定されたため、その解釈をめぐって議論が錯綜したが、本条ただし書によって会社の同意が全くの自由判断に任されたと解釈するのは問題であり、実務上も留意したい。

イ　会社法 106 条ただし書の適用範囲

　共有株式の議決権行使の方法について、共有持分の「過半数」で決定すると解するのであれば、各共有者が議決権を行使するのも同じくその過半数の決定がなければ、たとえ会社が同意しても行使できないことになる。その理由として、これは共有の内部関係上の問題であるから、会社がその関係を変更できないとする。これに対し、各共有者が共有持分に応じて本来は議決権行使ができるが、会社の事務上の便宜のために権利行使者に指示して権利行使することが求められているにすぎないとみれば、会社の同意があれば各共有者は持分に応じて議決権を行使できるという結論になる。

（5）株式分散の防止―相続人に対する株式売渡請求

　株式の分散防止策としては、会社法上、相続により「譲渡制限株式」を取得した者に対し、当該株式を会社に売り渡すことを請求することができる旨を定款に定めることで（会社法 174 条）、株式の取得者に対して株式の売渡し

を請求することができる（同法 176 条 1 項）。これによって、会社支配権を集中させることができるが、この制度を活用するには、株主総会の特別決議をもって定款変更（同法 174 条、466 条、309 条 2 項 11 号）を行う必要がある。この場合、定款には、「当会社は、相続その他の一般承継により当会社の株式を取得した者に対し、当該株式を当会社に売り渡すことを請求することができる」などと記載することとなる。なお、法定相続人が複数いる場合、遺産分割がなされるまでは相続株式は相続人の準共有状態にあるから、売渡請求の対象は理論上すべての相続人とすべきことになるはずである。

> ### コラム 相続人に対する株式売渡請求の問題点
>
> 　現経営陣である取締役の中に後継者と対立する者が存在する状況で、オーナー経営者が死亡し相続が生じた場合、売渡請求をするための株主総会で後継者は「議決権を行使できない」（会社法 175 条 2 項）ため、後継者に対立する取締役と株主が結び付けば、少数派によって、相続人たる後継者に対し売渡請求がなされる危険がある。

　それゆえ、この制度の導入に当たっては会社役員や株主構成を考慮する必要がある。なお、会社法 175 条の総会決議で、新株主が会社にとって好ましい者であるかどうかは既存株主が審査するため、売渡請求の相手方である株主の議決権排除が正当化されると説明されるが、この論拠では、相続による株式取得者が複数いる場合に、売渡請求の対象となっていない相続人は議決権を行使できるという点を説明するのが困難である。そもそも、「売渡請求をするための株主総会で株式相続人（後継者）は議決権を行使できない」とする同条 2 項には問題があり、立法論としては再検討すべきとの学説が増えてきた。いずれにせよ、**売渡請求制度には実務上の難点があり、これを回避するには、①経営者が後継者に株式を生前贈与しておくとか、②事前に譲渡制限を外すとか、さらには、③取得条項付株式あるいは完全無議決権株式への転換、④生前に譲渡制限付拒否権付種類株式（黄金株）を発行する**などの対策を考慮する必要がある。なお、この制度による自己株式取得についても会社法上財源規制があり（同法 461 条 1 項 5 号）、それによる制約や負担も無視できない。

3　現金・預貯金及び金銭債権の相続

設例　相続預貯金が当然分割から遺産分割の対象へと判例変更されたことで、遺産分割協議が整わない限り預金の引出しも困難となり、事業承継に支障を来す心配がある。①これに相続人はどう対応すればよいか、判例変更の結果、②被相続人の債権者は相続人に対して、どのようにすれば債権の満足が得られるか、③相続人の債権者はどうか、といった相談を受けた。

ポイント

　事業承継を円滑に進めるには、①事業用資産である不動産などの遺産分割によって生じた不公平を是正する必要があり、株式と同じく現金も遺産分割の対象にすべきであり、判例もその立場である。しかし、②現金に近い金銭債権については、いまだに判例は当然分割の立場であるため、これまで預貯金も当然分割とされ実務もそれに従ってきたが、近年になって判例が変更され遺産分割の対象とされた。その結果、③解決すべき実務上の問題が新たに生じてきた。さらに、④金銭債務について、判例は一貫して相続分に応じて分割されるとしているが、実務上それで問題はないのかも検討の対象となる。なお、判例変更は民事信託に係る預貯金に影響しないかという問題も生じる。

（1）現金（金銭）の相続

　判例では、金銭（以下、金銭債権と混同しないよう「現金」という）は**遺産分割の対象**とされ（最判平成 4 年 4 月 10 日裁判集民 164 号 285 頁〔27811582〕）、相続人は、「遺産の分割までの間」は、相続開始時に存した現金を相続財産として保管している他の相続人に対して、自己の相続分に相当する現金の支払を求めることはできないとされる。現金は、「金銭債権」と異なって債務者である第三者は登場しないので、共同相続人間の利害調整の問題として考えればよく、不動産などを対象とした遺産分割の結果生じた不均衡の調整に活用することができる。その点でも、**現金が当然分割されるのは問題**ということになる。

（2）金銭債権の相続

ア　判例の立場

　判例によれば、複数の相続人がいる場合、相続財産に「**金銭その他の可分債権**」があるときは、その債権は法律上当然分割され、各共同相続人はその相続分に応じて権利を承継するものとされている（最判昭和29年4月8日民集8巻4号819頁〔27003180〕）。したがって、「可分債権である金銭債権は遺産分割の対象とはならない」とされた。判例は「金銭その他の可分債権」と表現しているが、判例が現金を遺産分割の対象としていることからすれば、この表現は「**金銭債権その他の可分債権**」の意味と解すべきである。

相続人のうち 1 人が債務者を訴えたような場合に、合有債権であるという理由で却下されると第三者たる債務者が不当に利益を得る結果となり、合有と解することにも問題がある。**判例は当然分割**とするが、これには強い批判がみられる。

イ　金銭債権の当然分割説への批判

　当然分割の立場については、多くの問題が指摘されてきた。民法規定の解釈に関して、民法 264 条ただし書の「特別の定め」というのは、同法 427 条を指すのではなく、相続財産の共有を規定する同法 898 条及び遺産分割に関する同法 906 条などであり、相続法の領域に属する規定を指しているとの指摘がある。遺産分割によって公平・公正を実現しようとする相続法の理念からすれば、共同相続人にとってはメリットがあるとしても、第三者の不利益は無視できず、金銭債権を当然分割とする立場には問題がある。それだけではない。「特別受益」のある相続人がいる場合には、遺産分割の対象外とすることで共同相続人の間においても不公平な結果となる。

> **コラム** 社債は遺産分割の対象か
>
> 　**社債**はどうなるか。会社法で規制される社債も金銭債権に属すると定義されるため（会社法 2 条 23 号）、金銭債権を当然分割と解した判例への批判を避けるには、遺産分割の対象とすべきことになるはずである。社債に関する会社法 686 条に共有の規定があることも考慮すれば、社債は単なる金銭債権と比較して多種多様であり、社債の種類によっては株式に近い側面もあることから、実務上も株式と統一的に取り扱うのが妥当といえそうである。

ウ　定額郵便貯金

　これに関する最高裁初の判決として、最判平成 22 年 10 月 8 日民集 64 巻 7 号 1719 頁〔28163125〕は、定額郵便貯金債権について、その預金者が死亡しても相続開始と同時に当然に相続分に応じて分割されることはないとして、その最終的な帰属は遺産分割の手続で決するべきである旨判示した。本

判決は、可分債権の共同相続に係る従来の判例の当然分割を踏まえたうえ
で、そのような規律が定額郵便貯金債権には妥当しないことを明らかにして
いる。ただし、**本判決は、郵便貯金法がこの種の貯金の分割を許容しないこ
とを根拠としていることから、この制限が当事者の合意による場合について
まで及ぶかどうかは不明である。**

（3）国債・投資信託受益権の相続

ア　最判平成 26 年 2 月 25 日民集 68 巻 2 号 173 頁〔28220780〕の立場

本判決（以下、「**2月判決**」という）によれば、国債と投資信託受益権はい
ずれも「準共有」とされた。すなわち、「個人向け国債の発行等に関する省
令」2 条に規定する国債は、額面金額の最低額が 1 万円とされ、「社債、株
式等の振替に関する法律」の規定による振替口座簿の記載又は記録は、上記
最低額の整数倍の金額とされていること等から、国債は、法令上、一定額を
もって権利の単位が定められ 1 単位未満での権利行使が予定されていないも
のであり、その内容と性質に照らせば、共同相続された個人向け国債は、相
続開始と同時に当然に相続分に応じて分割されることはないと判示した。ま
た、委託者指図型投資信託（投資信託及び投資法人に関する法律 2 条 1 項）に
係る信託契約に基づく受益権（投資信託受益権）は、口数を単位とし、その
内容として、法令上、金銭支払請求権のほか委託者に対する監督的機能を有
する権利が規定されており、可分給付を目的とする権利でないものが含まれ
ているので、このような権利の内容及び性質に照らせば、投資信託受益権も
当然に分割されることはないと判示された。なお、本判決は、**株式について
も準共有**とし、いずれも最終的な帰属は遺産分割によるものとしている。

イ　最高裁 2 月判決の検討

（ア）国債

国債は、金融機関を通じて販売され、あらかじめ定められた償還期限がく
れば、利子をつけて償還される。個人向け国債は、中途換金も可能とされて
おり、その実態は金銭債権にも近い。そうであれば、金銭債権と同じ当然分
割の取扱いを受けてもよさそうであるが、判例は、当然に相続分に応じて分
割されることはないとした。その根拠は、**法令によって 1 単位未満での権利
行使が予定されていない点にあるようである。**

（イ）投資信託受益権（投信受益権）

本判決では、**共同相続された投資信託受益権は、当然分割されることはな**いとし、その理由として、投資信託受益権は口数を単位としている点を挙げているが、本件投資信託の一口は 1 円であり分割が可能である。また、委託者に対する監督的権能を有する権利が含まれていることも理由としているが、これは株式の議決権のような性質のものでもない。

ウ　最判平成 26 年 12 月 12 日裁判集民 248 号 155 頁〔28224909〕での展開

最高裁 2 月判決に引き続き、同年に出された本判決（以下、「**12 月判決**」という）は、次の理由で「**預り金」は当然に相続分に応じて分割されるものではない**とし、「元本償還金又は収益分配金の交付を受ける権利は上記受益権の内容を構成するものであるから、共同相続された上記受益権につき、相続開始後に元本償還金又は収益分配金が発生し、それが預り金として上記受益権の販売会社における被相続人名義の口座に入金された場合にも、上記預り金の返還を求める債権は当然に相続分に応じて分割されることはなく、共同相続人の 1 人は、上記販売会社に対し、自己の相続分に相当する金員の支払を請求することができない」と判示した。

本判決は、2 月判決を維持したうえで、投資信託受益権から発生した元本償還や収益分配金が預り金として口座に入金され、「金銭債権」となった後でも、当然分割とはならないことを明らかにし、この点で先の 2 月判決を一歩踏み出した判断をしている。このことは、**相続時に当然分割の対象でなければ、その後に、金銭債権に変わっても、当然には分割債権とはならない**ということを意味している。しかし、収益分配金については、これが法定果実と認められると、信託受益権が準共有でも、そこから生じた法定果実たる収益分配金は当然分割されると解する余地はある。相続財産中の不動産から生じた金銭債権たる賃料債権は分割帰属するとした最判平成 17 年 9 月 8 日民集 59 巻 7 号 1931 頁〔28101750〕がある。

（4）預貯金に関する大法廷決定

預貯金を他の財産と合わせて遺産分割の対象にできるかどうかが争われた審判の許可抗告審で、第一小法廷は審理を大法廷に回付し、大法廷（平成 27 年（許）11 号）は「預貯金も遺産分割の対象」になるとした（最大決平成 28

年 12 月 19 日民集 70 巻 8 号 2121 頁〔28244524〕、本決定について、山下眞弘「時事解説」税務弘報 65 巻 4 号（2017 年）42 頁）。

＜事案と判旨＞

被相続人Ａには共同相続人ＸとＹがいる。Ａは本件不動産のほかに、本件預貯金を有していたが、Ｘ・Ｙ間では本件預貯金を遺産分割の対象に含める合意はされていない。ＹはＡから約 5,500 万円の生前贈与を受けており、これは「特別受益」に当たるが、原審は、本件預貯金は、相続開始と同時に当然に相続人が相続分に応じて分割取得し、相続人全員の合意がない限り遺産分割の対象とならないとした。

この判断に対して、以下の理由で大法廷は原審（大阪高決平成 27 年 3 月 24 日金法 2059 号 19 頁〔28243966〕）を破棄、差し戻した。その要旨は、①共同相続人は、相続分に応じた共有関係の解消手続を経ることになるが（民法 896、898、899 条）、共有関係を協議によらずに解消するには遺産分割審判（同法 906 条、907 条 2 項）によるべきである。②そこにおいて基準となる相続分は、「特別受益」等を考慮して定められる「具体的相続分」であり（同法 903〜904 条の 2）、共同相続人間の実質的公平を図る趣旨から、被相続人の財産を可能な限り幅広く「遺産分割の対象」とするのが望ましく、現金のように、具体的な遺産分割の方法を定めるに当たっての調整に資する財産を遺産分割の対象とする実務上の要請もある。この要請からすれば、預貯金も現金に近いものといえるため、当事者の同意を得て預貯金債権を遺産分割の対象とするという運用が実務上広く行われてきた。

③そこで各種預貯金債権の内容性質をみると、共同相続された普通預金債権、通常貯金債権及び定期貯金債権は、相続人全員の合意の有無にかかわらず、いずれも相続開始と同時に当然に相続分に応じて分割されることはなく、「遺産分割の対象」となるものと解される。すなわち、普通預金債権及び通常貯金債権は、いずれも 1 個の債権として同一性を保持しながら常に残高が変動し得るものであり、この理は預金者が死亡しても異なることなく、共同相続人全員で預貯金契約を解約しない限り、各共同相続人に確定額の債権として分割されることはないと解され、預金者の死亡により預貯金債権は共同相続人全員に帰属することになる。また、定期貯金は貯金の管理を容易にするなどの趣旨から分割払戻しを制限しており、定期貯金債権が相続により分割されると解すると、定期貯金に係る事務の定型化、簡素化を図る趣旨

に反することとなる。以上、最判平成 16 年 4 月 20 日裁判集民 214 号 13 頁
〔28091158〕その他の判例は変更すべきである。裁判官全員一致。

(5) これまでの家裁実務の問題点

ケース　相続人が子 X と Y の 2 人で、遺産が建物 500 万円、預貯金
4,000 万円であったが、被相続人が、生前 Y に土地 4,000 万円を贈与して
いたとする（相続開始時価値 5,500 万円）。この事例では、みなし相続財産は
500 万円＋4,000 万円＋5,500 万円＝1 億円となる。そこで、X の具体的
相続分は 1 億円×1 ／ 2 ＝5,000 万円、Y の具体的相続分は 1 億円×1 ／
2 －5,500 万円＝－500 万円となり、Y は超過受益者であるが、民法 903
条 2 項により超過分の返還は不要となり、相続分はゼロである。X の具体的
相続分は 5,000 万円のところ、遺産総額 4,500 万円のためその全額を相続
することになるはずである。

　ところが、従来の家裁実務では「可分債権である預貯金は当然分割し、相
続人全員の同意がない限り、預貯金を遺産分割の対象とすることはできな
い」としてきたため、Y が「遺産分割の対象」とすることに合意しない限
り、預金は「法定相続分」で分割承継され、Y の具体的相続分はゼロにもか
かわらず、Y が 4,000 ×1 ／ 2 ＝2,000 万円を取得するということにな
る。その結果、X は預金 2,000 万円＋建物 500 万円＝2,500 万円の取得
しかできないが、このような結果は、これまでの判例法理に基づくため「法
律上の原因」があり、Y に対し民法 703 条の不当利得返還請求もできず、
Y は特別受益贈与 5,500 万円＋預金 2,000 万円＝7,500 万円も取得する
ことになる。X の遺留分は 1 億円×1 ／ 4 ＝2,500 万円であり、X の遺留
分侵害もないため、X は 2,500 万円だけの取得に終わるが、これは不公平
ではないか。というわけで、預金債権についても遺産分割の対象とし、分割
前の一方的な払戻しを制限する法理が必要と主張されていた（二宮周平「預
金債権の遺産分割対象性と払戻の制限」立命館法學 363 ＝364 号（2015 年）
547 頁）。

(6) 最大決平成 28 年 12 月 19 日民集 70 巻 8 号 2121 頁〔28244524〕
の実務への影響

　ア　遺産分割前の相続預貯金払戻しが困難

これまでは相続預金があれば、法定相続分に応じて払戻しを請求し、銀行が応じなければ、払戻訴訟を提起することができたが、今後はこのような手段が使えなくなる。そのため、自分の法定相続分だけ預金を引き出して、相続開始を知ったときから10か月という短期間で相続税の納税資金を捻出するとか、遺産分割調停・審判の諸経費に充てるということも困難となる。

　前掲平成28年最大決の補足意見においても、例えば、被相続人が負っていた「債務の弁済」を共同相続人がする必要のある場合とか、被相続人に扶養されていた共同相続人の「当面の生活費」を支出する必要があるなどの事情により、相続預貯金を遺産分割前に払い戻す必要があるにもかかわらず、共同相続人全員の同意が得られない場合に、不都合が生じるのではないかという指摘がある。これについては、現行法上、遺産分割の審判事件を本案とする保全処分として、相続財産中の特定の預貯金債権を生活に窮している共同相続人に仮に取得させる「仮分割の仮処分」（家事事件手続法200条2項）等の活用が考えられるとの意見が示されている。生活資金や葬儀費用などについては特例として、従来のとおり金融機関による「便宜取扱い」も期待できるであろう。

イ　遺産が預貯金だけでも分割調停・審判が可能

　これまでは遺産が預貯金だけであると遺産分割の対象がないものとして扱われ、遺産分割調停・審判を行うことができなかったが、判例変更によりこれが可能となった。ただ、遺産分割協議が成立しない場合に、審判が終わらないと現金化が遠のくこととなり長期化するため、生前における備えが重要になる。例えば、遺言書の作成、**「遺言代用信託」**の設定さらには生命保険の活用などがあり得る。

（7）金銭「債務」は当然分割でよいのか

　「金銭債務」の取扱いについても検討を要する。判例は古くから共同相続人が各自分担し平等の割合で債務を負担するものとしており（大決昭和5年12月4日民集9巻1118頁〔27510541〕）、連帯債務に関する最判昭和34年6月19日民集13巻6号757頁〔27002565〕もこれを支持する。判例の「分割債務」の考え方によると、**相続人の中に弁済能力のない者がいた場合に、他の共同相続人には弁済責任がないこととなり、遺産債権者を害することになる。**

コラム 債権者保護の限界

　債権者を保護するため、仮に共同相続人が「不可分債務」（連帯債務）として債務を負担することにすると、債権者は共同相続人のすべての固有財産まで債権の引当対象にできてしまうため、債権者を過度に有利に扱うことになりはしないかという別の問題も生じる。金銭「債権」と同じく金銭「債務」も当然分割とする判例は実務に支障があるが、現在の判例状況では「当然分割」として実務処理するほかない。

（8）判例変更に伴う検討課題
ア　共同相続人の一部への払戻しに応じた金融機関の保護
　共同相続人自身の法定相続分であっても金融機関に対し払戻しは請求できないのが、判例変更後の最高裁の立場である（最判平成 29 年 4 月 6 日裁判集民 255 号 129 頁〔28251145〕）。そこで、金融機関側から払戻しに応じた場合の効果であるが、法定相続分相当の払戻しをした時点で、同額の預金債権が確定的に消滅するかについて、法制審で検討された「仮払制度」によれば、例外的に債務が消滅するという効果が認められ、金融機関が免責されるものと理解できる。

イ　共同相続人の一部への預貯金払戻しがなされた場合の対応
　その場合に、他の共同相続人はどのような対応ができるか。最高裁は相続貯金を当然分割と判示した前掲平成 16 年最判〔28091158〕を変更したが、相続開始後に共同相続人の 1 人が相続財産中の預貯金を払い戻した場合は、他の共同相続人は自己の準共有持分を侵害されたとして、払戻しを受けた共同相続人に対し不法行為責任若しくは不当利得返還請求を追求できるものといえる。

ウ　相続人・被相続人の債権者による預貯金債権の相殺・差押え・取立て
　共同相続された預貯金債権が準共有となることから、相続人の債権者は被相続人名義の預貯金債権に対する当該相続人の準共有持分の差押えはできるが、取立てはできないものとする見解もある。これに対し、被相続人の債権

者は差押債権額に係る共同相続人全員の準共有持分を差し押さえてこれを取り立てることができるものと解されている。また、預貯金債務を負担する金融機関は、被相続人に対する債権を預貯金債務と相殺でき、かつ相続人に対する債権を預貯金債務と相殺することもできるものと解されている。第三者保護の観点からすれば、いずれも結論は妥当といえよう。

エ　相続預貯金の仮払制度に係る差押え

　民法909条の2が新設されたため、遺産分割前の相続預貯金債権に対して、相続人が単独で一定額まで権利を行使できることとなった。その結果、仮払制度による払戻請求権に対する差押えができるかが新たに問題となった。払戻請求権の譲渡・差押えはできないとの立案過程での説明もみられるが、条文上に特段の制限があるわけでもないため、相続人の有する請求権についてその債権者が代位請求することを認める解釈も可能であろうが、実務上は立案過程の法務省説明に従っておくのが無難かもしれない。

4　事業用動産・不動産の相続

　設例　X株式会社は、代表者Aの自宅を社屋とし、主力事業に必要な機械備品もAの個人所有である。Aは長男のYにX社の事業を譲り渡したいと考えているが、YがAの妻Bとの折り合いが悪いことから、Aが亡くなったあとのBの生活がどうなるかを心配している。また、Aの長女Zは、Yがすべての資産を相続することは問題があると考えている。このような場合で、Aの希望を叶えつつ、紛争の発生を予防するためにどのような対策を講じる必要があるか。

ポイント

　中小企業においては法人資産と個人資産の峻別が厳密になされていない場合も珍しくないが、代表者の個人資産が事業に用いられている場合、事業譲渡や相続において当該個人資産をどのように扱うかという問題が生じる。特に自宅兼事務所のような代表者個人の生活に不可欠な資産が事業に供されている場合にはより深刻である。本項では、このような個人資産と事業資産が混在している場合の事業承継や相続の留意点について考察する。

（1）事業用不動産の承継

　経営者個人所有の不動産を事業に供している場合、まずは会社への売却や現物出資等により当該不動産を会社所有にすることが考えられる。こうすることで後述する遺留分の問題を回避することができるメリットもあるが、万一会社が破産した場合には当該不動産を失う危険がある。特に経営者が会社の債務を連帯保証していない場合、会社が破産しても経営者は破産しない場合も想定される。その場合に自宅などの不動産を失う結果となることは避けたいという考えもあり得よう。また、自宅兼事務所のような生活に必要な不動産については、会社所有とした場合には経営者の交代により会社から賃料負担や明渡しを求められるリスクがある。

　事業用不動産を個人所有のままとする場合には、事業承継に当たり**当該不動産を後継者に遺贈する旨の遺言を作成**するか、**後継者への生前贈与・売却**を行うことが必要である。もっとも、生前に後継者への権利移転を行った場合にはこれを取り消すことはできないため、将来後継者との関係性が悪化する等の事情変化により不測の事態が生じる危険性がある。そのため、遺言によって後継者へ承継することが安全であろう。

　資産管理会社を設立して不動産を現物出資し、会社へ不動産を賃貸するという方法もある。この場合、現経営者が不動産を実質的に所有し続けることができるほか、後継者以外の相続人にも資産管理会社の株式を遺贈することで遺留分対策や後継者以外の相続人の利益確保を行うことも可能となる。

　その他、**民事信託**による方法も考えられる。民事信託の詳細については本書第6章を参照されたい。

（2）事業用不動産の承継における配偶者居住権の活用

　自宅不動産を事業に用いている場合で、経営者の配偶者と後継者との関係が悪い場合、配偶者に不動産を遺贈した場合には会社の事業に支障が生じる可能性があり、逆に後継者に遺贈した場合には配偶者の居住権が害される可能性があるという二律背反状態が生じる危険性がある。この問題を解決する方策として、**配偶者居住権**を活用することが考えられる。

　配偶者居住権とは、配偶者の一方が死亡した場合に他方配偶者が住み慣れた家に引き続き居住し続けることを保障しつつ、今後の生活のための手元資金の確保を実現するための方策として新設された制度である。具体的には、

一定期間被相続人所有の建物に居住していた配偶者が無償で建物に住み続けることができる権利（**短期配偶者居住権**、民法 1037～1041 条）と、遺言又は相続人間の協議等により設定する権利（**配偶者居住権**、同法 1028～1036 条）がある。

　配偶者居住権は自己所有（共有の場合は不可、民法 1028 条 1 項ただし書）の建物に配偶者が居住している場合において、配偶者居住権を**遺贈された場合、遺産分割協議**又は**遺産分割の審判**により配偶者居住権を取得した場合に認められる。**存続期間は配偶者の終身**であるが、遺言や遺産分割、審判に別段の定めがある場合には存続期間を一定期間に制限することもできる。第三者対抗要件として**登記が必要**であり、居住建物の所有者には登記義務が課されている（同法 1031 条）。

　配偶者居住権は**無償**であり（民法 1028 条 1 項）、また居住建物の使用のみならず収益権も認められる。範囲は**建物の全部**であり、建物の一部を事業に供している等、配偶者が建物全部を使用していなかった場合であっても同様である。一身専属権であり第三者への譲渡はできない（同法 1032 条 2 項）。配偶者は建物使用につき善管注意義務を負う（同条 1 項）ほか、増改築や第三者へ建物の使用収益をさせる場合には所有者の同意が必要となる（同条 3 項）。遺産分割や遺留分の算定に当たっては、「建物敷地の現在価格」から「配偶者居住権付きの建物所有権の価格」を控除した額が配偶者居住権の額となるという計算方法（簡易な評価方法）が法務省より示されているが、この点についての実務は固まっていない。

　設例のケースで配偶者居住権を活用する場合、後継者に自宅兼事務所となっている不動産を遺贈し、遺言において配偶者居住権を設定することになる。この場合、後継者が相続する不動産の価値が配偶者居住権の分減少するため、他に株式等の事業譲渡に不可欠な資産を後継者に遺贈しても後継者が取得する遺産総額を抑えることができるという効果もある。

（3）個人名義の事業用動産の取扱い

　機械や工具等の事業用動産は不動産と比較して経営者所有のままにしておく必要性は乏しく、**譲渡や現物出資**により会社へ権利を移転しておくことが望ましい。会社設立時点、あるいは設立直後の早い段階で現物出資を行うことが本来的であるといえよう。また、ある程度の価値のある動産類は会社に

　売却し、遺留分対応の原資とすることも 1 つの方策である。

　会社所有としない場合には後継者へ確実に引き継げるよう遺贈や生前贈与を行う必要があることや賃貸借契約等の使用権限に関する契約を整備しておく必要があることは不動産の場合と同様である。**会社名義のものと個人名義のものを峻別**しておくことも必要である。

（4）実務上の対策

　承継の検討を開始する時点で会社資産と個人資産を峻別し、個人名義の資産のうち確実に後継者に承継させるべきものの洗い出しを行うことが不可欠である。そのうえで必要に応じ会社への売却・現物出資により会社所有とする、又は資産管理会社へ売却・現物出資するといった対応を行う。

　自己所有のままにしておく必要がある資産については、その時価額を確認し、遺留分の問題が生じないように配慮したうえで後継者へ遺贈する旨の遺言書を作成する。また、自宅不動産については必要があれば配偶者居住権の設定を検討すべきである。

5　株式の承継と遺留分侵害額請求権

> **設例**　Ｘは、自らが株式の 100％を保有するＡ社につき、Ａ社の株式すべてを長男のＹに相続させる旨の遺言書を作成することを希望し、弁護士に相談した。弁護士は、Ｘの希望では次男のＺ（なお、ＹとＺの他に相続人はいない）の遺留分を侵害する可能性が高いと考えＸにその旨助言したところ、Ｘから「Ｚから遺留分侵害額請求をなされないようにしつつ、Ｙに対してＡ社の経営権を承継させる方法を考えてほしい」との要望を受けた。

ポイント

　中小企業における円滑な事業の承継のためには、支配権を維持できるだけの株式を後継者に承継することが不可欠である。しかし、株式を承継させる過程で他の相続人の遺留分を侵害する危険があり、遺留分への対応は株式の承継における重要な問題となっている。本項では、相続による株式の分散を回避する方法や、遺留分侵害を回避しつつ後継者に支配権を承継する方法について、相続法・会社法の視点から考察を行う。

（1）相続による株式の分散防止の必要性

　中小企業において支配株主の相続が会社の支配権をめぐる紛争の原因となることは珍しくない。

　後継者と対立する相続人に過半数以上の株式が渡った場合、後継者を会社から排除することも可能となる。また、多くの中小企業においては株主総会が適切に開催されているとは言い難いところ、後継者に反目する相続人が株式を相続した場合に、**株主総会の決議無効・取消しの訴え**が提起されるというリスクもある。そのため、支配権獲得のために株式の相続をめぐって「骨肉の争い」が生じることも少なくない。相続紛争が生じた場合、事業運営にも大きな支障や影響を生じることも考えられるため、親族間の事業承継や相続に当たっては、株式を分散させることなく確実に後継者に引き継ぐ方法を事前に講じることが不可欠である。

（2）売却・譲渡による株式の承継

　相続による株式の分散を防ぐ最も確実な方策は、生前に後継者に対し必要な株式を**売却又は譲渡（生前贈与）**することである。ただし、現経営者が会社に影響力を行使したい場合にはとり得ない。また、譲渡後は現経営者が配当等を取得することもできなくなるほか、譲渡したあとに後継者と不仲になるなどの事態が生じたとしても後継者を変更することができないというデメリットがある。税務面でも、売却益に対する**所得税**や無償の場合**贈与税**の課税負担が生じる。また、相続人に対し相続開始前の 10 年間に贈与がなされた場合で、「特別受益」（民法 903 条 1 項）に該当する部分は遺留分算定の基礎とされる（同法 1044 条 1、3 項）。なお、相続人以外の者に対する贈与の場合、対象は特別受益に限られないが、相続開始前 1 年間になされたものが原則となる（同条 1 項）。ただし、当事者双方が贈与の時点で遺留分権利者に損害を与えることを知っていた場合にはこれらの期間制限の適用はない（同項第 2 文）。

　以上のリスクを踏まえたうえで、後継者が取得費用を賄え、売却時の対価や課税額が高額にならない場合には、売却による株式の承継を検討するメリットはある。この場合に現経営者が会社に影響力を維持したい場合や、生活資金として配当を受領したい場合には、後述する**種類株の発行**を検討すべきである。売却による場合には原則として遺留分の問題は生じないが、不当

な対価でなされた場合、当事者双方が遺留分権利者に損害を加えることを知って行ったときには負担付贈与とみなされ、正当な対価との差額が遺留分の基礎財産とされる（民法1045条2項）ことに留意が必要である。

（3）遺言による株式の承継

生存中は株式を保有し、死後に特定の承継者に経営権を承継させることを希望する場合には、遺言によることが典型的な方法である。遺言はいつでも変更できるため、必要があれば後継者や承継の割合を変更することもできる。

遺言により株式を後継者へ承継させる場合には後述する遺留分の問題が生じる場合があるため、遺言書を作成するに当たっては**遺留分侵害を最小限にすること**や他の相続人から**遺留分侵害額請求権の行使がなされることを想定して内容を定める**必要がある。他の相続人への清算のために後継者が株式の一部を手放さざるを得なくなることは本末転倒であるので、遺言による承継の場合には遺留分侵害額請求に対する対応策を十分に講じる必要がある。

コラム 民事信託と遺留分

遺留分における「贈与」とは、狭義の贈与契約だけでなく、広くすべての無償処分を意味し、**「無償の信託の利益の供与」も含まれる**と解されている。相続により信託の受益権を取得する場合はもちろん、契約により遺言代用信託等を設定する場合でも遺留分の規定が適用される。そのため、**信託による承継を行う場合であっても遺留分に対する対応は必要**である。なお、不動産を信託財産とする信託の事案で、遺留分制度を潜脱する意図で信託目的を利用したとして信託の一部が公序良俗に反し無効であるとした下級審判例（東京地判平成30年9月12日金法2104号78頁〔28264792〕）があり、信託を利用する場合に**遺留分を侵害するような信託を設定することは信託自体が公序良俗違反として無効とされる危険が高い**と思われる。

（4）遺留分侵害と遺留分侵害額請求権

ア 相続法改正による変更点

2018年改正前の相続法では、遺留分を侵害する遺贈・贈与がなされた場

合、遺留分減殺の意思表示により減殺に服する範囲で遺贈・贈与は失効し、遺留分権利者が減殺対象となった財産に対する物権的支配を回復するという理解が判例・通説であった。これに対しては、遺留分減殺請求により意図しない共有状態を作出することは権利関係を複雑にし、受贈者・受遺者の持分処分にも支障を来すという問題が指摘されていた。特に事業承継の場面では意図しない共有状態の発生が円滑な承継の阻害要因となっていた。この問題点を解消するために、2018年の相続法改正において遺留分制度は大きく変更された。その概略は次のとおりである。

①遺留分権の行使（遺留分侵害額請求の意思表示）によって、**遺留分侵害額に相当する金銭の給付を目的とする債権**が生じるとした。なお、この場合に生じる債権は権利者固有のものであり、給付された金銭が相続財産に復帰するものではない。

②遺留分侵害額請求を受けた受遺者・受贈者が直ちに金銭を準備できない場合、裁判所に対して**期限の許与を請求**することができる規定が新設された。

これらの改正は遺留分侵害額請求権の行使により生じる権利を金銭債権とすることで意図しない共有状態の作出を防止し、また期限の許与を認めることで遺留分侵害額請求を受けた受遺者・受贈者が必要な資金を準備する機会を保障することにより、遺贈や贈与の目的財産を受遺者・受贈者に与えたいという遺言者の意思を尊重することを目的としている。

> ケース 冒頭の設例でXが死亡し、相続人が子Y、Zである場合で、XがYに対し保有する株式（4,000株・時価4,000万円）のすべてを遺贈した場合（なお、Xには株式の他に相続財産はない）の遺留分はどのようになるか。

この場合、旧法下であればZの遺留分減殺請求によりZは遺留分割合（4分の1）である1,000株の所有権を取得するが、改正法では株式すべてをYが取得し、Zの遺留分侵害額請求権行使によりZがYに対し1,000万円の金銭債権を取得する、ということとなる。

コラム 遺留分侵害額請求と代物弁済―譲渡所得税

被相続人の遺言によりすべての財産を取得した相続人Aに対し、相続

人Bが遺留分侵害額に相当する金銭の請求をした。相続人Aが、遺留分侵害額に相当する金銭の支払に代えて、相続した不動産を代物弁済することで当事者間に合意があった。民法改正前の遺留分減殺請求権とは異なり、遺留分侵害額請求権は金銭債権として位置付けられたため、相続した不動産を代物弁済することで遺留分侵害額に相当する金銭債務が消滅することになる。

　税務上は、当該不動産は消滅の対価として譲渡されたものと考えられ、譲渡所得の金額の計算上の収入金額を消滅した債務の額に相当する金額として、譲渡益が生ずる場合は譲渡所得税が課税される。他方相続人Bが代物弁済により取得した不動産を譲渡した場合の取得価額は、代物弁済を受けることにより消滅した債権の額に相当する金額（遺留分侵害額に相当する金額）となる（所得税基本通達33-1の6、38-7の2）。

（山下宜子税理士）

イ　遺留分侵害の対象となる行為

　相続法の改正により、相続人に対する贈与は原則として相続開始前の10年間にされたものに限り、その価値を遺留分算定の基礎とするとした（民法1044条1項前段、3項）。ここでいう贈与は婚姻若しくは養子縁組のため又は生計の資本として受けた贈与、すなわち「特別受益」（同法903条）に該当する贈与が対象となる。どのような贈与が「生計の資本」に当たるかは肯定例・否定例ともに判例が多数存在するが、紙幅の都合でここでは割愛する。

ウ　中小企業の事業承継のための遺留分制度の特例

　民法の規定に加え、「中小企業における経営の承継の円滑化に関する法律」（経営承継円滑化法）で遺留分について一定の特例措置を定めている。

　中小企業の経営者の場合、その個人資産の大部分が自社株式や事業用資産である場合が多いが、経営者がこれら資産を特定の後継者に集中させようとした場合、後継者以外の相続人の遺留分を侵害することとなり、事業承継に支障を来す結果となりかねない。また、後継者以外が遺留分を放棄することも可能であるが、生前の遺留分放棄は家庭裁判所の許可が必要なため現実的ではなかった。そこで、同法では一定の要件を満たす中小企業について、先

代経営者から自社株式等の遺贈・贈与を受けた後継者（必ずしも推定相続人に限られない）と遺留分権者が合意をしたうえで、後継者において一定の手続を経ることで遺留分に関する特例を受けることができる旨を定めている。

　合意は、取得した自社株式等を遺留分算定の基礎財産から除外すること（**除外特例**）、又は取得した自社株式等の遺留分算定に当たっての価格を相続発生時の時価ではなく合意の時の時価とすること（**固定特例**）の２つがある。特例を受けるためには、①後継者と後継者以外の遺留分権利者全員との間で除外特例又は固定特例の**合意書面を作成**し、②その合意をした日から１か月以内に後継者が経済産業大臣に対して合意についての**確認の申請**をし、③後継者が確認を受けた日から１か月以内に先代経営者の住所地を管轄する**家庭裁判所に対して申立て**をして許可を受ける必要がある。

　経営承継円滑化法は遺留分の特例のほか、一定の条件を満たした場合の相続税・贈与税の納税猶予や金融支援策も規定している。詳細は中小企業庁のホームページを参照されたい。

（5）遺留分侵害を防止しつつ支配権を適切に承継させる方法

　後継者が経営者から株式を買い取るという方法を選択しない場合、生前贈与、遺贈、信託のいずれの方法をとるとしても、遺留分侵害が発生する可能性はある。特に相続財産に占める株式等の割合が多ければ多いほど、後継者以外の相続人の遺留分を侵害する危険がつきまとうことになる。

　承継すべき株式等以外にも資産がある場合には、遺留分を侵害しないような形で後継者以外の相続人にも一定の資産を相続させる旨の遺言を作成するということが最も重要であり、そのためには承継させるべき株式等の価値を含む**資産全体の額を適正に算定**する必要がある。承継すべき株式等以外に資産が乏しい場合、後述する種類株を利用した対策のほか、株式の一部を後継者に売却し残余を後継者に遺贈することで**遺留分の引当てとなる資産を確保**する等の工夫も検討すべきである。

　遺留分を侵害する形での承継をとらざるを得ない場合、他の相続人の同意が得られるのであれば、**経営承継円滑化法による特例の利用**を検討すべきである。同意が得られない場合には将来の紛争発生に備えて、後継者には株式のみならず遺留分侵害額請求権が行使された場合に必要な資金（現預金や上場株式等）を併せて遺贈・贈与するという方策もあろう。

　会社法を活用した遺留分対策としては**種類株式**（会社法108条）の活用が考えられる。一例として、事業承継の準備に当たり**無議決権・配当優先株式**を追加で発行し、後継者には普通株式を、非後継者に対しては無議決権・配当優先株式を遺贈することで、遺留分を侵害することなく会社支配権を確実に後継者に承継し、承継後の会社経営に支障が生じることを予防することができる。また、生前に普通株式を後継者に譲渡し、無議決権・配当優先株を現経営者が引き続き保有することで、事業承継後にも現経営者が配当を受領することができるようにするという方法もある。

　非後継者が死亡した後の株式分散防止対策にも種類株が活用できる。具体的には、非後継者に承継させる株式に定款で定める事由が生じた場合に会社が当該株式を強制的に取得できる**「取得条項」**を付しておくことや非後継者の相続人から会社に対し株式の買取りを請求できる**「取得請求権」**を付しておくことが考えられる。

　なお、平成19（2007）年3月9日付国税庁「種類株式の評価について（情報）」では、同族株主が無議決権株式を相続又は遺贈により取得した場合には、原則として議決権の有無を考慮せずに価値を評価するとしており、遺留分侵害の判断に当たってもこれと同様に考えることが妥当であろう。

　現経営者が会社に支配権を残したいという要請がある場合、重要議案を否決できる権限を付与した**拒否権付株式**を発行し現経営者がこれを引き続き保有するという方法がある。もっとも、拒否権付株式が譲渡・相続された場合には会社経営を左右する結果ともなるため、**「属人的株式」**（会社法109条2項）とする定款規定を設けることが不可欠である。なお、属人的株式を発行するためには株主総会の特殊決議（総株主の半数以上かつ総議決権の4分の3以上、同法309条4項）が必要である。

　種類株式を利用するためには、まず発行する種類株式の**内容と発行可能株式総数を定款に定める**必要がある（会社法108条2項）。具体的な発行は新たな株式を**第三者割当**により発行する方法（原則として株主総会の特別決議が必要）、既存株主への**株式無償割当て**により発行する方法（取締役会決議で足りる）、定款変更により**既発行株式の内容を変更**する方法（種類株主に損害を及ぼすおそれがある場合には種類株主総会の特別決議が必要）のいずれかにより行う。なお、既発行株式の内容を変更する場合には、ある種類の株式の一部を他の種類の株式に変更する場合には①株式の内容の変更に応ずる個々の株主

と会社との合意と、②株式の内容の変更に応ずる株主と同一種類に属する他の株主全員の同意が必要となる点に留意すべきである。例えば、現経営者が保有する普通株式の一部を無議決権株式とする場合には、現経営者と会社との合意のほか、他の普通株式の株主全員の同意が必要となる。

　後継者に承継させる議決権の割合は可能な限り100％とすべきである。それができない場合には最低でも特別多数を確保できる議決権の3分の2を承継させるべきであるが、可能であれば将来の紛争発生時の対策や事業譲渡の必要が生じたときに全株式を取得できるよう、**特別支配株主への株式売渡請求**（会社法179条1項）が可能となる9割の議決権を後継者に確保しておくことが望ましい。

> **コラム** 事業承継と経営者保証ガイドライン
>
> 　事業承継時に大きなネックとなるのは代表者の個人保証の取扱いである。2018年の中小企業基盤整備機構による調査では後継者候補が承継を拒否したケースが18.3％あり、その65％が経営者保証を理由とする拒否であった。後継者からの保証徴求は現在でも50％を超えており、うち14.6％は新旧経営者からの二重徴求になっている。
>
> 　このような実態を踏まえ、2019年12月に「経営者保証に関するガイドライン」に事業承継時に焦点を当てた特則が策定され、2020年4月より運用がなされている。特則では、新旧経営者からの**保証の二重徴求を原則として行わない**ことや、現経営者の保証継続の要否は慎重に判断すること、**新経営者の個人保証を求めるべきでないこと**等を定めるとともに、保証徴求時に「どのような改善を図れば保証を解除しやすくなるか」を具体的に説明するよう金融機関に求める内容となっている。
>
> 　弁護士等の専門家が事業承継に関与する場合には支配権の円滑な委譲のみならず、個人保証に関しても対応をすることが求められよう。

6　相続人以外への事業承継―M＆A事業譲渡

　設例　事業譲渡を計画している社長から、①競業避止義務を免除したら事業譲渡ではないのか、②譲受人が別の営業を開始したら事業譲渡でなくなる

のか、そして、③事業の重要な一部は資産譲渡とどこが異なるのか、と相談を受けた。

ポイント

　事業を譲渡する場合には、譲渡側が譲渡後に競業しない義務を負うのが通常であるが、これは事業譲渡の要件ではなく譲渡の効果と解する見解が現在では多数となっている。また、譲受側が同じ事業活動を継承するかどうかは譲渡時点では不明なため、実際の活動承継は不問とするのが多数説である。そして、事業の重要な一部と単なる資産との区別は微妙な判断を要する場合があるが、事業活動ができる程度に一体性があれば事業の重要な一部と判断できるといえよう。

（1）事業譲渡の特性—合併・会社分割との比較

　事業譲渡と資産譲渡の区別は容易ではない。移転する対象が判例にいう「有機的一体として機能する組織的財産」であれば事業とされ、原則として譲渡会社の総会特別決議を要し、他方、譲受会社では譲渡会社の全事業を譲り受ける場合に限って特別決議が必要となる。これに対し、「重要な資産譲渡」と認定されれば、それは総会決議ではなく取締役会決議で足りることとなる。事業譲渡は合併や会社分割とも比較され、同じく事業が移転するという点で共通点があるものの、合併・会社分割と異なって、事業譲渡は包括承継により権利義務が移転するものではないため、債権者や契約相手方の個別同意がない限り債務も契約関係も移転しない。

（2）事業譲渡の承認

　会社の事業（2005年改正前の旧商法では「営業」という）の譲渡等について株主総会の特別決議が必要とされる規定は、1938年の改正によって設けられ、1950年の改正によって、反対株主に株式買取請求権が認められ、事業の全部を譲渡しても会社の目的を変更して新事業を行うこともできるので、全部譲渡を解散原因とする規定を削除した。さらに、事業の一部の譲渡につき「重要な」という文言を追加し、これ以降は会社法の制定まで修正はみられない。なお、会社法では「事業譲渡」の用語が新しく充てられ、個人商人にはこれまでどおり「営業譲渡」の用語が充てられている（商法16条）。

ア　事業譲渡の手続

　会社が事業譲渡をするには、譲渡会社で取締役による決定又は取締役会の決議の後、事業の全部の譲渡の場合、又は事業の「重要な一部」の譲渡の場合に、簡易事業譲渡の場合を除いて、その効力発生日の前日までに、株主総会の特別決議を経る必要がある。また、譲渡の対象について個々の移転手続を要し、債権者の個別同意も必要となる。

イ　事業全部の譲受け

　会社の事業譲受けについては、譲受会社が他の「会社の事業の全部」を譲り受ける場合に限って、譲受会社で株主総会の特別決議を要する（会社法467条1項3号）。ここでの会社には、外国会社その他の法人が含まれる。会社の事業譲受けに限定しているため、いかに大規模な事業譲受けであっても、譲り受ける対象が個人企業であれば、譲受会社の総会決議を要しない。

（3）事業の重要な一部譲渡の判断基準
ア　事業譲渡の意義

　判例は、株主総会の特別決議を要する旧商法245条1項1号（会社法467条）の場合と、別の立法目的をもった旧商法24条（商法15条）以下とで、事業譲渡の意義は同じであるとしたうえで、①有機的一体として機能する組織的財産の譲渡によって、②譲渡会社が営んでいた「営業的活動」を譲受会社に受け継がせ、③譲渡会社がその譲渡の限度に応じ法律上当然に旧商法25条（商法16条）に定める競業避止義務を負う結果を伴うものとしている（最大判昭和40年9月22日民集19巻6号1600頁〔27001268〕）。かつての多数説は、この最高裁判例と基本的に同じ立場であり、しかも判例の立場について、それが現実に②営業的活動の承継と③競業避止義務の負担を伴うことを要件としていると理解するのが多数であった。

> **コラム　事業譲渡の成立要件**
>
> 　近年、判例の立場は現実に上記の②及び③を要件とするものではないと理解する学説が有力で、そのように筆者も考えてきた。株主総会の承認決議の要否は、事業譲渡の時点で判断することになり、後日の譲受会社の行動をみてから判断されるものではないはずで、現実に②③を問題

とするのではなく、客観的にみて②③を伴うと判断できるような状況
で、①の有機的一体としての組織的財産が譲渡されれば足りるというこ
とになる。

イ　事業の重要な一部とは

　事業の一部と単なる資産との区別が困難な場合もある。近年、重要な一部
の意義について、全部譲渡は、重要一部譲渡が株主に与える影響に加え、
会社解散に向かう前段階の行為であるとして、重要な一部はあまり厳格に解
さない方向を示唆する見解もある。これに対して、全部譲渡に実質的に近い
場合に限定すべきとの指摘もある。判例も判断基準は示していないため、実
務では、売上高、収益性、将来性などから実質判断するほかない。

> **コラム　20％割合基準の意味**
>
> 　重要な一部であっても20％基準に満たなければ総会決議を要しない
> という意味であって、重要性の基準は解釈に委ねられたままで、割合基
> 準として20％以上であれば、重要な一部か否か判断の対象となる。
> もっとも、会社が定款でさらに小規模なものにまで総会決議を要すると
> 定め得るため、**取引の相手方としてはその会社の定款を確認しないと無
> 効とされる危険がある。**

ウ　親会社による子会社株式等の譲渡

　2014年改正前は、株式会社がその子会社の株式又は持分を譲渡しようと
する場合、それは事業譲渡ではないから株主総会の承認決議は不要であっ
た。しかし、子会社の株式等を譲渡した結果、子会社の議決権総数の過半数
を有しないこととなれば、子会社の株式等を保有することで実現できた当該
子会社の事業に対する直接的支配を失う場合もある。これは、親会社が子会
社の事業を譲渡したのと実質的に異ならない。そこで、子会社の株式等の譲
渡について、事業譲渡と同じ規制をすることによって親会社の株主を保護し
た（会社法467条1項2号の2）。

（4）事業譲渡の実務問題
ア　事業の現物出資
　事業は、検査役の調査を原則的に要する現物出資の目的物となるが、事業譲渡に関する規定は類推適用されるか。旧商法26条（会社法22条）の適用に関するものであるが、最判昭和47年3月2日民集26巻2号183頁〔27000581〕はこれを肯定し、事業譲渡と事業の現物出資とは法律的性質は異なるものの、その目的である事業の意味は同一に解され、法律行為による事業の移転である点においては同じであるとした。

イ　事業の譲渡担保
　法定担保権に関するものについては、会社全財産の競売に総会決議を要するかが争われた先例があり（東京高決昭和47年3月15日下級民集23巻1＝4号118頁〔27411436〕）、決議は不要とされた。抵当権設定であれ譲渡担保の場合であれ、いずれも資金調達の手段であるという点では共通していることから、譲渡担保も事業を継続するための手段といえる。

ウ　親子会社間での事業譲渡
　完全親子会社は経済的にも実質的にも一体とみることができるため、その間での事業譲渡に総会決議は不要とする見解も少なくない。しかし、親会社が完全支配の子会社へ事業を譲渡する場合に決議を不要とすると、子会社に譲渡された事業の取扱いは親会社の代表取締役の支配下に入り、親会社の株主が子会社への事業譲渡がなかったならば有していたはずの権利が、その株主の意思を問うこともなく喪失させられるという不当な結果となる。そこで、合併との均衡を図るうえでも決議を要求すべきとの見解もある。

エ　債務超過・休業中・清算中と事業譲渡
（ア）債務超過の場合
　純資産がマイナスである債務超過の場合は、総会決議は不要とする見解がある。この場合は、株式買取請求権（会社法469条）を行使させる意味がないことをその理由とする。これに対して、たとえ株式買取請求権の行使が無意味であっても、基本的に最終判断は株主に委ねるべきとする見解もあり、実務上、疑わしい場合は株主総会の承認決議を経ておくのが安全といえる。

　（イ）休業中の場合

　休業中であっても、客観的にみて営業再開の可能性が残されている限り企業は生きており、直ちに株主保護の必要性がなくなったとはいえない。その判断基準が問題となり、たとえ長期の休業であっても、業種によっては社会的ニーズが回復して客観的に営業再開が可能となる場合もあるし、著しい債務超過が原因で金融機関の協力も得難いということであれば、長期休業でなくても廃業状態へと向かうこととなりそうである。

　（ウ）清算中の場合

　清算中の事業譲渡の場合に、解散決議があっても直ちに有機的財産が単なる個別財産に変質するわけではなく、解散決議後といえども事業譲渡はあり得る。その場合に解散前と同じく総会決議を要するかについては、決議必要説が多数のようである。

オ　事業譲渡の無効主張の制限

　譲渡会社での総会決議がないとして、それを理由に譲受会社から無効を主張する場合に、事業譲渡の後に 20 年も経て無効を主張してきたような場合は、**信義則違反**を認定することもできる（最判昭和 61 年 9 月 11 日裁判集民148 号 445 頁〔27801537〕）。しかし、短期間だったらどう判断すべきかという微妙な判断が避けられないが、実務上は信義則で解決するほかない。

（5）総会の承認を要しない場合

ア　略式事業譲渡－特別支配会社

　特別支配会社Ａによって支配されているＢ会社の側で株主総会の特別決議が省略できるのが、略式事業譲渡である。特別支配会社とは、Ａ株式会社が単独で、あるいはＡ会社及び特定完全子法人（Ａ会社が発行済株式の全部を有している株式会社又は全部の持分を有している持分会社等）が、Ｂ株式会社の総株主の議決権の 90％以上（これを上回る割合をＡ株式会社の定款で定めた場合は、その割合以上）を有している場合におけるＡ会社をいう（会社法 468 条 1項、会社則 136 条）。いうまでもなく特別支配を受けているＢ会社は、譲渡会社である場合に限らず譲受会社の立場であっても、相手方たるＡ会社が特別支配会社であれば、Ｂ会社での株主総会決議が省略できることに変わりはない。なお、株主総会決議が省略されても、反対株主には株式買取請求権が認

められる（会社法469条2項2号）。

> **コラム　株主総会決議が省略できる理由**
>
> 　特別支配を受けている会社において株主総会決議が省略できるのは、特別支配会社による議案の可決が避けられないからである。その理由からすれば、特別支配関係の90％基準は過大ともいえるが、90％基準を設けたのは、議決権行使の機会を重視して株主総会決議の省略できる範囲を極力狭くしようと配慮した結果ともいえる。

イ　簡易事業譲受け－小規模譲受けの特例

　事業全部の譲受けに関して、譲受けの対価の総額が譲受会社の純資産額の20％以下の場合には、譲受会社の株主総会決議が省略でき（会社法468条2項）、これを簡易事業譲受けという。すなわち、A会社の事業全部をB会社が譲り受ける場合に、A会社の事業全部の対価として交付する財産の帳簿価額の合計額のB会社の純資産額に対する割合が20％以下（純資産額が500万円未満の場合にあっては100万円以下）の場合は、B会社での株主総会決議を省略できる（会社則137条）。このような小規模な譲受けの場合は、譲受会社にとって影響も小さく、株主総会を開催するまでもないからである。

＜執筆＞

山下眞弘（1～3、6）、半田望（4、5）

＜参考文献＞

・酒巻俊雄＝龍田節編集代表『逐条解説会社法(6)』中央経済社（2020年）
・能見善久＝加藤新太郎編『論点体系判例民法11相続〈第3版〉』第一法規（2019年）
・和田倉門法律事務所＝高田剛＝石井亮編著『事業承継の法律相談』青林書院（2018年）
・潮見佳男『詳解相続法』弘文堂（2018年）
・中村廉平編著『中小企業の事業承継』有斐閣（2017年）
・山下眞弘『会社事業承継の実務と理論』法律文化社（2017年）

第 6 章

企業法務と民事信託・信託税制

1　本章の概要

　本章では、弁護士の信託実務に必要な情報に絞り、民事信託のポイントを解説する。信託は遺言等では実現できない機能を有しているが、判例の蓄積もなく法解釈に不明な点も残されている。しかし、2006年に信託法が改正され、多様性に応える新たな規定も追加された。最近では、家族関係を中心とした民事信託（**家族信託**）の普及も進みつつあり、民事信託に関する公正証書の件数も大幅に増加しており、信託は弁護士業務としても注目すべきである。

　なお、信託は特に納税者に有利な制度というわけではなく、信託法と税法で信託財産の帰属の考え方が異なることによる帰結にすぎない。そこで最後に、弁護士として知っておくべき**信託税制**について、税理士が詳細かつ具体的に実務解説をする。

2　民事信託の基本スキームと機能

　設例　相談者である高齢の社長は、やがて経営を息子に任せたいが、いま自社株が高いため息子に株式を贈与すると課税上の心配がある。そこで株式の承継は相続時に行いたいが、その前に高齢で議決権行使ができなくなる危険もあり、当面は相談者の義弟に経営を任せ段階的に息子に譲る方法を相談された。どのように信託の設定をすればよいか。

ポイント

　本件は株価が高いため、現時点での株式の贈与は避け民事信託を活用すべき事案である。例えば、①社長が委託者兼受益者で息子が受託者となる信託契約をする。②未熟な息子の議決権行使につき指示をする指図権者として、期間を限定して義弟を指名する。その間の配当は受益者である社長が給付を受けるが、③社長の死亡で信託が終了し、その時点で息子が株主・経営者となる。このような信託の設定が考えられる。

（1）民事信託とは

　信託とは、自分の財産を信頼できる個人・法人に預け、信託の目的に従って管理してもらうことをいう。預ける人を「委託者」、預かる人を「受託者」といい、預けられた財産から利益を得る人を「受益者」という。信託契約の当事者は**委託者と受託者**であり、**受益者は当事者でもなく、契約の成立時点ではその存在は要件でもない。**なお、委託者が受益者を兼ねる「自益信託」も認められる。信託の成立によって、これまで委託者が所有権を有していた財産の管理・運用・処分権限は受託者に移り、元本や信託財産による運用益を受け取る権利は「受益権」として受益者が保有することとなる。

　①受託者が無権限で行った行為についても、受託者が信託財産のために行為をすれば、その効果は信託財産にも及び得るのが原則で、その例外として、受益者が権限違反行為の取消しをなし得る場合がある（信託法27条）。**②委託者が死亡した場合でも、委託者の相続財産にはならず、原則として信託は終了せず引き続き受託者が財産管理を継続**する。信託銀行や信託会社のように受託者が業として信託を受託する「商事信託」でなければ、**③民事信託には信託業の免許や登録は不要で信託業法の適用もない。**

（2）信託の種類
ア　民事信託と商事信託

　受託者が信託報酬を得るために行うものか否かという観点から、信託は2つに分類できる。1つは「商事信託」で、受託者が報酬を得るために業として行う信託で、信託業法の制約の下、信託銀行や信託会社といった法人が行うものを指す。もう1つは「民事信託」で、基本的に受託者が信託報酬を得ないで行う信託であり、信託業法の制限を受けないので、受託者には個人でも法人でも誰でもなることができる。「民事信託」の中でも、財産管理を信じて託す相手として選ばれるのは、自分の家族・親族等であることが多いこともあり、**家族・親族・知人等を受託者として財産管理を任せる仕組みを「家族信託」**ともいう。

イ　自益信託と他益信託

　信託する財産の保有者は、信託契約上委託者と受益者を同一に設定すれば、その管理・運用を委託者に託し、発生する利益のみを受けることができ

ることとなる。このような信託を「自益信託」という。信託契約に係る委託者と受益者が異なる場合、委託者の財産は受託者に譲渡されるとともに、受益権は委託者から受益者に移ることとなる（他益信託）。信託設定時に、委託者から受益者に対して信託財産が譲渡されたとみなされることから、**適正な対価の授受がなされなかった場合は、寄附・受贈の関係が生じる**。信託期間中は、信託の受益者が、その信託の信託財産に属する資産及び負債を有するものとみなされ、かつ、信託財産に帰せられる収益及び費用は、その受益者の収益及び費用とみなされる。

ウ　遺言代用信託

　信託契約を遺言の代用とする場合は、賃貸不動産など特定の人に遺したい財産を信託財産とし、自分が生きている間は自己を受益者とし、亡くなった後は特定の者を受益者とする信託契約を締結する。**遺言**の場合は、被相続人となる人の気持ち次第で更新され得るが、**信託は「契約」なので、契約の変更が可能な場合だけ内容の変更ができる**。なお、原則として委託者、受託者及び受益者の合意が必要である（信託法149条1項）。**受益者の変更**については、委託者の一存で変更できるのが原則となっているが、受益者を保護するため、信託契約で受益者の変更を禁じることも可能である（同法90条1項本文ただし書）。

エ　受益者連続型信託

ケース①　自益信託の設定により、高齢となった親（委託者兼受益者）が、自己所有の賃貸不動産の管理を長女（受託者）に任せたうえで、賃料収入を受け取って老後の生活に充て、将来自分が亡くなった後は、経済力のない次女に残余財産を引き継ぎたいと考えている（遺言代用信託）。そして、子供のいない次女の亡き後は長男の子（孫）に引き継ぎたい。これは遺言では実現できず、どのように信託を設定すべきか。

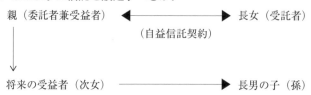

　「（後継ぎ遺贈型）**受益者連続信託**」とは、現受益者の有する受益権が、当該受益者の死亡により、あらかじめ指定された者に順次承継される旨の定めのある信託である。受益権の承継は、回数に制限はなく、順次受益者が指定されていてもよい。ただし、**信託期間には制限があり**、信託法 91 条により、信託がされたときから 30 年を経過後に新たに受益権を取得した受益者が死亡するまで、又は当該受益権が消滅するまでとされている。すなわち、**信託の効力発生から 30 年を経過した後は、受益権の新たな承継は一度しか認められない。**

オ　限定責任信託

　受託者の責任について、信託財産のみを信託に関する債務の返済に充てればよいとする信託を限定責任信託という（信託法 2 条 12 項）。例えば、受託者が信託財産を管理するに当たり、その権限に基づいて借入れをした場合、債権者は借入金の返済がされなかったときに、信託財産を差し押さえるなど強制執行ができる。借入れの名義は受託者なので債権者は受託者固有の財産に対しても強制執行できるのが原則で、これでは受託者の責任が大きすぎる。そこで責任を軽減するため、信託財産のみを信託に関する債務の返済に充てればよいとする「限定責任信託」を設定すれば、受託者の責任は軽くなる。この場合、逆に債権者の期待が害されることも想定されるため、その旨の登記が効力発生要件とされている（同法 216 条 1 項、232 条）。

（3）信託の法律関係

ア　信託の法的意味

　信託が成立すると、まず、**信託財産の所有権が委託者から受託者に移転する**。ここでいう「所有権」とは、信託の目的や受益者の存在により制限された所有権ともいえる。次に、受託者は、信託財産を信託目的に従って管理・運用・処分する債務を負う。その反射的効果として、**受益者は、信託財産の管理運用等について受託者に対して債権を有することになる。**

イ　信託違反の効果

　受託者に義務違反があった場合、上記の**信託の債権的側面を重視して、これを債務不履行であると構成する考え方が主流である**。債務者である受託者

が、債権者である受益者に対して、任務懈怠による債務不履行責任を負うというものである。これに対して、信託の物権的側面を重視して、受託者がその管理下にある信託財産を毀損したものとして、**不法行為責任**を負うという説もある。受託者が加害者、受益者が被害者という構成である。なお、信託法は、**信託違反の効果として、「損失のてん補」及び「原状の回復」**を定めている。

ウ　信託財産の所有者

信託が成立すると、委託者は信託財産の所有者ではなくなる。その結果、委託者の債権者は信託財産を差し押さえることはできなくなり、また、委託者は一切の管理処分権限を失う。このように、信託が成立すると、**信託財産の所有権は受託者に移行する。**しかし、所有者が受託者に変わったからといって、受託者が信託財産を自らのために使用・収益・処分できるわけではない。

受託者は、信託の本旨である「受益者のために」信託財産を所有しているにすぎず、**「信託目的という制限のついた所有権」**を有しているにすぎない。それでは、信託財産の真の所有者は受益者かというとそうでもない。受益者は、信託財産を運用して得られる収益から配当を受けたり、将来信託契約が終了した時点で信託財産の返還を受けることができる。しかし、**受益者は受益権を有しているものの、信託財産そのものを所有しているわけではない。**そのため、受益者が債権者から資産の差押えを受けることになっても、その対象は「受益権」であり、信託財産が差し押えられることはない。

エ　倒産隔離

委託者が委託した信託財産については、委託者の債権者はもとより税務当局ですら差し押さえることはできない（信託法23条1、6項）。ただし、**詐害的な信託**は、債権者によって取り消されることがある（同法23条2～4項）。なお、登記又は登録をしなければ第三者に対抗することができない財産については、登記若しくは登録を要する（同法14条）。そこで、**自己信託**（信託宣言）の場合は、委託者＝受託者であり、委託者の財産が信託財産となっても、委託者兼受託者の管理となることは変わらない。しかし、この場合も信託財産はあくまで差押えの対象外である。それでは、**自益信託**（委託

者＝受益者）の場合はどうか。この場合も、信託財産は委託者の財産ではなくなるので、委託者の債権者は受託者名義になっている信託財産を差し押さえることはできない。ただし、委託者の債権者は、直接的に信託財産を取り立てることはできないが、委託者兼受益者が保有する受益権を差し押さえることができる。**受益権は委託者（兼受益者）の固有財産**であるからである。

　留意すべきは、**信託財産については、受託者の債権者も差し押さえることはできない**点である。受託者が破産手続開始の決定を受けた場合であっても、信託財産に属する財産は、破産財団に属することはない（信託法25条1項）。信託財産は名目上受託者の名義となるが、受託者は受益者のために信託財産を預かっているにすぎず、実質的には信託財産を所有しているわけではないからである。そこで、**委託者には分別管理義務が課されている**ので、委託者固有の財産と明確に区別して管理する必要がある（同法34条）。

（4）信託登記
ア　信託登記の確認
　信託登記の有無を確認するには、登記記録中の「権利部（甲区）」及び「（信託目録）」をみればよい。信託の登記は、権利部（甲区）に、信託を原因とする所有権移転登記と同じ順位番号で「登記の目的」欄に「信託」と記録され、権利者の表記が「受託者」と記録されるので、信託財産は受託者の名義ではあるが、受託者の個人財産とは別個独立した財産であることが明らかとなる。なお、不動産の所有権移転登記と信託登記は同時に申請して行う。

イ　信託登記申請の必要性
（ア）対抗要件
　信託の登記をしなければ、信託関係者は、受託者個人に対する債権者のうち、当該信託財産に係る債権者に対して、それが信託財産であることを主張できない。信託財産は受託者の名義になっているが、信託の当事者でない第三者に対しても信託の効力が及び得るため、第三者を保護する必要が生じ、**所有権移転登記とは別に信託の登記も要する**わけである。
（イ）分別管理の履行
　受託者の分別管理義務履行のため、不動産の分別管理については登記が義務化されている。この義務違反によって信託財産に損失等が生じれば、受託

者は損失てん補責任等を負う。

（5）民事信託の設定と終了

ア　契約による信託

　これは、委託者と受託者の2者間契約で成立し、受益者は契約当事者にならない。したがって、受益者の合意は不要である。

イ　遺言による信託

　これは、遺言の中に「自分が亡くなった場合は、…信託する」と記載するもので、遺言者単独の意思で行い、遺言の効力発生により信託の効力も生じる。遺言の中で受託者を指定することになるが、受託者と指定された者が信託を引き受けるかどうかは、指定された者の自由である。仮に、その者が受託者となることを拒んだ場合、受益者間の協議で新受託者を選任することとし（信託法62条1、8項）、状況によっては、利害関係人が裁判所に申し立てて受託者を選任することになる（同条4項）。

ウ　信託宣言による自己信託

　これは、委託者の単独の意思表示で成立する。これは自分で自分の財産を管理する「自己信託」といわれる信託で、**委託者と受託者が同一なので、契約によらずに単独で完結**する。ただ、委託者が口頭で宣言するだけでは、どのような内容の信託がなされたのが不明確なので、自己信託には書面性が要求され（信託法3条3号）、公正証書の作成や、受益者とされた者に対する確定日付のある通知が、信託の効力発生要件とされている（同法4条3項）。

エ　信託の終了原因

　信託が終了する主な理由は、信託法163条以下において、①信託の当事者（委託者及び受託者）の合意解除、②信託の目的の達成又は不達成、③受託者が受益権の全部を固有財産で保有する状態が1年間継続したとき等、多数の定めがある。

3　信託当事者及び信託関係人

　信託契約の当事者は①委託者と②受託者であり、③受益者は当事者ではな
く、受益者の存否は信託契約の成立の要件ではない。その他、受益者のため
に、④3 種類の信託関係人が信託法で定められている。

（1）委託者
　委託者は、意思能力があれば足り、誰でも委託者になることができる。な
お遺言信託については、民法上の遺言能力は必要である。

ア　委託者の権限
　委託者は、信託設定時に、自らの財産を信託財産として捻出し、その信託
財産を管理・運用・処分する目的（信託目的）を設定する（信託法 3 条）。こ
れにより、いわば当該信託契約の世界が画定されることとなる。信託設定
後、委託者には以下の権限が認められているが、いずれも任意である。
　①　信託の目的に反するような信託の変更、併合、分割については委託者
　　の合意を要すること（信託法 149、151、155 条）
　②　信託行為の時点で予見できなかった特別の事情があった場合、その事
　　情に基づく信託の変更・終了を命ずる裁判を裁判所に求めること（信託
　　法 150、165 条）
　③　委託者と受益者の合意により、信託をいつでも終了させること（信託
　　法 164 条）
　④　委託者と受益者の合意により、受託者が欠けてしまった場合に新しい
　　受託者を選任すること（信託法 62 条 1 項）

イ　委託者の地位の承継
　委託者の地位は相続の対象となるが、遺言信託の場合は、委託者の相続人
と受益者の利害が対立することがあるので、委託者の地位の相続による承継
はしないのが原則である（信託法 147 条本文）。

（2）受託者

　未成年者は受託者になれない（信託法7条）。これに該当しない個人は誰でも受託者になることができる、また法人については、このような制限はない。

ア　受託者の権限

① 　受託者は、信託財産に関する管理権と処分権を有する（信託法26条）。ただし、信託行為によりその権限に制限を加えることができる。

② 　受託者は、信託事務を処理するのに必要と認められる費用を固有財産から支出した場合には、信託財産から当該費用及び支出の日以降の利息の償還を受けることができる（信託法48条1項本文）。

③ 　受託者は、信託財産責任債務を固有財産で弁済した場合は、当該債務にかかる債権を有する債権者に代位することができる（信託法50条1項）。

④ 　受託者は、信託財産が費用等の償還等に不足している場合には、委託者及び受益者に対して、信託財産が不足している旨と相当の期間内に委託者又は受益者から不足分の支弁を受けられなかったときは信託を終了する旨を通知して、委託者・受益者いずれからも支弁を受けられない場合には信託を終了することができる（信託法52条1項）。

⑤ 　受託者は、次の場合、それぞれに定める損害額を信託財産からその賠償として受けることができる（信託法53条1項）。

　・自己に過失なく損害を受けた場合は当該損害額
　・第三者の故意又は過失により損害を受けた場合は当該第三者に賠償を請求できる額

⑥ 　受託者は、信託行為に受託者は信託財産から信託報酬を受ける旨の定めがある場合に限り、信託事務の処理の対価として、信託財産から信託報酬を受け取ることができる（信託法54条1項）。

イ　受託者の義務

　受託者には信託財産に対する排他的な権限が認められているので、それが濫用されて受益者の利益が害されることのないように、受託者には様々な義務と責任が課されている。主に以下の3つを挙げることができる。

① **善管注意義務**：受託者は、善良な管理者の注意をもって信託事務を処理しなければならない（信託法 29 条 2 項本文）。

② **忠実義務**：受託者は、受益者のために忠実に信託事務の処理をしなければならない（信託法 30 条）。

③ **分別管理義務**：受託者は、信託財産に属する財産と固有財産（受託者の個人財産）や他の信託財産に属する財産とを、分別して管理しなければならない（信託法 34 条 1 項本文）。

ウ　受託者が法人の場合の留意点

営利目的のない一般社団法人であれば原則的に信託業法上の問題はないが、それが**収益事業を行う場合は信託業法との関係で留意**を要する。また、士業などの専門家が一般社団法人を代表し業として信託の運営を行う場合も、信託業法潜脱のリスクは否定できない。

（3）受益者

信託は「受益者のために」を本旨とするので、受益者は、受託者に対して、信託行為に基づいて信託利益の給付を受ける権利（受益債権）を有している。また、このような権利を確保するために、受託者に対して帳簿閲覧請求や信託違反行為の差止請求などをする権利も有している。これらの権利を総称して「受益権」という。

ア　受益者の権利

主な権利として、以下のものがある。

① 信託財産への強制執行等に対する異議申立権（信託法 23 条 5 項）
② 受託者の権限違反行為の取消権（信託法 27 条）
③ 受託者の利益相反行為に関する取消権（信託法 31 条 6、7 項）
④ 信託事務の処理の状況について報告を求める権利（信託法 36 条）
⑤ 帳簿等の閲覧又は謄写の請求権（信託法 38 条 1 項）
⑥ 損失てん補又は原状の回復の請求権（信託法 40 条 1 項）
⑦ 受託者の法令・信託違反行為の差止請求権（信託法 44 条 1 項）
⑧ 裁判所に対する受託者解任の申立権（信託法 58 条 4 項）
⑨ 裁判所に対する新受託者選任の申立権（信託法 62 条 4 項）

イ 受益者のための監督

受益者に監督能力が期待できない場合には、受益者を保護するために、受益者に代わって受益者の権利を守る者を置くことができる。これが、**信託管理人、信託監督人**及び**受益者代理人**である。

（4）信託関係人の役割
ア 信託管理人（信託法123条）

信託管理人とは、例えば将来産まれてくる子孫等を受益者として指定した場合、将来の不特定な受益者に代わって、受託者を監督する等受益者が有する権利を行使する権限がある者をいう。

イ 信託監督人（信託法131条）

受益者が幼い未成年であるとか、判断能力の低下した高齢者や障がい者等である場合に、信託の目的に照らし、受益者のために信託事務が適切に遂行されているかを受益者に代わって受託者を監督する立場の者を「信託監督人」という。

ウ 受益者代理人（信託法138条）

受益者代理人は、遺言又は契約における信託行為において指定された者で、受益者を代理する者であり（信託法138条1項）、特定又は特定の範囲の受益者に代わって、受益者の権利に関する一切の裁判上又は裁判外の行為を行使する権限がある。受益者が多数で迅速かつ適切な意思決定をすることが困難と予想される場合に、その代理人を信託行為で定める。

4 民事信託の効果

（1）凍結の防止
ア 意思能力の欠如

高齢者の認知症等が重症になれば、法律行為ができなくなる。その場合は**成年後見人を選任して、財産の管理を依頼**するほかない。ところが、成年後見制度の下では、成年後見人の財産の処分は成年後見人の判断や家庭裁判所の許可の下で行う必要があるため、たとえ親族が自宅を売却したいと思って

も売却ができないこととなる。

　この問題は、家族信託で解決することができる。信託契約の中で、委託者である高齢者が、将来にわたって自分の財産をどうするかについて、親族・友人等の中で信頼できる人（受託者）に託すことである。信託された財産（信託財産）の管理・処分については受託者に権限が移譲されるので、信託の効力発生後に委託者が重症の認知症等になっても、信託財産の処理については、意思能力喪失前の委託者の意思に従って受託者が行うことができる。

イ　煩雑な手続への対策

　例えば、賃貸不動産の管理について、複雑な取決めが妥当かを的確に判断できない高齢者は少なくない。そのような場合に家族信託を活用すると、意思能力が存在するうちから、財産の面倒な管理・処分について、受託者に権限を移譲しておくことが可能となる。しかも、信託による場合は、信託法に受託者の義務が明確に定められており（善管注意義務、忠実義務、分別管理義務、自己執行義務、帳簿等の作成等、報告・保存の義務等、損失てん補責任など）、さらには不動産を信託財産とした場合にはその権限の範囲が不動産登記簿上明記されるため、受託者の勝手な判断を予防できる。

ウ　高度な専門判断への対策

　例えば、空室が目立つ古い賃貸ビルについて、相続税対策や資産運用の点で有効活用したいと思っても、更地にして有料駐車場等にするのか、建て替えるのか、改装して賃貸するかといった判断は容易ではない。方針が決まっても、交渉や業者の選定、税金申告や登記申請等は相当な負担となる。そこで、家族信託を活用できればよいが、専門性を要するため有償の商事信託が利用される場合も多くなる。

（2）紛争の防止
ア　財産の防衛

　資産家の高齢者は、資産を狙われる危険性が高い。このような問題も、家族信託で解決できる。自分自身で財産を防衛していく自信のない高齢者には、主な財産を信託財産として、もし信用のできる家族や知人等がいれば、その者に信託すればよい。生前贈与ではなく、受益者を高齢者本人とする信

託の設定であれば、贈与税もかからず、さらに老後の資金も受託者経由で出してもらえる。信託の設定により、信託財産の管理権限を受託者に委譲する結果、例えば預金については信託口座へ移すので、委託者は信託財産について引出しや振込みができなくなるし、不動産の名義も受託者に移転するので、後に委託者が名義を移転することも不可能となる。

イ　不動産共有の場合

　不動産が唯一の相続財産である場合は、相続発生時に複数の相続人で共有することになり、民法249条以下の共有に関する規定が適用される。建物を建て替えたり壊して更地にしたり、あるいは売却して現金化する場合などは変更行為に当たるので、同法251条により**共有者全員の同意**が必要となる。また賃貸借契約の締結や解除でも管理行為に当たり、同法252条本文により、**共有者の過半数の同意**が必要となる。不動産会社と管理委託契約を締結する場合も管理行為に当たる。ここでの過半数とは、持分割合によって判断されるため、2分の1ずつで共有している場合は、いずれも単独では2分の1を超えることができず、両者の合意が必要となる。

　このように不動産が共有されている場合、管理や処分行為が制限され、共有者間の意見が割れるとトラブルの原因となる。これを防止するには、不動産の名義を資産管理会社へ移行して、その会社の株式を均等に相続させる方法もある。代表取締役を相続人の1人にしておくと意思決定は制限されないが、多数派株主が結託して代表者を解任することも可能であるため、トラブルの心配は残る。これらの問題も、家族信託で解決できる。**不動産を信託財産として、受託者1人の名義に移させることで、当該不動産の管理・処分権限は受託者1人が持つこととなり、相続人間の意見の相違に影響を受けない**。他の相続人は受益権を持つことで経済的利益は享受するが、一方では不動産の管理・処分に口出しができなくなる。

ウ　自社株共有の場合

　相続財産に株式が含まれる場合、とりわけ被相続人がオーナー社長として自社株式を保有している場合には、株式の相続がそのまま経営権の移転を意味することとなり、会社の帰すうを決する問題にまで発展する。相続により株式は相続人による準共有となる。準共有状態における権利行使者の指定

は、持分の価格に従いその過半数をもって決する。

ケース② 被相続人の子2人が相続人となる場合には、いずれも単独では過半数に満たないため、両者の意見が合致しない限り、権利行使を指定することができない。遺産分割又は共有分割によって法定相続分に従い株式を分割したとしても、株主総会においていずれも過半数を獲得できないことに変わりはない。その結果として、会社経営自体が暗礁に乗り上げてしまう危険があるが、これを避けるにはどうすればよいか。

そこで家族信託を活用すれば、受託者（あるいは議決権指図権者）1人に議決権行使権限を集中させることで、相続の発生後も安定的な会社経営を行うことができる。

（3）円滑な手続
ア　突然の出費に備えて
ケース③ 被相続人が亡くなった後の預金の引出しには煩雑な手続を要し、葬儀費用を被相続人の預金から支出することを予定していたところ、葬儀までに間に合わないといったケースがある。預金口座が凍結され、当該口座に設定されていた各種引落もされなくなってしまう。このようなことを避けるにはどうすればよいか。

これも家族信託を用いれば、相続発生前に、当該信託財産を受託者に名義移転させることができるので、受益者を変更する以外、煩雑な手続をすることなく、円滑に相続人の資金需要に応えることができる。

イ　不動産の荒廃に備えて
ケース④ 家主が亡くなったことで相続財産が空き家になった。遺産分割が調わない間この空き家が放置されると、家屋は荒廃し資産価値が減少し近隣の迷惑にもなる。これを避けるにはどうすればよいか。

この場合は、遺産分割協議に時間を要することが想定されるので、適切に維持管理するため、家族信託が有用である。相続開始前に不動産の名義を受託者に移転しておくことで、遺産分割協議がまとまるまでの間も、名義人たる受託者によって当該不動産を単独で適切に管理することができる。

ウ　廃業を防ぐために

ケース⑤　事業を構成する事業主の不動産や重要な動産等の資産が分散して承継されることを防止し、確実に事業後継者に引き継がれ、将来長い間事業が安定して行われるようにしたい。この場合、事業を構成する財産を、後継者となるべき特定の者に贈与又は遺贈することは可能であるが、現時点で適切な事業承継者を決定できない場合には対応できない。これに適切に対応する方法はないか。

　このような場合でも、家族信託を使えば解決できる。信頼できる者を受託者として選任することで、事業を継続させることができる。本人死亡後の受益者は後継予定者としつつ、後継者としての資質が備わった段階で、受託者が残余財産受益者を指定する旨定め、指定により信託が終了すると定めることで事業を構成する信託財産は残余財産受益者又は残余財産帰属権利者として定められた者が引き継ぐことになる。

（４）遺言の効果拡大

　ア　遺留分への対処

ケース⑥　唯一の不動産を遺された配偶者の単独名義にしたいと遺言を残しても、他の相続人から遺留分侵害額請求をされると不動産が共有になってしまう。他の相続人のために遺留分相当額を得させるだけの十分な財産がない。仮に他の財産があっても、実際に他の相続人から遺留分侵害額請求がされるか否か不明な間は、その者に遺留分相当額を遺言で相続させるのは躊躇される。このような場合に対応手段はないか。

　この場合も、家族信託を用いれば解決できる。受託者を信頼できる家族の中の１人として、信託契約の中で、受託者に対して、自宅に遺された配偶者が居住し続けるために必要な事務を信託事務として委託する。遺留分権利者には受益権の一部である元本受益権（信託財産自体を受け取る権利）を与えることで、遺留分を侵害するような事態を回避することも可能である。

　イ　受益者を連続させるために

ケース⑦　自分の死後、自分の財産を承継した相続人が、さらにその財産を誰にどのように承継させるかは生前に指定できない。自分の相続のときですら、遺言で財産の承継方法を指定していたとしても、必ずしもそのとおり

になるとは限らない。このような場合にはどう対応すればよいか。

　このような不便を解決するため、**受益者連続型**の信託設計が可能となる。この受益者連続型の信託設計を用いることにより、二次、三次と将来の承継先まで指定した財産承継を実現することが可能である。ただし、無限ではなくて**30 年という制限**があり、信託の効力発生から 30 年を経過した後は、受益権の新たな承継は一度しか認められない（信託法 91 条）。

ウ　障がい者福祉のために

ケース⑧　親の死後、障がいのある子に財産を遺しても、子自身ではうまくいかないという心配があるが、他の相続人に障がいのある子の面倒をみてもらえる確信もない。障がいのある子を持つ親から、相続財産を介護費用に充てて、障がいのある子の生活を安定させたいという相談があった。

　これも家族信託で解決できる。委託者である親は、信頼できる家族・友人の中から受託者を指名して、信託契約の中で、障がい者を受益者として、その者に対する介護費用の捻出を義務として定めておくとよい。

エ　未成年者養護のために

ケース⑨　自分の相続の際に、幼い子に相続させた財産については、その子の親権者がこの財産を管理することになる（民法 824 条）。親権者には一応の注意義務は課されているが、子が相続した財産が親権者に浪費されてしまうかもしれない。被相続人としては、幼い子の成長段階に応じて財産を有効活用してもらいたい。これに対応するにはどうすればよいか。

　この場合も、家族信託を使えば解決できる。信託契約の中で、受託者に財産の支給方法を指示することができる。

5　信託契約書作成のポイント

（1）信託設定の段階で留意すべき点
ア　設定前の留意点

　年齢順に人は死亡するわけではないので、特に信託の変更権を持つ者が、死亡した場合あるいは判断能力が大きく低下したような場合などに備えて、変更の定めを置くことが不可欠で後継の受託者を指定しておくべきである。

なお、信託の設定に当たっては信託税制にも目配りが必要となる。

イ　設定時の留意点

　家族間で信託契約をする場合、素人である契約当事者が信託契約内容を十分に理解していることが重要となる。信託契約の締結後も専門家が信託業務を行ってくれるものと思い込んでいる可能性もある。このようなことを回避するには、委託者と受託者が主体であり、契約の当事者であることを十分に理解してもらい、契約の内容をよく理解してもらうことが重要である。

（2）信託契約条項のポイント

ア　信託契約書は公正証書が安全

　信託契約は諾成契約であり（信託法3条）、公正証書は信託法が要件としているわけではないが、公正証書にするのが実務上は安全で円滑である。

イ　信託の目的規定

　この目的は受託者の権限の範囲を画するものであり、受託者の義務違反の有無もこの目的に照らして判断されるため、特に信託の目的は明確に規定すべきである。

（3）信託スキーム作成手順と留意点

ア　手順

　最初に相談者の状況確認を行う必要がある。①信託の対象となるべき財産の所有権者、その種類や数量の確認、②信託にも相続法の適用があるため、委託者となる者の推定相続人の確認、③遺留分侵害の可能性を予知するため、信託の対象となる財産以外の財産の状況を把握、④信託目的を定めるため、委託者や受益者の意向を確認することが必要で、それには、信託に求めるニーズと目標を明確して、信託が最適な手法かどうかを判断する。

イ　手法の決定

　上記の確認作業の次に、最適な手法を選択し決定する。信託以外にも任意代理、任意後見、遺言、死因贈与などの手段もあるので、信託を選択するのがベストかどうか、説明を尽くしたうえで、それらを組み合わせるなどして

相談者のニーズに最も適合した方法を提案する。

ウ　留意すべき点

　①対象財産が信託に適しているか。金銭に見積もり得る財産であれば信託
の対象となし得るとしても、実務上は現実的な実現の可能性という事実上の
制約もある。委託者の全財産を信託の対象としても、委託者の生活用品まで
受託者が分別管理することはできず、受託者が現実に財産を管理できる信託
財産を明確にすることが必要である。②金銭の分別管理についても、受託者
個人名義の預金口座を利用するより、対外的に信託であることを明らかにす
るために、民事信託預金口座を銀行に開設するのがよい。

6　遺言代用信託による事業承継

（1）遺言代用信託

　これは、委託者が生前に財産を信託し、委託者を当初の受益者として、当
該委託者が亡くなった場合の次の受益者をあらかじめ信託契約に定める信託
である（信託法 90 条）。この信託は遺言によって誰に財産を承継させるかを
事前に決めておく遺言と類似している。ところで、生前の契約ではなく、遺
言で信託を設定することも可能であり、その行為は「遺言信託」といわれ
る。なお、金融機関が遺言の作成や遺言執行のサービスをする商品の名称で
「遺言信託」と称する場合もあるが、両者の意味は全く異なる。

（2）遺言代用信託の活用

　ケース⑩　社長Aは、相続時において後継者Bに事業を承継させる予定で
ある。Bの妻Cは信頼でき経営能力もある。将来について以下のニーズがあ
る場合、それに対応する方策をあらかじめ信託契約に設定したいが、どうす
ればよいかと相談された。

　社長Aの希望は、①現役の間は経営を継続し議決権も行使したいが、②相
続時には速やかにBに経営権を引き継ぎたい、というものである。①の実現
には、相続発生前の指図権は社長Aが保有し、その指図に従い受託者である
Bの妻Cが議決権を行使するよう信託を設定する。②の実現には、生前に遺
言代用信託を活用し、次の受益者・指図権者をBと設定する。そして、遺言

の撤回・書換えを防止し確実に事業承継するには、信託の変更は原則不可と設定する。

（3）遺言代用信託の留意点

ア　相続法改正の影響

　2019（令和元）年7月から施行された改正相続法の影響により、遺言の絶対的効力が失われることとなったが、信託契約では遺言と比較して確実性が見込まれる承継が可能となる。さらには信託行為に別段の定めを設けることで、契約解除を不可能とすることもできる。

ケース⑪　夫は妻Aと子どもBの3人暮らしであったが、遺言を残して夫が死亡した。遺産は不動産のみで、遺言では妻Aに8割、子どもBに2割と指定していた。妻Aは不動産名義を変えずにいたところ、遺言に反して子どもBが不動産名義を自己名義にして第三者Cに譲渡し、その移転登記も済ませてしまった。そこで、妻Aは第三者Cから相続不動産を取り戻せるかと相談された。

＜改正前＞従前の判例

　①「遺贈」による不動産の権利取得については、登記なしでは第三者に対抗できない（最判昭和39年3月6日民集18巻3号437頁〔27001933〕）。②「遺言」による相続分指定の場合（本設例）は、登記なしでも第三者に対抗できた（最判平成5年7月19日裁判集民169号243頁〔27826921〕）。③「相続させる旨の遺言」（特定財産承継遺言）も、登記なしでも第三者に対抗できた（最判平成14年6月10日裁判集民206号445頁〔28071576〕）。

＜従前の判例の問題点＞

　遺言や遺産分割による場合は、登記など対抗要件を備えなくても第三者に対抗できるとされたため、①その内容を知ることのできない第三者の取引の安全が害されるおそれがあり、②実体と登記との不一致が生じる場面が多くなり、登記制度の信頼が害される。

＜改正後＞民法899条の2の新設

　民法899条の2第1項で、「法定相続分を超える部分」については、対抗要件を要求すると変更された。2項で、相続で承継した権利が「債権」の場合、法定相続分を超えて債権を承継した相続人が、その内容を明らかにして債務者に通知することで、共同相続人全員が通知したものとみなして、債務

者に対抗できる。同法 177 条（対抗するには登記が必要）を適用して、**登記の先後で優劣を決定**する。本ケースでは、妻は法定相続分の範囲（5 割）については、登記なしに第三者に対抗できるため、5 割の持分を取り戻すことができる。注意すべきは、**法定相続分を超える 3 割の持分は未登記のため取り戻せない**。**遺言があっても油断せず、すぐ登記すべきである。**

イ　遺留分に対する配慮と対応策

信託を利用する場合にも、遺留分制度は潜脱できないものとされている。遺留分侵害額請求を踏まえて、他の相続人に対する**遺留分に配慮する方策として、第二次受益者に他の相続人も設定し受益権を分割する方法があり得る**。これによれば、株式自体を相続させる場合とは異なり、議決権の分散防止の効果も享受することが可能となり、安定的な事業承継も実現できる。

7　受益者連続型信託

受益者連続型信託は、あらかじめ定められた複数世代の承継先に、有効期間の範囲内で受益権を承継することができる信託である（信託法 91 条）。

ケース⑫　委託者Ａが所有する財産を受託者Ｂに信託し、当初受益者をＡとした場合、「Ａが死亡した場合には次の受益者を配偶者とし、その配偶者が死亡した場合には次の受益者を長男とし、その長男が死亡した場合には次の受益者を長女とする」と信託契約に定めること（信託行為）により、受益権の承継先を複数先まで指定することができる。このように理解してよいか。

そのとおりである。これと関連し以下に補足説明する。

（1）後継ぎ遺贈との相違点

法定相続人以外に財産を承継するには、贈与又は遺贈が一般に利用されるが、これらの民法上の行為については、「後継ぎ遺贈」が有効であるか否かについては意見が分かれている。後継ぎ遺贈は、遺言者から第一次受遺者へ、そして、遺言者の意思によって定められた条件の成就等によって、第二次受遺者へ遺贈利益が移転する遺贈である。遺言者が所有する財産の相続先を、遺言者の相続人のみではなく、相続人の相続先以降の複数世代にわたっ

て指定する遺贈である。このような遺言をした場合、第二次承継が有効となるか否かが論点となる。

> **コラム　後継ぎ遺贈の効力を争った事例**
>
> 　最判昭和58年3月18日裁判集民138号277頁〔27452680〕では、後継ぎ遺贈が無効であるとした原審の判断が破棄差戻しされ、後継ぎ遺贈が有効となる余地もある点が示唆された。同判決では、遺言書の条項の文言を形式的に解釈して無効と判断するものではなく、遺言書の全記載との関連、遺言書作成当時の事情及び遺言者の置かれていた状況などを考慮して、「遺言者の真意を探求し当該条項の趣旨を確定」すべきものであり、後継ぎ遺贈を形式的に無効とすべきではないとしたが、本判決は、民法上の後継ぎ遺贈の有効性について明確に肯定したわけではない。これについて、現行の信託法には受益者連続型信託の規定が設けられているため（信託法91条）、信託を活用する場合は、その限りで「後継ぎ遺贈が有効」とされている。

（2）要件

ア　有効期間

　受益者連続型信託の受益者を指定できる期間には制限があり、信託法91条は「当該信託がされた時から30年を経過した時以後に現に存する受益者が当該定めにより受益権を取得した場合であって当該受益者が死亡するまで又は当該受益権が消滅するまでの間、その効力を有する。」と規定している。

ケース⑬　受益権がA→B→C→D→Eと承継される旨の信託行為において、信託設定後30年経過時点の受益者がCであった場合は、CからDへの受益権の承継は有効となるが、Dが死亡した時点で信託が終了するため、その後の受益権の承継は無効となると解してよいか。

　そのとおりである。信託設定時から30年経過した後に、ある生存者が受益権を取得すると、その者の死亡又はその受益権の消滅によって信託は終了し、それ以上は受益者の定めがあっても効力は有しないと解されている。

　イ　受益者となり得る者

　受益者は信託設定時点では存在していなくてもよいため、これから産まれてくる孫などを受益者に指定することも可能であるが、孫などが受益権を取得する時点では存在していなければならない。なお、民法886条1項と同様の解釈から、**存在する者には胎児も含まれる**と解される。なお、信託法91条では、受益者として指定できる者に特に制限が設けられていないため、親族以外の者を受益者に設定することもできると解される。

（3）主要な適用例

ア　被相続人の希望を反映した財産承継

ケース⑭　再婚者で先妻との間に娘がいる被相続人Aは賃貸用不動産を所有しており、自分が死亡した後は賃貸用不動産の賃貸収入を後妻に帰属させ、後妻が死亡した後は賃貸収入及び残余財産を娘に承継させたいと考えている。もし遺言によると、後妻が死亡した場合には当該不動産を娘に相続させる旨の遺言を残しても、有効なのは後妻への相続に限られ、後妻から娘への相続の指定は無効とされる。したがって、後妻は先妻の娘に相続させる義務はなく、不動産を自由に処分するか、あるいは相続先を指定することができ、娘に財産を承継させたいというAの目的は達成できない。どうすればよいかと相談があった。

　このような場合は、家族信託を設定することで、被相続人が将来の受益権の承継先を指定することにより、被相続人の希望に沿った財産承継の流れを設計することができる。

イ　円滑な事業承継に活用

ケース⑮　中小企業オーナーAは、自分の死亡後は長女Bに事業を承継したいが、Bには子どもがいないため、Bの死亡後は次男Cの子（孫）Dに事業を承継したいと相談された。

　この場合、自社株式を信託したうえで、Aを委託者兼受益者、Bを第二次受益者、Cの子（孫）Dを第三次受益者に指定する受益者連続型信託を活用することで、Aの希望どおりに自社株式を承継することが可能となる。ここで留意すべきは、**信託財産である自社株式の所有者は受託者であるため、議決権の行使等は受託者が行うこととなる**。受託者は受益者に忠実義務を負

い、利益相反行為を制限されるが（信託法30、31条）、必ずしも受益者の意思に沿って議決権を行使するとは限らない。そこで、受益者の意思に沿って議決権が行使されるよう、受益者を指図権者に設定し、受益者の承継に合わせて指図権が承継されるように信託契約に定めておけば、受益権の承継に伴って経営権である指図権も承継させ得る。

8　指図権の活用と法的問題

　指図権は、信託財産の管理処分について受託者に指図をする権限である。信託において、受託者が信託財産の管理処分権を有するのが原則であるが（信託法26条）、指図権を利用することで、受託者以外の者に信託財産の管理処分権の一部を帰属させることができる。受益者以外の者に指図権を付与した場合には、**信託財産の管理処分権（指図権）と経済的利益を享受する権利（受益権）とを実質的に分離することができる**。指図権は、信託行為によって定められるもので、信託法に明文の規定はない。

（1）事業承継目的の信託活用例
ケース⑯　先代経営者が委託者兼受益者として株式を信託し（自益信託）、先代経営者の死亡によって後継者が第二次受益者となる。信託された株式の議決権の行使に係る指図権は、先代経営者が当初は保有し、先代経営者の死亡によって後継者が当該指図権を取得する。先代経営者は、受益権に加えて、指図権をも自らに付与することによって、株式を信託した後も自己の死亡まで、信託財産である株式について、受益者として経済的利益を享受するとともに、指図権者として議決権を実質的に留保することが可能となると解してよいか。

　そのとおりである。このような信託は、先代経営者の死亡を機に後継者に対して経済的利益を享受する権利及び議決権を承継させるという点で、遺言と似た効果を有する。

（2）先代経営者の経営権留保
　上記のケースでは、先代経営者が当初の受益者兼指図権者となり、先代経営者の死亡の時点で後継者が受益権及び指図権を承継するものとされたが、

受益権と指図権の承継の時期は同一である必要はない。

ケース⑰　株価の上昇が見込まれている場合に、後継者が当初受益者となり、先代経営者は指図権者となることによって、先代経営者は、その価額が上昇する前に、株式に係る管理処分権を自らに留保しつつ、株式に係る経済的利益を享受する権利のみを後継者に移転することができる。そして課税上も、後継者が受益権を取得する時点で、原則として、信託財産である株式そのものを取得したものとして贈与税が課税されるので、価額が上昇することが予想される株式を先代経営者の相続税の課税対象から除外することができると解してよいか。

　そのとおりである。先代経営者に指図権を付与せずに、先代経営者を委託者兼受託者とする自己信託を用いても同じ結果が得られる。なお、指図権の移転時期や相手方は、柔軟に設定することが可能で、先代経営者の死亡に限らず、意思能力喪失の時点で指図権を後継者に移転する設計も可能である。

（3）指図権による経営権移転

　受益者と指図権者を完全に分離することも可能である。

ケース⑱　先代経営者が相続人を当初受益者、後継者を指図権者として株式を信託した場合、後継者は信託財産である株式による経済的利益を享受することなく、議決権を実質的に保有できる。贈与税の負担、遺留分などの理由で後継者が株式に係る経済的な利益を取得することが困難な場合でも、受益権と指図権を分離することで、議決権のみを後継者に移転することができる。このように解してよいか。

　そのとおりである。ただし、株式の経済的利益と議決権とを分離することに対しては、後述のとおり一定の法的制限もあることに留意すべきである。

（4）信託財産処分のための指図権

ケース⑲　先代経営者が子を受益者として株式を信託するが、自己の当該株式の処分に係る指図権を留保することもあり得る。子が後継者として不適格と判断された場合は、信託財産に属する株式の処分を指示することで、親族外に事業を承継することも可能となる。このように解してよいか。

　そのとおりである。なお、先代経営者に指図権を付与する方法でなく、先代経営者を委託者兼受託者とする自己信託を用いても結果は同じである。

（5）指図権をめぐる法的問題

ア　信託の有効性

指図権は信託法上の制度ではないため、その定義もされておらず（ただし、信託業法には指図権者に関する規定はあるが）、信託行為によって認められるものであるため、指図権の取扱いに関しては明確ではない点がある。そのため、**指図権を用いた信託の有効性**が問題となる。株式の信託には会社法310条2項に照らして、無効となる場合もあるとされる。

イ　自益権と共益権の分属

事業承継に係る信託では、経営権を特定の者に集中させるため、議決権行使の指図権を一部の後継者に与えることになるが、それは実質上、自益権と共益権を分属させることとなって、**会社法上の株式の本質に反しないかが問われる**。会社法違反となれば、信託自体が無効とされかねない。

ウ　非公開・中小会社と公開・上場会社

非公開会社の事業承継のために信託を活用する場合は、会社法上も問題がないと説明しやすい。会社法では、非公開会社では議決権について株主ごとに異なる取扱い（属人的定め）が認められており（会社法109条2項）、配当請求権という**経済的利益と議決権の分離が許容**されているため、特定者に議決権行使の指図権を集中させても問題がないと説明できる。これに対して公開・上場会社は、会社法で株主平等原則（同法109条1項）が貫かれており、**非公開会社におけるような属人的な例外規定（同法109条2項）がない**。そこで、株式の信託において、自益権と共益権の分属は有効になし得るのかが問われるが、結論的には有効と解するのが一般的な理解である。

エ　遺留分に注意

指図権を利用することで、経済的利益を享受することなく、信託財産の管理処分権のみを保持することも可能であるため、指図権を利用した信託で遺留分対策をすることも検討の対象となるが、強行法規を潜脱する目的で行う信託は公序良俗違反の危険がある（民法90条）。

> **コラム** 遺留分制度に関する最近の注目判決
>
>   東京地判平成 30 年 9 月 12 日金法 2104 号 78 頁〔28264792〕は 2018
> （平成 30）年の相続法改正前の事案に関するものであるが、①経済的利
> 益の分配が想定されない不動産を信託の目的財産に含めた部分につい
> て、その信託制度の利用は「遺留分制度を潜脱する意図」でされたもの
> と認定し、公序良俗に反し無効であるとした。そして、②信託に対する
> 遺留分減殺（相続法改正後は遺留分侵害額請求）の対象は受益権であると
> 判示しており、実務上も注目される。なお、本件は控訴されているので
> 高裁判決がまたれる。

9 信託税制

（1）信託課税における受益者

　信託課税では、信託に関する権利を有する者は、**①受益者としての権利を
現に有する者**（信託行為において受益者と位置付けられている者のうち現に権利
を有する者）及び**②特定委託者**（相続税法 9 条の 2 第 1 項に規定する特定委託
者）とされる。

ア　受益者としての権利を現に有する者

　例えば、①委託者の死亡前はまだ受益者とされない者（信託法 90 条 1 項 1
号）や②委託者が死亡するまでは原則として受益者としての権能を有しない
者（同法 90 条 1 項 2 号）は、委託者が死亡するまでは「受益者としての権利
を現に有する者」といえないから、受益者等には含まれない。また、信託法
182 条 1 項 1 号（残余財産の帰属）に規定する残余財産受益者は、残余財産
の給付を内容とする受益債権を有する者であり、かつ、信託の終了前から受
益債権を確保するための権利を有するので、「受益者として現に権利を有す
る者」に含まれる。

　しかし当該残余財産受益者が、信託が終了し、残余財産に対する権利が確
定するまでは残余財産の給付を受けることができるかどうかがわからないよ
うな受益債権しか有していない場合には、現に権利を有しているとはいえ

ず、このような残余財産受益者は、当該権利が確定するまでは「受益者とし
て権利を現に有する者」に該当しない。なお、帰属権利者（信託法182条1
項2号）は、本来的に信託から利益を享受するものとされている受益者への
給付が終了した後に残存する財産が帰属する者にすぎないから、信託が終了
するまでは受益者としての権利義務を有せず、信託の終了後、はじめて受益
者としての権利義務を有するため「受益者として現に権利を有する者」には
含まれない。

イ　特定委託者

　これは、①信託の変更をする権限（軽微な変更をする権限として信託の目的
に反しないことが明らかな場合に限り信託の変更をすることができる権限を除
き、他の者との合意により信託の変更をする権限を含む）を現に有し、かつ、②
当該信託の信託財産の給付を受けることとされている者（受益者を除く）を
いう（相続税法9条の2第1、5項、相続税法施行令1条の7）。なお、当該信
託の信託財産の給付を受けることとされている者には、停止条件が付された
信託財産の給付を受ける権利を有する者が含まれる（相続税法施行令1条の
12第4項）。所得税法・法人税法・消費税法においても、特定委託者の①②
の要件を満たした場合には受益者とみなされる旨（みなし受益者）の規定が
置かれており（所得税法13条2項、法人税法12条2項、消費税法14条2項）、
みなし受益者（＝特定委託者）とは、信託行為の定めにより信託の利益を享
受する者として指定はされていないが、信託の受益者と同等に扱うべき者を
いう。

コラム 信託法改正と信託課税

　2007（平成19）年信託法改正前の信託課税においては、原則として受
益者が信託に関する権利を有することとされており、当該受益者が存し
ない場合には委託者（その相続人を含む）が信託に関する権利を有する
こととされてきた。
　ところが、**信託法の改正により、遺言信託における委託者の相続人
は、委託者の地位を相続により承継しない旨の規定（信託法147条）
が設けられる**など、委託者は、基本的には何らの権利も有さないことが
より明確化されたことから、単に委託者であるということのみで課税関

係を律していた従来の方式から、財産的な権利を有するか否かに着目して課税関係を整理することとされた。

　信託法制では、信託された財産の所有権は、信託の効力発生時に、財産を預けた者（委託者）から財産を預かった者（受託者）に移転し、財産の分別管理や倒産隔離といった信託の機能が実現される。信託課税では、受託者は単なる名義人であり、信託財産から生じる経済的利益が実質的に受益者に帰属する点に着目して課税関係が生じる。

（2）信託課税制度の類型

　信託の課税方法は、信託の種類によって異なるが、基本的に、ア　受益者等課税信託、イ　法人課税信託、ウ　集団投資信託、退職年金等信託、特定公益信託等及び法人課税信託を除く信託の 3 つの類型に分けられる。

ア　受益者等課税信託

　受益者等課税信託は、親族間の信託の原則的な取扱いである。信託の効力が生じた場合において、適正な対価を負担せずに信託の受益者等となる者があるときは、当該信託の効力が生じた時において、受益者等となる者は、信託に関する権利を当該信託の委託者から贈与（当該委託者の死亡に基因して当該信託の効力が生じた場合には、遺贈）により取得したものとみなして課税関係を整理することになる（相続税法 9 条の 2 第 1 項）。受益者が、適正な対価を負担して信託に関する権利を取得した場合は、受益者に課税関係は生じない。信託期間中は、当該受益者が、信託財産に帰属する資産及び負債を有するものとみなし、かつ、信託財産に帰せられる収益及び費用は当該受益者等の収益及び費用とみなすこととされる（所得税法 13 条、法人税法 12 条）。この場合の「みなす」とは、本来「そうではないもの」ではあるが、税法の適用上「そうであるものとする」という反証を許さないものである。

イ　法人課税信託

　法人課税信託は、法人税法 2 条 29 号の 2 イ～ホに規定する①受益証券発行信託、②受益者等の存しない信託、③法人が委託者となる信託のうち、重要な事業の信託で受益権の過半を委託者の株主に交付するもの、長期（信託

期間 20 年超）の自己信託等、損益分配の操作が可能である自己信託等、④投資信託（証券投資信託及び公募国内投資信託を除く）及び⑤特定目的信託をいい、法人税の課税関係が生じる。これらの法人課税信託のうち、②「受益者等の存しない信託」以外のものは受益者のみが課税されることによって法人税が欠落することに対処する目的により法人税が課税される。受益者の定めのない信託（信託法 258 条 1 項）で、かつ、特定委託者の存しないものについては、「受益者等の存しない信託」に該当し、受託者に法人税が課税されることになる（法人税法 4 条の 6 第 1 項）。この場合、受託者が個人であっても当該個人を法人とみなして法人税が課税される。

　信託期間中の運用益については、受託者が信託財産を有するものとみなして法人税の申告義務が課される。その信託に受益者等が存在しないため、受益者が不存在の期間に信託において生じた所得に対して課税する際の技術的代替課税として法人課税を利用しているものである。信託の終了後、信託に係る信託財産が信託の帰属権利者（信託法 182 条 1 項 2 号）である個人に帰属する場合があり得るが、当該受託者は法人（又は法人とみなされた個人）であることから、法人から個人への贈与になり、所得税の課税関係が生じる。

ウ　集団投資信託、退職年金等信託、特定公益信託等及び法人課税信託を除く信託

　これらの信託は、制度上設計された商品であり、原則として、委託者、受託者が信託財産を有するものとみなされず（法人税法 12 条 1、3 項、所得税法 11 条）、分配時に、受益者段階で、利子所得・配当所得として課税される（所得税法 23、24 条）。

（3）受益者課税信託の課税関係

ア　自益信託の課税関係（委託者＝受益者）

　信託財産に係る経済的な利益は受益者が得ることになるので、信託課税上は、受益者が信託財産を有するものとみなして課税関係が生じる。

（ア）信託設定時

【ケース 1 】課税関係が生じない例

（委託者 = 受益者）

　委託者 = 受益者を父、受託者を長女、信託財産を賃貸不動産とする信託を設定した場合、信託された財産は委託者（父）から受託者（長女）に移転し、受託者（長女）は財産の所有権を有することになる。信託課税上、信託財産に係る経済的な利益は受益者（父）が得ることになるので、信託前の不動産の所有者である父が、信託効力発生後も信託財産（賃貸不動産）を有しているとみなされる。信託された賃貸不動産の経済的価値は、信託効力発生後も父に留保されるため、実質的な所有権の移転はしておらず、信託の効力発生時において、課税関係は生じない（所得税基本通達 13-5 ）。

　（イ）信託期間中

　信託期間中は、受益者（父）が信託財産に係る資産・負債を有するものとみなし、当該財産から発生する収益及び費用は受益者（父）の収益及び費用とみなされる（所得税法 13 条 1 項）。そのため、【ケース 1 】では、不動産所得の申告は、信託の効力発生後も受益者（父）が申告をすることになり、消費税法上も受益者（父）の取引として計算される（消費税法 14 条 1 項）。

　受託者（長女）は、信託された財産を管理・運用・処分するために信託財産の名義人になって預かっているだけであり、信託された財産に係る利益を享受することはできないため、信託の効力発生時も信託期間中においても、課税関係は生じない。

（ウ）受益権の譲渡

【ケース1-1】課税関係が生じる例

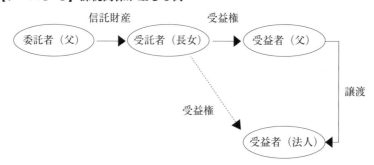

　自益信託に係る受益権を譲渡した場合、受益者が信託されている財産を譲渡したものとして、課税関係が生ずる。例えば【ケース1】の受益者（父）が、賃貸不動産に係る受益権を法人へ譲渡した場合、受益者（父）が賃貸不動産を時価で法人へ譲渡したことになり、譲渡益に対し譲渡所得税が課税され、消費税課税においても不動産の譲渡があったものとして、建物部分について消費税が課税される。

　（エ）受益権の贈与（相続税法9条の2第2項）

【ケース1-2】課税関係が生じる例

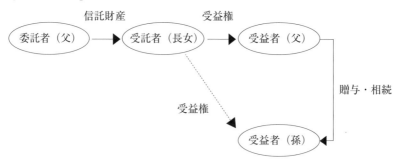

　自益信託に係る受益者を変更した場合、適正な対価の授受がない場合は、前の受益者から次の受益者へ受益権の贈与があったものとみなされる。例えば【ケース1】の受益者（父）が、受益者を孫へ変更した場合、孫は祖父から受益権の贈与を受けたものとみなして贈与税が課税される。この場合の受益権の評価は、課税時期における信託財産の価額によって評価する（財産評価基本通達202（1））が、賃貸不動産に係る借入金や敷金等の債務がある場

合は負担付贈与に該当することになり、当該不動産を時価で評価して贈与税を計算することになるので注意が必要である。

イ　他益信託の課税関係（委託者≠受益者）

【ケース 2】課税関係に場合分けを要する例

委託者 A と受託者 B が個人か法人かにより課税関係は変わる

（ア）信託の効力発生時

　信託の効力発生時に、信託された財産の実質的な所有権（経済的価値）が、委託者から受益者へ移転したものとして課税関係を整理する。以下のとおり委託者や受益者が個人か法人かにより課税関係が異なる。なお、受益者が、適正な対価を負担して信託財産を取得した場合は、受益者に課税関係は生じない。

　　a　委託者 A（個人）・受益者 B（個人）

　受益者（個人）が、適正な対価を負担することなく受益権を取得した場合は、委託者（個人）から信託財産（資産から債務を控除したもの）の贈与を受けたとみなして贈与税が課税され、遺贈の場合には相続税が課税される。また、個人である受益者が、著しく低い価額の対価で財産の譲渡を受けた場合、税務上の適正な時価との差額について、贈与・遺贈されたものとみなされるため（相続税法 7 条）、受益者に対し、その差額について、贈与の場合には贈与税が、遺贈の場合には相続税が課税される。

　　b　委託者 A（個人）・受益者 B（法人）

　委託者（個人）が、受益者（法人）へ、無償又は著しく低い価額（対価が時価の 2 分の 1 未満の場合（所得税法施行令 169 条）で信託財産を譲渡した場合、通常の取引価額で信託された財産の価額（税務上の適正な時価）で譲渡したものとみなされ、所得税が課せられる（所得税法 67 条の 3 第 3 項、59 条 1 項、所得税基本通達 67 の 3-1）。

受益者（法人）は、信託財産を時価で譲り受けたことになり、無償の場合は、通常の取引価額で信託された財産の価額（債務控除後の額）を受贈益として益金計上し、低額譲渡の場合は時価と譲渡価格との差額を、受贈益として益金計上し、法人税が課税される（法人税法22条2項）。

　　ｃ　委託者Ａ（法人）・受益者Ｂ（個人）

委託者（法人）は、受益者（個人）へ、信託した財産を通常の取引価額で譲渡したものとして、売却益がある場合には益金、売却損がある場合には損金として所得金額を計算する（法人税法22条2項）。また、時価と受領した対価との差額（無償の場合は信託財産の時価相当額）については、受益者に寄附したものと処理され（同法37条8項）、受益者（個人）との関係に即して寄附金、役員賞与、退職金等として損金算入し、一部については損金算入に制限がある。

受益者（個人）は、時価と受領した対価との差額（無償の場合は信託財産の時価相当額）について、法人との関係に即して一時所得、役員賞与、退職金等として所得税が課税される（所得税法34条、所得税基本通達34-1（5））。

　　ｄ　委託者Ａ（法人）・受益者Ｂ（法人）

委託者（法人）は、ｃの場合と同様に、信託した財産を通常の取引価額で譲渡したものとして売却益がある場合には益金、売却損がある場合には損金として所得金額を計算する（法人税法22条2項）。また、時価と受領した対価との差額（無償の場合は信託財産の時価相当額）については、受益者への寄附と処理され（同法37条8項）、受益者（個人）との関係に即して損金算入に制限がある。

受益者（法人）は、ｂの場合と同様に受贈益課税（法人税法22条2項）により課税される。

　（イ）　信託期間中の課税関係

信託期間中は、受益者が信託財産に係る資産・負債を有するものとみなし、当該財産から発生する収益及び費用は受益者の収益及び費用とみなされる（所得税法13条1項）。受益者が個人の場合は、信託行為に定める計算期間にかかわらず、毎年1月から12月31日までの期間の所得を計算して申告を行うことになる（所得税基本通達13-2）。受託者から受益者へ実際に金銭の分配が行われていなくても、信託財産から利益（所得）が生じた時点において課税が発生する。

（ウ）受益者の存する信託について、一部の受益者等が存しなくなった場
合
【ケース3】

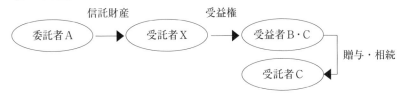

受益者等が複数いる信託で、信託に関する権利の一部について放棄又は消
滅があった場合等、既に受益者等である者が、適正な対価を負担せずに、そ
の信託に関する権利について新たに利益を受けることとなった場合は、その
信託の一部の受益者等が存しなくなったときに、その利益を受ける受益者等
が、その信託の一部の受益者等であった者から贈与（委託者の死亡に基因し
て当該信託が終了した場合は遺贈）により取得したものとみなされて、贈与税
（遺贈の場合は相続税）が課税される（相続税法9条の2第3項）。この場合、
原則として、当該放棄又は消滅後の当該信託の受益者等が、その有する信託
に関する権利の割合に応じて、当該放棄又は消滅した信託に関する権利を取
得したものとみなされる（相続税法基本通達9の2-4）。

（4）法人課税信託の課税関係
ア 受益者が存しない信託に係る課税の原則
受益者の定めのない信託の要件（信託法258条1項）に規定する受益者の
定め（受益者を定める方法の定めを含む）のない信託で、かつ、特定委託者の
存しないものについては、受益者等が存しない信託に該当する。受益者等が
存しない信託については、原則としてその後に存在することとなる受益者等
に代わって受託者に法人税等（受贈益課税）が課税される。信託期間中に、
信託財産から生ずる収益と費用に係る運用益についても受託者に課税され
る。また、その後に受益者等が存することになった場合には、受益者等が受
託者の課税関係を引き継ぐことになり、この段階では課税関係は生じない。

イ 受益者が存しない信託に係る課税の特例
委託者と受益者となる者が親族等（民法725条各号に掲げる6親等内の血

族、配偶者及び3親等内の姻族をいう（相続税法施行令1条の9））である場合
は、受益者等が存しない信託等の特例（相続税法9条の4）が適用される。
受益者等が存しない信託の効力が生じた場合において、信託の受益者等となる者が委託者の親族等であるときは、当該信託の効力が生ずる時において、当該信託の受託者が、当該委託者から信託に関する権利を贈与（委託者の死亡に基因して信託の効力が生ずる場合は遺贈）により取得したものとみなして贈与税（遺贈の場合は相続税）を課税される（相続税法9条の4第1項）。

【ケース4】受益者（孫）がまだ生まれていない場合

（ア）信託設定時の課税関係

委託者（父）、受託者（長男）、受益者をまだ生まれていない孫とする。この場合、本来課税すべき受益者が存在しないので、受託者（長男）を法人とみなして、受託者が、信託財産を有するものとして課税関係を整理する。

　　a　委託者に対する課税（所得税）

委託者（父）は、受託者（長男）に対して信託財産を贈与したものとみなされる。この場合、受託者（長男）は法人と擬制されるため、信託の効力発生時に、委託者（父）は法人へ、信託財産を時価で譲渡したものとみなされる（所得税法59条1項1号）。含み益がある場合には時価と取得価額の差額について譲渡に係る所得税が課税されることになる。

　　b　受託者に対する課税（法人税）

受託者（長男）は法人とみなされるため、信託財産の時価相当額の受贈益が生じたものとして法人税が課税される。また、この法人は、信託の効力が生じた日に設立されたものとされる（法人税法4条の7第7号）。

　　c　受益者に対する課税（贈与税）

受益者（孫）は、信託設定時にまだ存在していないため、受益者としての権利を有しておらず、課税関係は生じない。しかし、受益者（孫）は、委託

者（父）の親族であるため、受託者を個人とみなして、受託者（長男）に対し、贈与税が課税される（相続税法9条の4）。受託者（長男）は、1つの信託財産について、法人税と贈与税が二重に課税されることになるため、この贈与税を計算する場合には、贈与税額から、法人とみなして受贈益に対して課税された法人税額を控除する。この段階で贈与税を課するのは、将来孫が存することとなり受益権を有した時の贈与税の課税漏れの防止をすることを趣旨としている。

（イ）信託期間中の課税関係

受益者の存しない信託（法人課税信託）が設定された場合は、信託期間中は、信託財産から生ずる収益と費用に係る申告は、受託者を法人とみなして、すべて受託者が行うことになる。受託者（長男）は、個人ではなく、法人として法人税申告を行うため、信託の計算期間に応じて申告と納税を行うことになる。例えば信託の計算期間が4月1日から3月31日であれば、3月決算法人と同様の取扱いとなる。

なお、法人課税信託の場合は、信託法制上と同じく受託者が信託財産を有するものとされるため、受託者が信託財産を譲渡した場合には、受託者に課税関係が生じることになる。法人課税信託の受託者が個人であっても法人とみなして、譲渡損益に対して法人税が課税されることになる。

（ウ）受益者が存しない信託について、受益者が存することとなった場合
　　　の課税関係

受益者が存しない信託について、受益者が存することとなったときに、受託者は解散があったものとして受託法人の課税関係は終了し、信託財産の帰属は、受託者から受益者に移転する。この場合に、委託者と受益者が親族関係にない場合は、課税関係は発生せず、受益者となった者は信託財産を受託者の帳簿価額により引継ぎを受けるのが原則的な取扱いである（所得税法67の3第1、2項）。

しかし、次の2つの要件のいずれにも該当する場合には、当該「存しない者」が当該信託の受益者等となる時に、信託に関する権利を個人から贈与により取得したものとみなされて、贈与税が課税される（相続税法9条の5）。

① 信託契約締結時に受益者となる者が存在しないこと
② 受益者となる者が信託契約締結時における委託者の親族であること

この場合の「存しない者」とは、例えば、「契約締結時において出生して

いない者」「養子縁組前の者」「受益者として指定されていない者」などのような者をいう。

　【ケース4】の場合は、委託者（父）と受益者（孫）は親族関係にあり①②のいずれの要件も満たすため、孫が生まれて受益者が存することとなったときに、受託者（長男）から信託財産を贈与により取得したものとみなされて贈与税が課税される。

ウ　受益者が存しない信託に関する留意点

　法人課税信託のうち、親族間における受益者が存しない信託については、信託を用いた租税回避行為を防止する趣旨により、信託課税の取扱いが複雑なものとなっている。例えば、**いまだ生まれていない孫等を受益者とする信託を設定した場合**等には、受託者段階での負担（法人税法等の課税及び相続税法9条の4の規定の適用による相続税又は贈与税の課税）のみになる。将来発生する相続税の課税回数を減らすことが可能となり、また、信託の設定時に受益者等を定めずに受益者指定権を有する者を定め、信託の効力が生じた後に親族等を指定すれば、相続税法第9条の4の課税を回避することが可能であるため、**課税の公平確保の観点から、租税負担の面で有利とはいえない取扱いになっている。**

　信託課税の実務上、信託を組成する場合は、受益者がいない状態にならないように設計することが必要である。なお、信託契約等において受益者がいない場合であっても、信託課税上の受益者が存在する場合には、受益者等課税信託に該当することになり、法人課税信託の取扱いは適用されない。

（5）信託終了時の課税関係

　受益者等の存する信託が終了した場合において、適正な対価を負担せずに当該信託の残余財産の給付を受けるべき、又は帰属すべき者となる者があるときは、信託終了時の受益者から、信託の残余財産が給付される者又は当該帰属権利者へ、贈与（委託者の死亡に基因して信託が終了した場合は遺贈）によって財産が移転したものとみなされる（相続税法9条の2第4項）。

【ケース5】

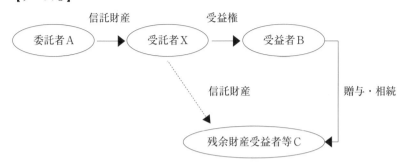

ア　信託終了時の受益者が帰属権利者の場合

　信託終了時の受益者と信託終了後の残余財産の帰属者が同一の者となる場合は、信託の終了によって財産は実質的に移転しないため、課税関係は生じない（相続税法9条の2第4項かっこ書）。

イ　信託終了時の受益者以外の者が帰属権利者の場合

　信託契約等に、信託終了時の残余財産の帰属権利者が、信託終了前の受益者以外の者と指定されている場合は、信託の終了により、当該残余財産が給付される者又は帰属権利者が、信託終了前の受益者から贈与（委託者の死亡に基因して当該信託が終了した場合は遺贈）により取得したものとみなして贈与税（遺贈の場合は相続税）が課税される（相続税法9条の2第4項）。

（6）遺言代用信託

　遺言代用信託について、**信託課税の「受益者としての権利を現に有する者」には、委託者死亡前の受益者及び帰属権利者（信託法182条1項2号）は含まれない（相続税法基本通達9の2‐1）ため、信託設定時に、遺言代用信託の委託者が死亡する前の受益者と帰属権利者に、課税関係は生じない。** 委託者が死亡したときに、信託契約に受益者として定められている者について相続税が課税される。

【ケース6】遺言代用信託と事業承継

　信託契約で、自社株式（信託財産）の承継について、①当初、受益者を長男とし、長男死亡後は、②子が生まれていれば長男の子へ、③長男の子が生

まれていなければ（長男の妻ではなく）、次男の子へ帰属させることとする。そして、長男の相続発生時に、③長男の子が生まれていなければ、**次男の子は長男から遺贈により自社株式を取得したものとみなされて相続税が課される**。一親等の血族以外の者への資産の移転に該当するため、次男の子は相続税の２割加算の適用があり、相続税の計算上は有利とはいえないが、**遺言代用信託には、従来の法制度ではできなかった事業承継を可能とするメリットがある**。

　なお、受益者として指定された者は、受託者に意思表示することにより、受益権を放棄することができる。信託法上、受益者は当初から受益権を有していなかったものとみなされるが（信託法 99 条）、**信託課税では、受益権を放棄した時に、受益権を放棄した者から、放棄後の受益者に受益権を贈与したものとして放棄後の受益者に贈与税が課される**（相続税法 9 条の 2 第 3 項）。

（7）受益者連続型信託の特例

　受益者連続型信託とは、①受益者の死亡により他の者が新たに受益権を取得する旨の定めのある信託（信託法 91 条）、②受益者を指定し、又はこれを変更する権利「受益者指定権」等を有する者の定めのある信託（同法 89 条 1 項）、③受益者等の死亡その他の事由により、受益者等の有する信託に関する権利が消滅し、他の者が新たな信託に関する権利を取得する旨の定めのある信託、④①〜③の信託に類するものとして政令で定めるものをいうとされる（相続税法 9 条の 3 第 1 項、相続税法施行令 1 条の 8）。

ア　受益者連続型信託に係る課税関係

　受益者連続型信託に関する権利を受益者（受益者が存しない場合にあっては、特定委託者）が適正な対価を負担せずに取得した場合の課税関係は次のとおりである（相続税法 9 条の 2 第 1 〜 3 項、9 条の 3）。

① 最初の受益者は、信託に関する権利を委託者から贈与（委託者の死亡に基因して最初の受益者が存することとなった場合は遺贈）によって取得したものとみなされ、贈与税（遺贈の場合は相続税）が課税される。

② 次の受益者は、最初の受益者から贈与（最初の受益者の死亡に基因して次の受益者が存することとなった場合は遺贈）により取得したものとみなされ、贈与税（遺贈の場合は相続税）が課税される。

③　次の受益者以後の受益者についても、上記②と同様とみなされ、贈与
　　税又は相続税が課税される。

【ケース7】

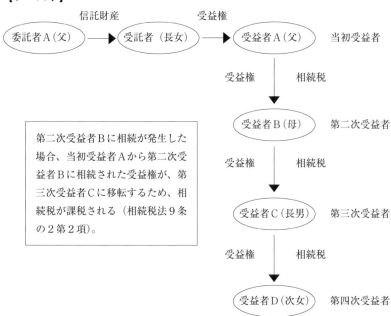

受益者の死亡により、その受益者の有する受益権が消滅し、他の受益者が
新たな受益権を取得する旨の定めのある信託である場合、委託者の遺言又
は、信託契約によって受益者が連続して指定されることになるため、各受益
者は、委託者からの贈与又は遺贈により新たな受益権を取得することにな
る。【ケース7】では、信託設定時は（委託者＝受益者）父Aの自益信託であ
り、課税関係は生じない。当初の受益者であるAが死亡した時に、母BがA
から遺贈により受益権を取得したものとみなされて相続税が課税され、母B
が死亡した時に、長男Cが母から遺贈により受益権を取得したものとみなさ
れて相続税が課税され、長男Cが死亡した時に、次女Dが長男より受益権を
取得したものとみなされて相続税が課税される。なお、直前の受益者との関
係において、一親等の血族以外の者への移転については相続税の2割加算が
ある。

イ　受益者連続型信託に関する権利の価額

　受益者が、「受益者連続型信託に関する権利」の全部を適正な対価を負担せずに取得した場合、信託財産の全部の価額が受益者連続型信託に関する権利の価額となる。当該信託の利益を受ける期間の制限その他の当該受益者連続型信託に関する権利の価値に作用する要因としての制約が付されているものについては、当該制約は、付されていないものとみなされる（相続税法9条の3第1項）。元本と収益との受益者が同一人である場合は、財産評価基本通達により評価した課税時期における信託財産の価額が「受益者連続型信託に関する権利」の価額とされる（相続税法基本通達9の3-1（1））。

　【ケース7】の場合、各受益者は、生存中に限り信託財産に係る利益を収受する権利を有するという期間の制約がある。また、所有権を有しないため、自由に当該信託財産を処分して利益を得ることはできない。しかし相続税評価に当たっては、当該権利の期間の制限や権利の価値に作用する要因としての制約は付されていないとみなされるため、評価額を減額することはできない。それぞれの段階で、受益者は、信託財産のすべてを有しているものとみなして「受益者連続型信託に関する権利」の評価額の全額について相続税が課税されることになる。受益者連続型信託は、財産の相続の仕方を指定するには有用であるが、租税負担の観点からは有利とはいえない。なお、この場合の「受益者」とは、受益者としての権利を現に有する者をいう（相続税法9条の3第2項）。

（8）受益者連続型信託に関する権利の価額

　受益者連続型信託で、かつ、受益権が複層化された信託について、その収益受益権の全部を適正な対価を負担せず取得した場合には、信託財産の全部の価額をその権利の価額とする。一方で、受益権が複層化された受益者連続型信託に関する元本受益権の全部を適正な対価を負担せず取得した場合には、元本受益権の全部をゼロと評価することとされている（相続税法基本通達9の3-1（2）、（3））。

　例えば、受益権が複層化された受益者連続型信託の収益受益権を個人A_1が、元本受益権を個人B_1が有するものについて、収益受益権が個人A_2に、元本受益権が個人B_2に移転した場合における課税上のそれぞれの受益権の価額については、当該収益受益権の価額は、当該受益者連続型信託の信

託財産そのものの価額と等しいとして計算され、当該元本受益権の価額はゼロとなる。

　ただし、この規定は、この規定の適用対象となる受益者連続型信託に関する権利を有する者が法人（代表者又は管理者の定めのある人格のない社団又は財団を含む）である場合には、適用されない。例えば、収益受益権が個人A₁から法人Cに、元本受益権が個人B₁から個人B₂に移転した場合には、個人B₂が有する元本受益権の価額はゼロとはならず、「信託受益権の評価」（財産評価基本通達202）により評価したうえで課税関係が生ずる。

　なお、受益権が複層化された受益者連続型信託の元本受益権（当該元本受益権に対応する収益受益権を法人が有する場合又は当該収益受益権の全部又は一部の受益者等が存しない場合を除く）については、信託期間中は贈与税又は相続税の課税関係は生じない。ただし、当該信託が終了した場合において、当該元本受益権を有する者が、当該信託の残余財産を取得したときは、相続税法9条の2第4項の規定に基づき、当該信託の受益者等から贈与（当該受益者等の死亡に基因して当該信託が終了した場合には、遺贈）により取得したものとみなされて、贈与税や相続税の課税関係が生じる。

＜執筆＞
山下眞弘（1〜8）、山下宜子（9）

＜参考文献＞
・大阪弁護士会司法委員会信託法部会編『弁護士が答える民事信託Q＆A100』日本加除出版（2019年）
・遠藤英嗣『新しい家族信託〈全訂〉』日本加除出版（2019年）
・民事信託士協会＝民事信託推進センター編『よくわかる民事信託─基礎知識と実務のポイント』ビジネス教育出版社（2019年）
・野村資産承継研究所監修／品川芳宣編著『社団・財団・信託を活用した資産・事業承継対策』大蔵財務協会（2019年）
・伊東大祐＝伊庭潔＝戸田智彦＝菅野真美編著『家族信託コンパクトブック─弁護士のための法務と税務』第一法規（2018年）

※「家族信託」は、一般社団法人　家族信託普及協会の登録商標です。

第 7 章

企業法務とＡＩ
―知財とプライバシー

1　本章の概要

　近年、ＩＣＴ技術やＡＩの進化によるＩｏＴ化が進んでおり、企業が大量のデータを保有するようになっている。そして、そのようなデータが大量に集積されることにより、いわゆるビッグデータとして価値を持ち、企業の情報財として取引の対象とされるようになってきている。しかしながら、そのような取引の対象とされるデータに関する法的保護は不十分であり、実際には当事者間の契約にその法的保護の大部分が委ねられている。

　また、企業が取得したビッグデータの中には、個人情報が含まれることも多く、個人情報の保護に対する配慮も求められる。

　そこで、本章においては、データ利活用に関する契約、とりわけＡＩ技術を利用したソフトウェア開発契約（以下、「ＡＩ開発契約」という）における留意点について解説するとともに、個人情報を含む場合の留意点についても解説する。

2　ＡＩと社会

（1）ＡＩの現状と将来

　近年におけるＡＩの研究は目覚ましく、既に日常社会の中で実用化されている技術も多々ある。身近なところでいえば、例えば、Google 社の翻訳サービスは、ＡＩ技術の1つであるリカレントニューラルネットワークを導入したことで、飛躍的に翻訳能力が向上した。また、音声認識と自然言語処理の技術は、スマートスピーカーに応用されている。ビジネスの場であれば、マーケティング分析、農業分野における農作物の自動管理、医療分野における診断支援や創薬、工業分野における予兆検知等の安全管理、法務分野における特許調査や契約書レビュー等、業種を問わず様々な分野でＡＩが活用されている。

　ＡＩが普及するようになった背景には、コンピュータの性能の向上と、インターネットの普及が大きく貢献している。今後、ＡＩは、日常生活でもビジネスの場でもかけがえのない存在となり、社会にとって欠くことのできない資源となることが期待される。

コラム **新型コロナウイルスとＡＩ**

　新型コロナウイルスの治療薬やワクチンの研究においても、ＡＩが注目される。ＡＩの利活用によって、創薬研究に要する期間を大きく短縮することが期待されている。実際、各国の大手製薬企業がＡＩを利活用して新型コロナウイルスの治療薬やワクチンの研究を進めたり、そのような研究に取り組むベンチャー企業を投資家が支援したりする動きが広がっている。

（2）ニューラルネットワーク

　ＡＩの発達には、ニューラルネットワークの技術が大きく貢献している。
　ニューラルネットワークは、人間の脳の神経ネットワークを数学的に表現したものである。脳の神経ネットワークには、神経細胞であるニューロンと、ニューロン同士を接合するシナプスがある。ニューロンは、一定量以上の電気信号を受けると、シナプスを経由して、隣のニューロンに電気信号を伝達する仕組みである。このようにして、ニューロンに順々に信号が伝達されることで、脳全体で数百億の複雑なネットワークを構成している。
　ニューラルネットワークにおいて人間の脳のニューロンに相当するものは、ノードと呼ばれる。ノードは、入力された値に応じて結果を出力する数学的な関数として表現される。あるノードが出力した結果は、次のノードに入力され、再び当該ノードは次のノードに出力結果を入力することを繰り返し、あたかも脳の神経ネットワークのように、複雑なネットワークを構成したものが、ニューラルネットワークである。
　ニューラルネットワークは、入力された値に応じて、特定の結果を出力する。そして、ニューラルネットワークを構成する1つひとつのノードのパラメータを変更することによって、ある入力に対して出力される結果が変化する。ニューラルネットワークは、1つひとつのノードのパラメータを適切に設定することで、入力された値の特徴に応じた結果を出力するようになる（例えば、入力された画像データが猫、犬、馬であった場合に、それぞれ1、2、3を結果として出力することができる）。
　以上に述べた仕組みにより、ニューラルネットワークは、与えられたデー

タをその特徴に応じて分類しなければならない局面において、特に優れた機能を発揮する。

　もっとも、ニューラルネットワークは、多数のノードで構成されるため、どのノードのパラメータをどのように設定すれば意図した結果が出力されるかについて、人が予想することは極めて困難である。そこで、ニューラルネットワークを利用する場合には、実際にデータを入力しながら、期待する出力結果と実際の出力結果の乖離の程度に応じて自動的に各ノードのパラメータを修正し、各ノードのパラメータが適切な値に近づくように調整を繰り返す。このような過程のことを、機械学習という。機械学習においては、大量のデータを用意するとともに、あらかじめ、データに対して機械学習に適した加工等を施す必要がある。

　ニューラルネットワークが機械学習によって各ノードのパラメータを調整する過程は、人間が経験の中で失敗を繰り返しながら新しいことを学んでいく過程と類似している。それが、機械「学習」といわれるゆえんである。ニューラルネットワークは、画像認識、自然言語処理、強化学習等の様々なＡＩ技術に活用されている。

（3）ＡＩとデータ

　前述したように、ＡＩ（ニューラルネットワーク）の機械学習のためには、大量のデータを用意する必要がある。そのため、**ＡＩの普及と発展のためには、データを利活用しやすくするための社会的な仕組みが不可欠である**。そのため、後述するように、知財分野においては、無体財産であるデータに法律上の保護を認める必要性について、議論が活発になっている。

　一方で、データの利活用が進むことによって懸念されるのが、プライバシーの問題である。**ＡＩの機械学習への利活用が期待されるデータの中には、人の健康情報や趣味嗜好に関わるもの等、人のプライバシーに関わるものが多々ある**。永続的なＡＩの普及と発展のためには、このような個人に関わるデータの積極的な利活用を認めつつも、対象者のプライバシーに対して十分に配慮していくことが求められる。

コラム スーパーシティとＡＩ

　2020 年 5 月 27 日、スーパーシティ構想を実現する改正国家戦略特別

区域法が成立した。スーパーシティ構想とは、交通手段や物流、行政サービス、医療、介護、教育、防災等の生活全般にわたってＡＩやＩｏＴ等の先端的技術を活用し、社会のあり方を根本から変革した未来都市を実現する構想のことである。

政令で指定された区域（スーパーシティ区域）においては、スーパーシティを実現するための基本構想を区域会議において策定し、規制の特例措置を求めるとともに内閣総理大臣に基本構想を提出する。そして、内閣総理大臣は、各省大臣に規制の特例措置を認めるか否かの検討を要請する。このような手続を経て、スーパーシティ区域には、スーパーシティの実現に必要な規制の特例措置が一括して迅速に適用されることになる。また、スーパーシティ区域においては、各種サービスを支えるデータ連携基盤が導入され、サービス間でのデータ連携が図られる。

スーパーシティにおいては、ＡＩやＩｏＴの実証実験やビッグデータの構築を迅速に進めることができるメリットがある一方、住民から多数の個人情報を収集することにもつながるため、個人情報保護の観点からの課題もある。また、スーパーシティにおいては、様々なサイバー攻撃に備えるための高度な情報セキュリティ対策も求められる。

コラム デジタル経済と課税問題

デジタル経済はモノの取引から、デジタルコンテンツ（無形固定資産・知的財産権）というサービスの取引（役務の提供）へ転換をもたらし、「プラットフォーム」というビジネスモデルの出現は税制に大きな変革をもたらした。企業価値の中核である無形固定資産を軽課税国へ移転して利益を帰属させることにより、プラットフォーム企業の利益が、当該法人の居住地国でも利益を上げている消費国でも課税されないという「二重非課税の問題」が生ずることとなった。

日本の消費税では、2015年10月1日から、電子書籍・音楽・広告の配信などインターネット等を介して行われる役務の提供については「役務の提供を受ける者の住所等」を消費税の課税取引に該当するかどうかの判断基準とし、国境を越えてサービスを行う国外事業者を登録させて納税させる制度が導入された。改正前は、原則として役務の提供を行う

者の役務提供に係る事務所の所在地により判断するとされていたため、国外事業者が行う配信サービスは消費税の不課税取引となり、国内事業者は課税取引とされていたが、改正により国内外の事業者間の競争条件はそろえられた。

　法人税・所得税では、国際間の取引において、日本で事業を行う外国企業に対し課税するには、その外国企業が日本国内に支店、事業所等の恒久的施設（Permanent Establishment、以下、「ＰＥ」という）や契約締結代理人（以下、「代理人ＰＥ」という）を有していることを条件としているが、デジタル経済のもとでは、ＰＥがなくとも大規模な取引を行いカードで決済を完了することができる。

　このような課税の状況は、他国でも同様であり、ＯＥＣＤ・ＢＥＰＳにおいてもこの問題について検討され、2015年秋のＢＥＰＳ最終報告では「人為的にＰＥの認定を逃れることを防止するために、租税条約のＰＥの定義を変更する」ことが勧告された。この勧告を受けて平成30（2018）年度税制改正では、ＰＥ認定の人為的回避防止措置導入（代理人ＰＥ、準備的・補助的活動の範囲の見直し等）と租税条約上のＰＥの定義と異なる場合の調整規定の整備等が行われた。国内法の規定はＢＥＰＳ防止措置実施条約の規定とほぼ同じ内容が改正に取り込まれたが、国内法のＰＥの範囲と二国間の租税条約のＰＥの範囲がずれた場合は、二国間の租税条約に従うことになる。条約の適用関係は、財務省（http://www.mof.go.jp）、ＯＥＣＤ（http://www.oecd.org）参照。

（山下宜子税理士）

3　ＡＩ開発契約について

　設例　インターネットで家計簿アプリサービスを提供するＡ社は、システム開発会社Ｂ社と共同で、Ａ社が大量に保有する顧客の購買情報をＢ社に提供し、Ｂ社がＡＩ技術を利用して、購買情報を分析して各顧客の購買行動に即した商品を提案するソフトウェアを開発するという新しい事業を企画している。そこで、Ａ社は、自社が保有する顧客情報をＢ社に対して提供するに当たり、Ｂ社とＡＩ開発契約を締結することとした。ＡＩ開発契約の内容と

して、どのような点に留意すべきか。

ポイント

　①データ、②プログラム、③ノウハウが、知的財産法制により保護される場合は限定的であることから、ＡＩ技術を利用したソフトウェア開発における当事者の利害調整は、当事者間の契約に委ねられることとなる。そこで、ベンダとユーザのいずれも、学習済みモデル生成に至る各段階において、①生データ、②学習用データセット、③学習用プログラム、④学習済みモデル、⑤学習済みパラメータ、⑥推論プログラム、⑦ノウハウのそれぞれについて、各当事者の利益バランスに留意して、利用条件を明確に契約条項に反映させることが重要である。

（１）ＡＩ技術を利用したソフトウェアの開発契約について
　ア　基本的概念の説明
　ＡＩ技術（人間の行い得る知的活動をコンピュータ等に行わせる一連のソフトウェア技術の総称）のうち機械学習の手法を利用したソフトウェア開発における主な要素としては、「生データ」「学習用データセット」「学習用プログラム」「学習済みモデル」及び「ノウハウ」の５つが挙げられる。以下、これらの各要素について解説する。
【ＡＩ技術を利用したソフトウェア開発のプロセス】

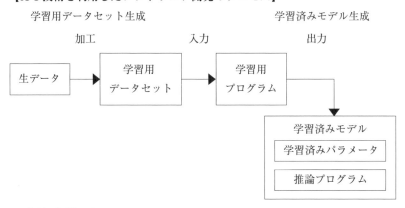

　（ア）生データ
　生データとは、ユーザやベンダ、その他の事業者や研究機関等により一次

的に取得されたデータであって、データベースに読み込むことができるよう変換・加工処理されたものをいう。例えば、ある事業者の事業活動から副次的に発生し、収集・蓄積されたデータ等が挙げられる。

　（イ）学習用データセット

　学習用データセットとは、生データに対して、欠測値（本来観測されるべきだが観測されない値）や外れ値（他の値から大きく外れた値）の除去等の前処理や、ラベル情報（正解データ）等の別個のデータの付加等、あるいはこれらを組み合わせて、変換・加工処理を施すことによって、対象とする学習の手法による解析を容易にするために生成された二次的な加工データをいう。例えば、教師あり学習の手法（正解となる答え（ラベル）が含まれたデータを学習用プログラムに学習させる方法）を用いる場合についていえば、前処理が行われた生データにラベル情報（正解データ）を合わせたものが学習用データセットに該当する。

　（ウ）学習用プログラム

　学習用プログラムとは、学習用データセットの中から一定の規則を見いだし、その規則を表現するモデルを生成するためのアルゴリズムを実行するプログラムをいう。具体的には、採用する学習手法による学習を実現するために、コンピュータに実行させる手順を規定するプログラムがこれに該当する。

　学習用プログラムは、ベンダがゼロからつくり上げる場合もあるが、ＯＳＳ（オープン・ソース・ソフトウェア）と呼ばれるソースコードが一般に公開されており、そのようなソフトウェアを利用することが多い。

　（エ）学習済みモデル

　　a　学習済みモデル

　実務上、「学習済みモデル」という言葉は、確立した定義がないのが実情であるが、本章においては、便宜上、「学習済みパラメータ」（下記ｂ）が組み込まれた「推論プログラム」（下記ｃ）を一体として「学習済みモデル」と呼ぶこととする。

　　b　学習済みパラメータ

　学習済みパラメータとは、学習用データセットを用いた学習の結果、得られたパラメータをいう。学習済みパラメータは、学習用データセットを学習用プログラムに対して入力することで、一定の目的のために機械的に調整さ

れることで生成される。学習済みパラメータは、学習の目的に合わせて調整されているものの、単体では単なるパラメータ（数値等の情報）にすぎず、これを推論プログラムに組み込むことで初めて学習済みモデルとして機能する。例えば、ニューラルネットワークの場合には、学習済みパラメータの中で主要なものとしては、各ノード間のリンクの重み付けに用いられるパラメータ等がこれに該当する。

　　　c　推論プログラム
　推論プログラムとは、組み込まれた学習済みパラメータを適用することで、入力に対して一定の結果を出力することを可能にするプログラムをいう。例えば、入力として与えられた画像に対して、学習の結果として取得された学習済みパラメータを適用し、当該画像に対する結果（認証や判定）を出力するための一連の演算手順を規定したプログラムなどがある。

　　　d　派生的な学習済みモデル
　学習済みモデルについては、コストをかけて作成されたものであり、汎用性があるため、再利用の需要が存在するが、**実務上は、特に再利用モデルや蒸留モデル等派生的な学習済みモデルの取扱いが問題となることが多い。**

　　（オ）ノウハウ
　ノウハウはそれ自体多義的な用語ではあるが、本章においては、ＡＩ技術の研究・開発・利用過程において、ベンダ又はユーザが有する知見、技術、情報等を「ノウハウ」と呼ぶこととする。

（2）開発方式
ア　ＡＩ技術を利用したソフトウェア開発の特徴
　従来型のソフトウェア開発は、まずソフトウェアの仕様を詳細に定義し、既に知られた法則や知識を念頭に、実装の工程を段階的に詳細化していくという演繹的な開発手法が用いられており、開発されたソフトウェアの動作原理は予測がつきやすい。これに対し、機械学習の手法を取り入れたソフトウェア開発においては、実際に観察される事象（データ）を用いた帰納的な開発手法を用いていることから、生成される学習済みモデルの精度を予測することは困難である。したがって、**未知の入力データに対する性能を保証することが技術的に困難である**という特徴がある。

イ　探索的段階型の開発方式

　学習済みモデルを開発する場合、**契約締結時には、成果物として何ができ
上がるかを事前に予測することが難しく、また、その過程で生じた生成物の
性能等を事後的に検証することも困難である。**そのため、その開発過程は必
然的に探索的にならざるを得ず、試行錯誤を何度も重ねる必要がある。この
ような状況では、後戻りが不可避的に発生することから、あらかじめ確定し
た要件定義を前提とし、開発を段階的に詳細化していくウォーターフォール
型の開発は実態にそぐわない場合が多い。そして、**比較的小規模な特定の目
的を達成するための学習済みモデルの生成においては、開発プロセスを別個
独立した複数の段階に分けて探索的に行う「探索的段階型」の開発方式が適
している**と考えられる。**具体的には、①アセスメント段階、②ＰｏＣ段階、
③開発段階、④追加学習段階の４段階による開発方式である。**

　このような「探索的段階型」の開発方式を採用するメリットは以下の２つ
が挙げられる。第１に、学習済みモデル生成においては、従来型のソフト
ウェア開発と異なる不確実性があることから、開発対象や性能について、事
前に予測することが困難であり、ユーザとベンダの認識に齟齬が生じること
が少なくない。そこで、開発を複数段階に分け、各段階における達成目標を
明確にすることで、ユーザとベンダとの間の話合いが促進され、最終的な成
果物である学習済みモデルに対する認識をすり合わせることができる。第２
に、そのような学習済みモデル生成の不確実性から、多大な投資をしたにも
かかわらず、開発の途中で学習済みモデルが予定した性能を発揮できないこ
とが明らかとなり、開発を中止することも十分に考えられる。そこで、開発
を複数に分け、十分な性能を備えた学習済みモデルの生成が困難であること
が判明した場合には、その段階で開発を中止することにより、それ以上の損
失拡大を防ぎ、リスクヘッジを図ることができる。

ウ　探索的段階型開発方式の各段階について

（ア）アセスメント段階

「アセスメント段階」とは、ベンダがユーザとの間で秘密保持契約を締結
したうえでユーザから一定量のデータ（例えば、ユーザ側でそれほど労力をか
けずに提供できるデータ）を受領し、学習済みモデルの生成可能性があるか
否かを事前検証する段階である。この段階では、ユーザから限定的なサンプ

ルデータを受領し、短期間でＡＩ技術の導入の可否について検証を行うことを目的としており、検証結果を記載した簡易なレポート等の成果物の提供等を伴うことがある。アセスメント段階では、秘密保持契約を締結することが想定される。

　（イ）ＰｏＣ（Proof of Concept）段階

　学習済みモデルの生成において「ＰｏＣ段階」は、ユーザ又はベンダが保有しているデータを基に学習済みモデルの生成を進めるか否かについて検証する段階としてとらえることが多い。アセスメント段階と異なり、基本的にはユーザが保有している一定量のデータ（あるいは新たに生成されたデータ）を用いて、学習済みモデルの生成・精度向上作業を行い、事後の開発の可否や妥当性を検証する。このような検証の結果は、レポートにまとめられることが一般的である。また、ＰｏＣ段階の内容には、学習済みモデルのパイロットテストを含むことがある。ＰｏＣ段階においては、導入検証契約が締結されることが想定される。なお、ＰｏＣの後期段階において、実データを用いて学習済みモデルのパイロットテストを含む検証を行い、成果として学習済みモデルが生成される場合には、開発段階に近いため、開発契約における規定（主に、権利帰属や利用条件について）と同様の内容を導入検証契約に定めることも考えられる。

　（ウ）開発段階

　「開発段階」は、実際に学習用データセットを用いて学習済みモデルを生成する段階である。この段階ではソフトウェア開発契約が締結される。

　（エ）追加学習段階

　「追加学習段階」は、ベンダが納品した学習済みモデルについて、追加の学習用データセットを使って学習をする段階である。学習済みモデルを生成したベンダが追加学習支援をすることもあれば、全く別のベンダが実施する場合もある。また、保守運用とセットでなされることもある。追加学習については、保守運用契約、学習支援契約又は新たなソフトウェア開発契約を締結することが考えられるが、その内容については、開発段階におけるソフトウェア開発契約の利用条件の設定やその際に生成された再利用モデルの権利関係・責任関係についての規定と同様の規定を設けることが考えられる。

（3）契約の法的性質

　従来型のソフトウェア開発の場合とは異なり、**学習済みモデル生成を伴う
ソフトウェア開発契約は、請負型ではなく、準委任型の契約である**と考えら
れる。

　まず、アセスメント段階は、学習済みモデルの生成可能性を検証するため
の段階であり、ＰｏＣ段階は学習済みモデルの生成をさらに進めることの可
否及び妥当性を検証するための段階であって、そもそも学習済みモデルの完
成を目的とする段階ではない。

　また、開発段階は、学習用データセットを用いて学習済みモデルを生成す
ることを目的とする段階であるが、学習済みモデルの特性から、契約締結時
までに仕様や検収基準を確定することは難しいことが多く、また、未知の入
力（データ）に対しては、学習済みモデルがユーザ・ベンダのいずれもが想
定しない挙動をしないことを保証することも困難である。そのため、具体的
な仕事の完成を目的とする請負型の契約にはなじみにくい。

　さらに、追加学習段階は、ベンダが納品した学習済みモデルを基礎に、追
加の学習用データセットを使って学習を行うことを目的とする段階であっ
て、一定の学習済みモデルの完成を目的とする段階ではない。

　以上のとおり、学習済みモデル生成の各段階には、具体的な学習済みモデ
ルの完成を約束する請負型の契約ではなく、一定の検証や開発といった役務
の提供を目的とする準委任型の契約がその実態になじみやすい。

（4）知的財産権等に関する整理

　ＡＩ技術を利用したソフトウェア開発においては、主に①生データ、②学
習用データセット、③学習用プログラム、④学習済みモデル（学習済みパラ
メータ・推論プログラム）、⑤ノウハウについて、当事者が権利利益を主張す
る事項となり得る。これらの対象は、法的には、①データ、②プログラム、
③ノウハウに大別することができる。そこで、以下、①ないし③の事項に関
する法的関係を整理する。

　ア　データ

　生データ、学習用データセット、学習済みパラメータは、コンピュータに
取り込むことが可能な形式で存在する「データ」である。

　データは、無体物（情報）であるため、所有権の対象とはなり得ない（民法206、85条参照）。また、データは、それぞれ、著作物や営業秘密に該当する場合があり、著作権法や不競法により保護を受け得る。例えば、学習用データセットが「情報の選択又は体系的な構成」によって創作性を有する場合には「データベースの著作物」に該当する（著作権法12条の2）。もっとも、知的財産法制等の法律による保護を受ける場合を除いては、データの利用について、法令上の明確な定めがあるわけではなく、契約による定めがない限り、データの開示を受けた者が自由に利用できる。したがって、**これらの者による利用の制限を希望するのであれば、契約で明示的に禁止する必要がある。**

> **コラム** 営業秘密と限定提供データの保護
>
> 　不競法は営業秘密の保護を定めており、同法によって保護される営業秘密とは、①秘密管理性、②有用性、③非公知性の要件を満たすものをいう。そして、不正の手段により営業秘密を取得する行為等の法定の類型の行為（不正競争行為）がなされた場合に、差止請求及び損害賠償請求が認められ、一定の場合には刑事罰が課せられる（不競法2条6項、1項4号ないし10号、3、4、21、22条）。したがって、データが、製造業における生産方法に関するノウハウやサービス開発業者におけるデータをサービスに活用するノウハウ等データ創出やデータの流通・利活用に携わる者のノウハウが化体されたものであり、①秘密管理性、②有用性、③非公知性の要件を満たす場合には、不競法上の営業秘密として保護の対象になり得る。
>
> 　また、取引によって一定の流通を予定されているデータについては、不競法の営業秘密の要件（特に秘密管理性又は非公知性）を満たさない結果、営業秘密として保護されない場合があり得る。しかしながら、IoT、ＡＩ等の情報技術の革新が進展し、企業の競争力がデータやその活用に移りつつあり、データを安心・安全に利活用できる事業環境を整備する必要があることから、一定の条件下で相手方を特定して提供されるデータの保護を図るべく、限定提供データに係る不正競争行為を創設する改正不競法が2018年5月に成立し、2019年7月1日に施行された。
>
> 　「限定提供データ」とは、①業として特定の者に提供する情報である

こと（限定提供性）、②電磁的方法により相当量蓄積されていること（相当蓄積性）、③電磁的方法により管理されていること（電磁的管理性）、④技術上又は営業上の情報、⑤秘密として管理されていないことなどの要件を満たすものをいい、不正の手段により限定提供データを取得する等の法定の類型の行為（不正競争行為）がなされた場合に、差止請求及び損害賠償請求の民事措置が認められる（不競法2条7項、1項11号ないし16号、3、4条。なお、刑事措置は規定されていない）。

また、⑥無償で公衆に利用可能となっている情報（オープンなデータ）と同一の情報の場合、不正競争行為に該当しないものとされている（不競法19条1項8号ロ）。

イ　プログラム

学習用プログラムや推論プログラム等の「プログラム」は、ソースコード部分は著作権法によるプログラムの著作物として著作権法上の保護を受ける可能性がある（著作権法10条1項9号）。なお、オブジェクトコード（プログラミング言語で記述されたプログラム（ソースコード）をコンピュータが直接実行できる形式（機械語）に変換したもの）に変換された場合でも同様である。また、アルゴリズム部分は、特許法の要件を充足すれば、「物（プログラム）の発明」等として、特許法の保護を受け得る。原則として、著作権を取得するのは著作者（作成者）であり、特許を受ける権利を取得するのは発明者（作成者）である。そのため、ベンダが開発したプログラムについて著作権法又は特許法による保護が及ぶ場合、一次的には、職務著作（著作権法15条）や職務発明（特許法35条）等の制度を通じて、その著作権や特許を受ける権利はベンダに帰属することが多い。**そのうえでユーザがベンダからこれらの権利を譲り受け又はその利用許諾を受けることが必要である場合には、ベンダとユーザとの間の契約に定めることが必要である。**

ウ　ノウハウ

ＡＩ技術の開発や利用に関しては、「ノウハウ」の利用条件も問題となる。ＡＩ技術の開発に関するノウハウには、複数の種類のものが含まれる。学習用データセットや学習済みモデルの生成に必要とされる**ノウハウは、**

データと同様に無体物（情報）であり、所有権の対象とはならない。ただし、管理されているノウハウの一部には、営業秘密として不競法上の保護が及ぶ場合や、また、特許法上の発明に該当する場合もある。これらの法令上の保護対象となる場合を除いては、ノウハウの利用条件についても、契約による合意がなければ、それに現実にアクセス可能な者が自由に利用できるのが原則である。もっとも、**ＡＩ技術の開発は、ベンダとユーザの共同作業としての性質もあり、その過程で生じたノウハウについては、双方が権利を主張することも少なくないため、契約で明示的に合意することが重要である。**

（5）契約における交渉のポイントと留意点

　（4）で述べたとおり、①データ、②プログラム、③ノウハウが、知的財産法制により保護される場合は限定的であることから、ＡＩ技術を利用したソフトウェア開発における当事者の利害調整は、当事者間の契約に委ねられることとなる（なお、不競法の 2018 年改正によって導入された限定提供データも、契約を通じたデータの保護の重要性を減じるものではない）。そこで、ベンダとユーザのいずれも、学習済みモデル生成の各段階において、①生データ、②学習用データセット、③学習用プログラム、④学習済みモデル、⑤学習済みパラメータ、⑥推論プログラム、⑦ノウハウのそれぞれの取扱いを意識して交渉することが望ましい。以下、それぞれについて、特に留意すべき点を述べる。

　ア　生データ

　生データは、ベンダやユーザが一定の労力を投下することによって収集・蓄積されたものである場合もある。したがって、**生データを相手方に開示する当事者は、開示の目的のために必要最小限の範囲を超えた生データの第三者への開示や複製を防止する必要がある場合には、それを明示的に禁止する契約を相手方との間で締結する必要がある。**また、生データの提供者側において、生データの開示を受ける者が、その開示の直接の目的を超えて生データを利用することを禁止したい場合には、生データの利用の目的、時期、範囲、対価その他の利用条件を十分に検討のうえ、契約内容として明確にしておくことが望ましい。

イ　学習用データセット

　まず、学習用データセットは、前処理が施された生データに正解データの付加等を行うことによって二次的に生成されたデータであって、生データそのものではない。したがって、**生データと学習用データセットの取扱いに疑義が生じることのないよう、生データと学習用データセットの区別が明らかとなるように契約上の意義を明確にしておくことが重要である**。また、学習用データセットを生成するために、生データに対して関連する情報を注釈として付与する「アノテーション」をベンダが第三者に委託する場合がある。その場合には、ベンダに（準）委任された業務の第三者への再（準）委任について、ユーザの承諾が必要とされることが一般的である。

　ウ　学習用プログラム

　学習用プログラムは、特定の開発目的のために１から作成されることもあるが、学習用プログラムの作成にはＯＳＳとして提供されている機械学習ライブラリ（フレームワーク）が利用されることが多い。したがって、学習用プログラムの権利帰属が問題となることは少ないと思われるが、**ＯＳＳの各学習用プログラムには利用条件が設定されていることが多いため、当該プログラムの利用に当たっては、当該利用条件に留意する必要がある**。

　エ　学習済みモデル

　ＡＩ開発契約において、学習済みモデルの取扱いはその中心的な交渉課題の１つである。したがって、**その取扱いを交渉するに当たっては、まずその定義について、当事者間において共通の理解を形成しておくことが紛争予防のために重要である**。具体的には、学習済みモデルに①学習用データセットを含むか、②学習用プログラムを含むか、また、③学習用パラメータに加えて推論プログラムを含むかについて、当事者間で整理しておくことが重要である。また、**学習済みモデルの権利帰属・利用条件については、学習済みパラメータと推論プログラムから構成される学習済みモデルにどのような知的財産権が成立するかが明確でないことから、下記オ及びカの内容を十分に考慮しつつ利用条件等を定めることが重要である**。

オ　学習済みパラメータ

　学習済みパラメータは、数値等のデータによって表現されるものであるが、思想又は感情の創作的表現であるとは言い難いことから、著作権法により保護される著作物に該当する可能性は低いと考えられる。そのため、**生成した学習済みパラメータに現実にアクセスすることができるベンダには、これを自由に利用し、管理することができる地位が原則としてあることを前提として、ベンダとユーザの間で学習済みパラメータの利用条件を定める必要がある。**他方、ベンダからの学習済みモデルの提供を内容とする契約がその利用方法について、何らの留保なく既に締結され、かつ、学習済みパラメータが識読性のある形でベンダからユーザに提供されている場合には、ユーザによる学習済みパラメータの利用をベンダが認めていると解される可能性がある。**ベンダが、学習済みパラメータの利用目的や利用範囲に一定の制約を設けることを希望する場合は、その旨を契約上明確にすべきである。**

カ　推論プログラム

　推論プログラムは、開発対象とされる学習済みモデルから出力の結果を取得するために必要なプログラムである。そのため、ベンダによる学習済みモデルの提供が契約に定められている場合には、ユーザによる推論プログラムの利用の可能性が契約上で明示的に排除されていない限り、ユーザによる推論プログラムの利用が可能であることが当然の前提とされた合意があるものと考えられる。特に注意すべきなのは、ベンダとユーザの双方に「学習済みモデル」に関する権利を帰属させることを契約に定める場合である。**学習済みモデルを構成する要素のうち推論プログラム部分には、上記（4）イのとおり、著作権法や特許法による保護が及ぶ可能性があり、自らの利用、第三者への利用許諾や譲渡の可否等について、これらの法律の規定を意識した交渉を行い、契約に定める必要がある。**

キ　ノウハウ

　契約の実務においては、ノウハウ、特に学習用データセットや学習済みモデルの生成ノウハウの取扱いが交渉の対象となることがある。しかし、特にベンダは、蓄積されたそのノウハウがベンダの実質的な競争力の源泉であることも多く、競争力を毀損するおそれがあるノウハウの開示には慎重になる

べきであろう。**そのようなノウハウをベンダが開示することを契約に定める**
に当たっては、当事者間の利益バランスが図られているかを十分に検討する
ことが重要である。

　一方、ユーザが収集・蓄積した生データを用いてベンダが学習用データ
セットを生成し、さらに学習済みモデルを生成する場合に、そのような生
データにはユーザのノウハウと評価されるべき情報が含まれており、あるい
は開発の目的に適した処理にはそのような情報が必要である場合もある。そ
のため、学習済みモデルの生成にユーザも一定の貢献があったという主張が
ユーザからなされることがある。このような場合、ベンダによる学習済みモ
デルの（再）利用の可否が問題となりがちであるが、状況に応じて利用条件
を適切に調整するという選択も視野に入れるべきだろう。

ク　再利用モデルの取扱い

　追加学習により、再利用モデルが生成された場合、その取扱いが問題とな
り得る。再利用前の学習済みモデルと再利用モデルとの法的な意味での同一
性は必ずしも明らかではない。そのため、**ユーザ又はベンダが他方当事者に**
よる学習済みモデルの利用の目的や範囲を制限したい場合、その再利用モデ
ルの生成の諾否及び内容についても契約上明確に定めておくべきである。

4　個人情報・プライバシーに関する留意点

　設例　前掲3の設例で取り上げたＡ社は、Ｂ社とのソフトウェアの企画・
開発に成功したことを契機に、家計簿アプリサービスで収集した大量の顧客
の購買履歴を、ビッグデータとして事業者向けに販売するビジネスを企画す
ることにした。Ａ社が収集する購買履歴には、購入店舗、購入した商品・
サービスの細目が含まれ、中には、通院した医療機関や薬局で購入した医薬
品の名称といった顧客の病歴を推知することにつながる情報も含まれてい
た。家計簿アプリサービスを利用するためにはユーザー登録が必要であり、
Ａ社は、顧客の氏名やメールアドレスといった情報を収集し、購買履歴情報
と同じデータベースサーバーで管理していた。事業者向けに販売するビッグ
データには、できる限りＡ社が保有する詳細な情報を含めたいと考えている
が、個人情報保護法やプライバシーの観点から問題がないかを懸念してい

る。なお、将来的には、家計簿アプリサービスを、ＥＵ圏を含めた海外にも
配信したいと考えている。

ポイント

　アプリサービスで収集した顧客の購買履歴は、個人情報保護法にいう個人
データに該当することから、加工せずに他事業者に提供することは個人デー
タの第三者提供として規制対象となる。それを回避するためには、個人デー
タを匿名加工情報として加工することを検討すべきである。アプリサービス
のユーザーにあらかじめ利用目的として明示していた範囲において、一部の
事業者に限定して個人データを加工せずに提供したい場合には、委託スキー
ムや共同利用スキームを活用することも考えられる。また、病歴を推知する
ことにつながる情報は、個人情報保護法にいう要配慮個人情報には該当しな
いものの、プライバシーの観点から一定の配慮が求められるものであること
に留意すべきである。さらに、アプリサービスをＥＵ圏に配信するのであれ
ば、ＧＤＰＲの域外適用についても意識すべきである。

（1）現在の個人情報保護法との関係
ア　ビッグデータと個人情報保護法

　ビッグデータに個人に関する情報が含まれる場合、個人情報保護法による
規制の対象になり得ることに留意が必要である。

　第1に、ビッグデータに個人情報保護法の定義する「個人情報」に該当す
る情報が含まれる場合には、利用目的の制限、第三者提供の制限等の規制対
象となる。また、収集しようとする情報が「要配慮個人情報」に該当する場
合には、当該情報の収集に際して本人の同意を得なければならない。第2
に、ビッグデータに含まれる情報が個人情報に該当しないとしても、同法の
定義する「匿名加工情報」として取り扱う場合には、同法の適用対象にな
る。

イ　個人情報の定義

　個人情報とは、生存する個人に関する情報であって、次の①又は②のいず
れかに該当するものをいう（個人情報保護法2条1項）。
　①　当該情報に含まれる氏名、生年月日その他の記述等（文書、図画若し

くは電磁的記録に記載され、若しくは記録され、又は音声、動作その他の方法を用いて表された一切の事項）により特定の個人を識別することができるもの（他の情報と容易に照合することができ、それにより特定の個人を識別することができることとなるものを含む）

② 個人識別符号が含まれるもの（詳細についてはウで説明する）

①の要件を満たすのは、その情報自体から、あるいは、その情報と容易に照合することができる他の情報とを照合することで、特定の個人を識別することができる場合に限られる。

第1に、**特定の個人を識別することができる（識別性）か否かは、一般人の判断力や理解力をもって、具体的な人と情報との間に同一性を認めることができるか否かによって判断される**。例えば、カメラの画像に人物の顔が映っていれば個人情報に該当するが、単に人物のシルエットだけが映っている画像であれば、一般人の判断力や理解力をもって特定の人との同一性を認めることはできないのが通常であるから、個人情報には該当しないと考えられる。また、Cookie情報（Webサイトが、ユーザーの情報を保持するために、当該ユーザーのPCに、サイト側が指定した情報を保存する情報）やIPアドレス等も、そこから直ちに具体的なユーザー（人）を特定することまではできないから、一般に個人情報ではないとされている。

第2に、**（他の情報と）容易に照合することができる（容易照合性）か否かは、保有する各情報にアクセスすることができる者の存否、社内規程の整備等の組織的な体制、情報システムのアクセス制御等の技術的な体制等を総合的に判断したうえで、（一般人が基準ではなく）事業者の実態に即して判断される**。例えば、データベースAとデータベースBが同一のサーバーで管理されているとしても、それぞれが別々の部門で取り扱われており、それぞれの部門においてデータベース内の情報を共有することが社内規程で厳格に禁止され、かつ、厳格なアクセス制限や認証等の技術的対策も講じているのであれば、データベースAの情報とデータベースBの情報とは、相互に容易照合性がないものと考えられる。一方で、データベースCとデータベースDを異なる事業者が管理していたとしても、2事業者が業務提携を行っている等の事情から各データベースを管理するサーバーが1つのネットワークの一部として構成され、各事業者がそれぞれのサーバーにアクセスすることができる状況にあれば、データベースCの情報とデータベースDの情報とは、相互

に容易照合性があるものと考えられる。

　なお、**個人情報を第三者に提供する場合においては、識別性や容易照合性の判断は提供先ではなく提供元を基準として判断される。**そのため、他の情報と個人に関する情報を照合することではじめて特定の個人を識別することができる場合において、当該他の情報にアクセスすることができるのは提供元のみで、提供先は当該他の情報にアクセスすることができないとしても、当該個人に関する情報を当該提供元から当該提供先に提供する行為は、個人情報の第三者提供に該当する。一方、現行の個人情報保護法では、「提供元のもとにある段階では特定の個人を識別することができないために個人情報には該当しないが、提供先のもとであれば他の情報と照合することで特定の個人を識別することができる個人に関する情報」がある場合において、当該個人に関する情報を当該提供元から当該提供先に提供する行為は、個人情報の第三者提供には該当しないことになる（この問題については、個人情報保護法改正との関係で改めて取り上げる）。

ウ　個人識別符号

　個人識別符号とは、大きく次の２つに分類される。

（ア）１号個人識別符号（個人情報保護法２条２項１号）

　身体の一部の特徴を電子計算機の用に供するためにデジタル化したもののうち、政令で定めるものが該当する。具体的には、ＤＮＡ情報、顔認証情報、虹彩認証情報、声紋情報、歩行動作識別情報、静脈認証情報、指紋認証情報、掌紋認証情報が該当する。

（イ）２号個人識別符号（個人情報保護法２条２項２号）

　個人に発行される公的書類に付される符号等で、政令で定めるものが該当する。具体的には、パスポート、在留カード、年金、運転免許証、住基カード、マイナンバーカード、健康保険証等の番号等が該当する。

　１号個人識別符号については、ＩＴ分野において幅広く活用されている。例えば、情報セキュリティの観点では、１号個人識別符号を本人認証のために活用し、容易に照合することができるようにデータベースで管理していることが一般にある。また、歩行動作識別情報は、街を歩く人の行動を把握するために利用することができる情報であり、商業施設での消費者の行動調査等に利用し得るものである。

エ　個人情報の利用目的

　個人情報の取扱いに当たっては、利用目的を特定しなければならず（個人情報保護法 15 条 1 項）、あらかじめ本人の同意を得ないで、特定された利用目的の達成に必要な範囲を超えて個人情報を取り扱うことはできない（同法 16 条 1 項）。また、利用目的の変更は、変更前の利用目的と関連性を有すると合理的に認められる範囲に限られる（同法 15 条 2 項）。

　個人情報を含むビッグデータは、もともと個人情報を収集した際には想定していなかった目的で利用したい場合がある。例えば、設例の場合でいえば、もともとは家計簿サービスの提供のために収集した個人情報をビッグデータ化して、ＡＩによる消費者行動の分析等に活用しようとしている。このような分析等の目的は、家計簿サービスの提供目的と関連性を有すると合理的に認められる範囲を超えている。つまり、このままの形では、個人情報保護法に抵触しない形でビッグデータを利用することができない。

　個人情報を含むビッグデータを自由に利用しやすい形にするためには、加工によって個人情報を非個人情報化するか、匿名加工情報にすることが必要である。なお、匿名加工情報については、後述する。

オ　個人データの第三者提供

　個人データは、個人情報保護法 23 条に定める例外の要件を満たす場合を除くほか、本人の同意がなければ第三者に提供することができない（同条 1 項柱書）。

　ここまで、説明の便宜上、「個人情報の第三者提供」を使用してきたが、正確には、個人情報保護法が本人の同意を原則としているのは、「個人情報の第三者提供」ではなく、「個人データの第三者提供」である。

　まずは、**個人情報と個人データの違い**を明確にしておきたい。個人データとは、「個人情報データベース等を構成する個人情報」をいうと定義される（個人情報保護法 2 条 6 項）。そして、「個人情報データベース等」については、電子計算機を用いて検索することができるように体系的に構成された個人情報を含む情報の集合物（データベース）や、ファイリング等その他の方法によって特定の個人情報を容易に検索することができるように体系的に構成された個人情報を含む情報の集合物をいうと定義される（同条 4 項）。つまり、施設にカメラを設置して来訪者の顔を自動的に撮影して保存するシス

テムにおいて、撮影時刻ごとに撮影画像を保存しているだけであれば当該画像は個人データではない（ただし個人情報ではある）が、顔認証情報と整合する等の方法で同一人物の顔ごとに体系的に撮影画像を整理し、人物ごとに撮影画像の検索が可能になるようにデータベース化すると、当該画像は個人データになる。

　個人情報が含まれるビッグデータは、「電子計算機を用いて検索することができるように体系的に構成された」という要件を満たすことが通常であるから、当該ビッグデータに含まれる個人情報は個人データであるということができる。次に掲げる個人データの第三者提供については、個人情報保護法23条に定める例外の要件を満たし、本人の同意を得ることを要しないとされる。

　　a　利用目的の達成に必要な範囲内において個人データの取扱いを委託することに伴って当該個人データが提供される場合（個人情報保護法23条5項1号）
　　b　合併その他の事業承継に伴って個人データが提供される場合（個人情報保護法23条5項2号）
　　c　特定の者と個人データを共同利用する場合で、次の事項をあらかじめ本人に通知し、又は本人が容易に知り得る状態に置いているとき（個人情報保護法23条5項3号）
　　　①　共同利用により個人データを第三者に提供する旨
　　　②　共同して利用される個人データの項目
　　　③　共同して利用する者の範囲と利用目的
　　　④　管理責任者の氏名・名称
　　d　オプトアウト方式（本人が求めた場合には提供を停止することを前提に、いったん本人の同意を得ずに提供する方法）による提供（ただし、後述する要配慮個人情報の提供には利用することができない。また、所定の事項をあらかじめ本人に通知し、又は本人が容易に知り得る状態に置くとともに、個人情報保護委員会への届出も必要である。個人情報保護法23条2項）

　特に、aやcの方法は、個人情報が含まれるビッグデータを事業者が共有するスキームを検討するうえで重要である。

カ　個人情報が含まれるビッグデータを事業者が共有するためのスキーム

（ア）序論

　個人情報が含まれるビッグデータを複数の事業者間で共有することは、個人データの第三者提供となる。このような共有を適法に行う方法としては、①本人から同意を得る方法、②オプトアウト方式による方法、③委託スキームによる方法、④共同利用スキームによる方法が挙げられる。**いずれの方法も適さないのであれば、ビッグデータに含まれる個人情報を加工して匿名加工情報又は非個人情報にする方法をとらざるを得ないが、この場合、加工せずにビッグデータを提供する場合と比較して、提供するビッグデータの利用価値を下げる可能性がある。**

　①本人から同意を得る方法については、既存の個人情報を一切利用せず、新規に個人情報を収集してビッグデータを作成する場合には利用することができるが、一方で、既存の個人情報を含めたビッグデータを作成する場合には利用し難い。また、②オプトアウト方式による方法については、本人から求めがあった場合に該当個人情報を削除する仕組みを取り入れる必要があり、コストにつながり得る。さらに、この方法は、後述する要配慮個人情報が含まれるビッグデータについては、利用することができない。一方、③委託スキームによる方法又は④共同利用スキームによる方法であれば、これらの問題を回避することができる。

（イ）委託スキーム

　委託スキームは、事業者間で個人データの取扱いを委託する旨の契約を締結することによって実現される。例えば、小売店舗を営むフランチャイジーA社・B社・C社が、それぞれ自社の顧客情報や購買履歴情報（個人データ）をフランチャイザーX社の管理するサーバーに集約してビッグデータ化し、そのビッグデータにA社・B社・C社が自由にアクセスすることができる仕組みを構築したいとする。このような仕組みは、A社・B社・C社がX社に対して自社の個人データの取扱いを委託する契約と、X社がA社・B社・C社に対して個人データの取扱いを委託（再委託）する契約の締結によって実現することができる。

　委託スキームにおいて、委託元は、委託先に対し、個人データの安全管理が図られるよう、委託を受けた者に対する必要かつ適切な監督を行わなければならない（個人情報保護法22条）。具体的には、取扱いを委託する個人

データの内容を踏まえ、個人データが漏えい等をした場合に本人が被る権利利益の侵害の大きさを考慮し、委託する事業の規模及び性質、個人データの取扱状況（取り扱う個人データの性質及び量を含む）等に起因するリスクに応じて、ａからｃまでの必要かつ適切な措置を講じなければならない（個人情報保護法ガイドライン（通則編））。

　　a　適切な委託先の選定

　委託先の選定に当たっては、委託先の安全管理措置が、少なくとも委託元に求められるものと同等であることを確認しなければならないとされる。上記の例でいえば、A社・B社・C社はX社が個人データの安全管理措置（漏えい等を防止する措置）を確実に実施することを、X社はA社・B社・C社が個人データの安全管理措置を確実に実施することを、それぞれあらかじめ確認しなければならない。安全管理措置は、少なくとも委託元に求められるものと同等以上でなければならない。

　特に、フランチャイザーであるX社が、フランチャイジーにあるA社・B社・C社に対し、自社と同等程度の安全管理措置をさせなければならないことは、ハードルになり得る。フランチャイジーに対してこのような安全管理措置を確実に実施することを期待することが難しければ、ビッグデータを匿名加工情報に加工したうえで提供するか、ビッグデータを利用した分析をすべてX社が行い、A社・B社・C社にはビッグデータを提供しない方法が考えられる。

　　b　委託契約の締結

　委託契約には、当該個人データの取扱いに関する、必要かつ適切な安全管理措置として、委託元、委託先双方が同意した内容とともに、委託先における委託された個人データの取扱状況を委託元が合理的に把握することを盛り込むことが望ましいとされる。

　　c　委託先における個人データ取扱状況の把握

　委託先における委託された個人データの取扱状況を把握するためには、定期的に監査を行う等により、委託契約で盛り込んだ内容の実施の程度を調査したうえで、委託の内容等の見直しを検討することを含め、適切に評価することが望ましいとされる。上記の例でいえば、フランチャイザーであるX社が、フランチャイジーであるA社・B社・C社に対して、定期的に収集した個人データの取扱状況の報告をするとともに、各社のビッグデータの取扱状

況を報告するように定期的に指導する方法が考えられる。

　委託スキームは、委託元から委託先に対する監督義務が生じるため、委託先における情報漏えい等の事故に対し、委託元が法的責任を問われるリスクがある。 また、ビッグデータを個人データの提供元（上記の例であればA社・B社・C社）に対して利用させるために個人データの取扱いを再委託する構成について、当該提供元に個人データの取扱いを再委託する目的を説明しづらいという問題もある。

　（ウ）共同利用スキーム

　共同利用スキームは、複数の事業者がグループとなって、相互に個人データをやりとりすることができる形にすることで、1つのビッグデータを共有することによって実現される。

　前述したように、個人データの共同利用は、①共同利用により個人データを第三者に提供する旨、②共同して利用される個人データの項目、③共同して利用する者の範囲と利用目的、④管理責任者の氏名・名称をあらかじめ本人に通知し、又は本人が容易に知り得る状態に置くことが要件となる（個人情報保護法23条5項3号）。共同利用における利用目的については、個人データをもともと取り扱っていた事業者が特定していた利用目的の範囲を超えられない。

　共同利用スキームの利点は、委託スキームとは異なり、委託元から委託先に対する監督義務を負わないことである。 委託スキームの問題として説明した、他社の情報漏えい等の事故に対し法的責任を問われるリスクを回避することができる。

　共同利用スキームの問題点は、本人に通知し、又は本人が容易に知り得る状態に置く「共同して利用する者の範囲」を、本人がどの事業者まで将来利用されるか判断できる程度に明確にしなければならないことである（個人情報保護法ガイドライン（通則編）。 グループ企業やフランチャイズといった明確な範囲を示すことができる場合には問題は生じないが、例えば、連携サービスを提供する提携企業の間での共同利用を予定している場合（順次、参加する提携企業が増えることが予定されている場合を想定している）には、本人が将来利用される範囲を判断できる形で「共同して利用する者の範囲」を明確に示しづらい問題がある。

（エ）適切なスキームの選択

　個人情報が含まれるビッグデータを複数の事業者間で共有するためのス
キームは複数あるが、どのスキームを選択すべきかについては、前述した観
点を踏まえて個別的に検討する必要がある。そして、**いずれのスキームも選
択しづらいのであれば、匿名加工情報に加工したうえでの提供や、そもそも
ビッグデータを共有しない仕組みを選択し得ないかも含めて、多角的な検討
を行うべきである。**

キ　ビッグデータと匿名加工情報

（ア）匿名加工情報を利活用する意義

　個人情報が含まれるビッグデータを他の事業者に提供する方法として、①
本人から同意を得る方法、②オプトアウト方式による方法、③委託スキーム
による方法、④共同利用スキームによる方法が挙げられるが、提供先の範囲
や、ビッグデータに含まれる個人情報の内容等の事情により、いずれの方法
も適しない場合がある（詳細については、「カ　個人情報が含まれるビッグデー
タを事業者が共有するためのスキーム」で説明した）。例えば、ビッグデータ作
成時に既に収集していた多数の個人情報もビッグデータに含めることを予定
しており、オプトアウト方式を採用せず、かつ、作成したビッグデータを自
由に第三者に提供（販売）したいのであれば、上記のいずれの方法も採用す
ることができない。

　また、「エ　個人情報の利用目的」で述べた個人情報の利用目的に対する
個人情報保護法の制約から、ビッグデータに含まれる個人情報について当初
予定していた利用目的とは関連性のない利用目的で、当該ビッグデータを利
用することはできない。

　以上に述べたような問題をいずれも回避し、個人情報が含まれるビッグ
データを利用目的の制約なく自由に流通させることができる方法として、当
該ビッグデータを加工して、匿名加工情報にするか、非個人情報化する方法
がある。非個人情報化するためには、「イ　個人情報の定義」で説明した個
人情報の定義を満たさないように個人情報を加工すればよい。もっとも、ど
こまで個人情報を加工すれば個人情報の定義を満たさなくなるか、明確に判
断し難いという問題がある。一方、匿名加工情報は、個人情報保護法に定め
る方法に即して個人情報を加工し、その要件を満たすことで、個人情報保護

法において非個人情報として扱われるようになる（ただし、個人情報保護法に定める匿名加工情報の取扱いに際しての義務を遵守することが前提である）。**匿名加工情報への加工の方が、非個人情報化よりも要件を満たしているか否かを明確に判断しやすいことが、非個人情報化ではなく、匿名加工情報の制度を活用する利点である。**

（イ）匿名加工情報の定義

匿名加工情報とは、特定の個人を識別することができないように個人情報を加工して得られる個人に関する情報であって、当該個人情報を復元することができないようにしたものをいうとされる（個人情報保護法2条9項）。具体的な加工の方法については、後述する。匿名加工情報は、特定の個人を識別することも、加工前の情報に復元することもできないことから、前述のとおり、個人情報保護法において非個人情報として扱われる。

（ウ）匿名加工情報の要件を満たすための加工基準

匿名加工情報の要件を満たすためには、個人情報を次の基準に即して加工しなければならない（個人情報保護法施行規則19条）。

① 特定の個人を識別することができる記述等の全部又は一部の削除（置き換え）

② 個人識別符号の全部の削除（置き換え）

③ 個人情報と連結する符号（ＩＤ・電話番号等）の削除（置き換え）

④ 特異な記述等（身長190cm、年齢110歳といった情報）の削除

⑤ 個人情報データベース等の性質を勘案したその他の適切な措置

このうち、⑤の措置とは、自宅や職場等の所在を推定することができる位置情報が含まれる場合にその位置及び周辺範囲の情報を削除すること（他のデータベースに含まれる自宅や職場の所在地についての情報から特定の個人を識別し得るため）、小売店において購買履歴から特定の顧客を特定されるおそれがある場合に商品の品番から商品カテゴリーへと置き換えること、小学校の身体測定において身長が170cm以上の人の情報を「150cm以上」と置き換えること（一般にいえば身長170cm以上は特異ではないが、小学生というカテゴリーでは身長170cm以上が特異となり得るため）等が例示される。⑤の措置については、他の情報との照合の可能性も含めて、どこまで加工しておかなければ特定の個人が識別されるおそれが残るかという観点から、個別的に検討する必要がある。

　　（エ）匿名加工情報の取扱いに際して遵守すべき義務

　第 1 に、匿名加工情報を作成した際には、匿名加工情報の作成に用いられた個人情報から削除されたものや、加工方法（ハッシュ化に用いた乱数等）の漏えいを防止するための措置を講じなければならない（個人情報保護法 36 条 2 項）。その具体的な措置については、個人情報保護法施行規則 20 条で列挙されている。

　第 2 に、匿名加工情報を作成したときには当該匿名加工情報に含まれる個人に関する情報の項目を、匿名加工情報を第三者に提供するときには当該匿名加工情報に含まれる個人に関する情報の項目と提供の方法を、それぞれインターネット等で公表しなければならない。また、匿名加工情報を第三者に提供するときは、当該第三者に、提供する情報が匿名加工情報であることを電子メールや書面等で明示しなければならない（個人情報保護法 36 条 3、4 項、37 条、個人情報保護法施行規則 21 条、22 条 2 項）。

　第 3 に、匿名加工情報を取り扱うに当たって、当該匿名加工情報の作成に用いられた個人情報に係る本人を識別するために、当該匿名加工情報を他の情報と照合したり加工方法等を取得したりすることが禁止される。

　以上のように、**匿名加工情報の取扱いに際して遵守すべき義務を事業者に課することで、匿名加工情報から特定の個人が識別されず、かつ、加工前の個人情報も復元されないことが、制度的に担保されている。**

ク　要配慮個人情報への法規制

　要配慮個人情報とは、本人の人種、信条、社会的身分、病歴、犯罪歴、犯罪被害その他本人に対する不当な差別、偏見その他の不利益が生じないようにその取扱いに特に配慮を要するものとして政令で定める記述等（心身の障がい、医療機関での検査結果や治療歴、犯罪歴）が含まれる個人情報のことである（個人情報保護法 2 条 3 項）。要配慮個人情報は、本人の同意がなければ原則として収集することができない（同法 17 条 2 項）。また、要配慮個人情報に該当する個人データは、オプトアウト方式によって第三者に提供することはできない（同法 23 条 2 項柱書）。**特に、医療機関から情報を収集してビッグデータ化する場合には、要配慮個人情報の規制について留意する必要がある。**

　なお、単にこれらの情報を推知させる情報にすぎないものは、要配慮個人

情報には含まれない（個人情報保護法ガイドライン（通則編））。例えば、薬局での医薬品（医師から処方されたものを除く）の購買履歴のような病気を推知し得る情報や、書籍の購買履歴のような信条を推知し得る情報は、要配慮個人情報ではないので、上記の規制は適用されない。もっとも、例えば、これらの情報を収集してＡＩで病歴や信条を分析し、それを第三者に提供する行為が、**プライバシーの観点から問題がないか否かについては、別途検討が必要である。**

（2）個人情報保護法改正との関係

ア　改正法の動向

　個人情報保護委員会では、2017 年 5 月に施行した改正個人情報保護法の見直しが検討され、2020 年 3 月 4 日に同委員会で改正案が了承され、さらに、同月 10 日に閣議決定された。そして、同年 6 月 5 日に、改正案が国会で可決、成立した。

　改正法には、不適正な個人情報の利用の禁止、個人情報漏えいの報告の義務化、国外への第三者提供に関する規制強化等の様々な制度改正が盛り込まれているが、特に、ＡＩやビッグデータの利活用に関わりの深い改正点として、個人関連情報の第三者提供の制限と、仮名加工情報の制度について取り上げる。

イ　個人関連情報の第三者提供の制限

　前述のとおり、現行の個人情報保護法では、第三者提供における個人データ該当性の判断は、提供先ではなく提供元を基準としている。個人に関する情報が含まれるビッグデータを第三者に提供した場合において、たとえ当該個人に関する情報を提供先において他の情報と照合して特定の個人を識別することができたとしても、提供元において当該個人に関する情報から特定の個人を識別することができないのであれば、このような提供行為は、個人データの第三者提供には該当しない。しかし、このような提供行為を自由に認めれば、個人データの第三者提供に対する規制の潜脱行為を許容することになる。

　そこで、**改正法では、（提供元においては特定の個人を識別することができない）個人に関する情報が含まれるビッグデータを第三者に提供する場合にお**

いて、提供先が当該個人に関する情報から特定の個人を識別することが想定されるときは、提供先が本人の同意を得ていることを、提供元はあらかじめ提供先に確認しなければならないこととされている。

ウ　仮名加工情報

　改正法によれば、仮名加工情報とは、個人情報を加工して、「他の情報と照合しない限り」特定の個人を識別することができないように個人情報を加工して得られる個人に関する情報である。匿名加工情報とは、他の情報との照合によって特定の個人を識別することができる可能性を考慮する必要がない点が異なっている。

　改正法によれば、個人情報が含まれるビッグデータを仮名加工情報に加工すれば、元の個人情報の利用目的と全く関連性のない利用目的であっても、あらかじめ当該ビッグデータの利用目的を特定することを前提に、当該ビッグデータを利活用することができるようになる。ただし、個人情報が含まれるビッグデータを仮名加工情報に加工したとしても、当該ビッグデータを第三者に提供することができるのは、原則として委託スキーム又は共同利用スキームによる方法に限定される。つまり、仮名加工情報の制度は、個人情報が含まれるビッグデータを自由に第三者に提供することを予定していない（せいぜい委託スキームや共同利用スキームによる共有にとどめる予定である）が、もともと個人情報を収集した際には想定していなかった目的で当該ビッグデータを利用したいというニーズに適している。

　前述したように、個人情報が含まれるビッグデータを匿名加工情報に加工することで、個人情報保護法の定める利用目的や第三者提供の制限を受けずに、当該ビッグデータを自由に提供（販売）することができる。しかし、匿名加工情報にするためには、作成に当たって他の情報との照合によって特定の個人が識別されるおそれがないことも考慮した加工が求められることから、加工に際して一定のコストと労力を必要とする。仮名加工情報の制度は、上記のニーズに適したビッグデータを、匿名加工情報に加工する場合よりも低いコストと労力で作成することができる利点がある。

　改正法が施行した後は、ここまでに述べた匿名加工情報と仮名加工情報のそれぞれの利点と欠点を比較検討したうえで、適切な加工方法を選択することが望ましい。

（3）ＧＤＰＲの域外適用

　たとえ日本国内で事業を営む事業者であったとしても、ＥＵ域内に所在するデータ主体（個人）の情報を取り扱う場合には、ＥＵの個人情報保護に関する法制度であるＧＤＰＲ（General Data Protection Regulation）の適用を受ける可能性があることに留意しなければならない。これを、一般に、ＧＤＰＲの域外適用という。ＧＤＰＲは、ＥＵ域内に拠点を有しないとしても、ＥＵ域内にあるデータ主体の個人データを処理する場合であって、当該処理行為が次に掲げるいずれかと関連するときに、適用される（ＧＤＰＲ３条２項）。

①　データ主体が対価の支払を要するか否かにかかわらず、ＥＵ域内に拠点を有する当該データ主体に対し、物品又は役務を提供する行為

②　ＥＵ域内において行われる行動を監視する行為

　例えば、設例の場合、家計簿アプリサービスをＥＵ圏に向けて配信する場合には、ＥＵ域内に拠点を有するデータ主体に対して役務を提供することと関連して、当該データ主体の個人データ（ユーザー情報や購買履歴等）を処理することになるから、①に該当する。また、当該サービスで取得したユーザーの購買履歴情報を集積して、ユーザーが、いつ、どこで、何を購入したかをＡＩで分析する行為は、ＥＵ域内において行われる行動を監視することになるから、②にも該当し得る。

　ＥＵ圏をターゲットにしたビジネス等においては、ＧＤＰＲの域外適用の問題にも留意しなければならない。

> **コラム　ＧＤＰＲにおけるデータ主体の「同意」**
>
> 　ＧＤＰＲの域外適用を受ける場合において、データ主体の「同意」を根拠として個人データを収集する際には、ＧＤＰＲが定める「同意」の要件を満たしているか否かに留意しなければならない。
>
> 　ＧＤＰＲ４条11項によれば、データ主体の「同意」とは、データ主体が、自由に、特定のものについて、説明を受けたうえで、明確に示す意思であって、それによって、陳述又は明瞭な肯定的行為により、当該データ主体に関する個人データを処理することに応じる意思を示すことになるものをいう。例えば、サービスの提供のために必要のない個人データであるにもかかわらず、当該個人データの収集に同意することを

サービス提供の条件としている場合には、データ主体が自由に同意した
とはいえないとして、「同意」要件を満たさないとされる可能性があ
る。また、個人データを複数の目的に利用することを包括的に承諾させ
る場合には、特定のものについて同意したとはいえないとして、同様に
「同意」要件を満たさないとされる可能性がある。

　さらに、データ主体は、いったんした「同意」を、同意した際と同程
度に容易に撤回することができる権利を有する（ＧＤＰＲ７条３項）。同
意の撤回を認めない場合や、同意の撤回のための手順が容易でない場合
も、有効な「同意」とはならない。

　以上のとおり、ＧＤＰＲにおける「同意」には、日本の個人情報保護
法よりも厳格な要件が課せられていることに、留意しておかなければな
らない。

（4）プライバシーの問題

　個人に関する情報の取扱いについて、たとえ個人情報保護法上は問題がな
いとしても、別途、プライバシーの観点から問題になる可能性がある。

　プライバシーは、伝統的には、私生活をみだりに公開されない法的保障な
いし権利と理解されてきたが、最近の学説では、自己に関する情報をコント
ロールする権利とする見解が有力になっている。

　特に、ＡＩとの関係でプライバシーが問題になり得るのが、ビッグデータ
の分析によるプロファイリングである。例えば、大量に収集した個人のイン
ターネット閲覧履歴や購買履歴の情報をＡＩで分析して趣味嗜好や思想信条
を推知することは、一種のプロファイリングに該当する。また、設例の場合
でいえば、医療機関の通院歴や、薬局での医薬品の購買履歴は、個人情報保
護法にいう要配慮個人情報には該当しないが、ＡＩによるプロファイリング
で、本人の病歴を推知し得る可能性がある。このような推知行為が直ちに本
人のプライバシー権を侵害するものとして違法な行為として評価されるわけ
ではないが、**プライバシーに対する配慮という観点からは、少なくとも要配
慮個人情報に該当するようなセンシティブ情報を推知するプロファイリング
は、事前に本人の同意を得るか、オプトアウト方式のように本人に異議を述
べる機会を与える形で実施することが望ましい。**

（5）ＡＩをビジネスに活用する企業に求められる対応とは

　ＡＩやビッグデータを活用したビジネスモデルは、いかに画期的なもので
あったとしても、個人情報保護法やＧＤＰＲ等の個人情報に関する法規制に
違反する形や、個人のプライバシー権を侵害する形では実現することができ
ない。このようなビジネスモデルを企画する段階においては、弁護士の助言
も得ながら、適法性の検証を実施しておくべきである。

＜執筆＞

堀田善之（1、3）、石田優一（2、4）

＜参考文献＞

・齊藤友紀＝内田誠＝尾城亮輔＝松下外『ガイドブック　ＡＩ・データビジ
　ネスの契約実務』商事法務（2020 年）
・経済産業省「ＡＩ・データの利用に関する契約ガイドライン　1.1 版」
　（2019 年）
・渡邊雅之『ＧＤＰＲ法的リスク対策と個人情報・匿名加工情報取扱規程』
　日本法令（2019 年）
・谷田部卓『これからのＡＩビジネス（未来 IT 図解）』エムディエヌコーポ
　レーション（2018 年）
・山下隆義『イラストで学ぶディープラーニング〈改訂第 2 版〉』講談社
　（2018 年）
・渡邊涼介『企業における個人情報・プライバシー情報の利活用と管理』青
　林書院（2018 年）
・大角良太＝高橋克巳『Ｑ＆Ａで理解する！パーソナルデータの匿名加工と
　利活用』清文社（2017 年）

判 例 索 引

平成

令和

サービス・インフォメーション

── 通話無料 ──

① 商品に関するご照会・お申込みのご依頼
　　　　　　TEL 0120(203)694／FAX 0120(302)640
② ご住所・ご名義等各種変更のご連絡
　　　　　　TEL 0120(203)696／FAX 0120(202)974
③ 請求・お支払いに関するご照会・ご要望
　　　　　　TEL 0120(203)695／FAX 0120(202)973

●フリーダイヤル(TEL)の受付時間は、土・日・祝日を除く
　9：00～17：30です。
●FAXは24時間受け付けておりますので、あわせてご利用ください。

企業の悩みから理解する
弁護士として知っておきたい　中小企業法務の現在

2021年2月25日　初版発行

編　著　　山　下　眞　弘

　著　　　半田望　堀田善之　中野知美
　　　　　石田優一　山下宜子

発 行 者　　田　中　英　弥

発 行 所　　第一法規株式会社
　　　　　　〒107-8560　東京都港区南青山2-11-17
　　　　　　ホームページ　https://www.daiichihoki.co.jp/

弁中小法務　ISBN 978-4-474-07253-4　C2032（8）